21

백제학연구총서 쟁점백제사

한성백제의 도성과 지방성

The capital city and local city of
Hanseong-Baekje

한성백제박물관
SEOUL BAEKJE MUSEUM

백제학연구총서 쟁점백제사 21

한성백제의 도성과 지방성

총괄 유병하(한성백제박물관장)
기획 · 진행 박중균(백제학연구소장) · 정치영(학술기획연구팀장) · 이장웅(학예연구사)
편집교정 이장웅(학예연구사) · 전미정(연구원)
행정지원 임석진 · 최에스더 · 이주영(총무과)

한성백제박물관
05540 서울특별시 송파구 위례성대로 71
Tel. 02-2152-5800
http://baekjemuseum.seoul.go.kr

발행일 2022년 12월 31일

디자인 · 제작 학연문화사
Tel 02-6223-2301

ISBN 979-11-86012-97-0 94910
978-89-969903-7-6(세트)
값 10,000원

발간등록번호 51-6113103-000080-01

21

백제학연구총서 쟁점백제사

한성백제의 도성과 지방성

The capital city and local city of Hanseong-Baekje

한성백제박물관
SEOUL BAEKJE MUSEUM

발 간 사

한성백제박물관 백제학연구총서『쟁점백제사』제21권은 지난 2022년 10월 14일 개최한 학술회의「한성백제의 도성과 지방성」을 정리한 것입니다. 이번 학술회의는 대면 학술회의와 실시간 온라인 송출 방식을 병행하여 진행하였습니다.

백제 웅진 도읍 시기에는 공산성이, 사비 도읍 시기에는 부여의 부소산성, 나성을 비롯하여 익산의 왕궁리 유적까지 백제 도성의 모습을 구체화할 수 있는 자료들이 남아있고, 한성 도읍 시기의 풍납동 토성과 몽촌토성 등은 최근에 발굴이 진행되고 있지만, 서울 강남 한복판에 자리하고 있어 도성 체계까지의 관련 연구는 많이 진작시키지 못한 것이 매우 아쉬운 일입니다.

이번 학술회의는 이러한 부분을 염두에 두면서 “백제 개로왕 시기 도성의 경관 변화”, “백제 한성기 지방성에 대하여”, “백제 한성기의 관방체계 재검토”라는 3가지 큰 주제를 중심으로 하여 그동안 백제 한성기 도성과 지방성 연구의 쟁점을 삼국 시대의 다른 국가들과 비교하여 검토하는 데에 관심을 기울였습니다.

종합토론은 오후 1시부터 4시간 40분 동안 이어졌는데, 백제 한성기 도성 연구를 살피면서, 도성의 개념, 도성과 지방성의 입지와 구성, 주요 시설과 경관 문제 등을 중심으로 하여 고구려, 백제, 가야 지역 성곽 연구의 전문가 선생님들과 함께 쟁점이 되는 부분을 조목 조목 짚어보았습니다.

쟁점백제사 학술회의는 학계의 연구현황과 한계를 정확하게 진단하고 허심탄회하게 토론함으로써 앞으로 어떻게 연구하고 이해하면 좋을지 전문가와 일반 시민이 함께 앞길을 모색하는 시리즈 방식의 학술회의 및 총서입니다. 학계 발전과 시민의 이해 제고라는 두 가지 큰 목표에 더욱 가까이 다가설 수 있도록 한성백제박물관은 계속 노력하겠습니다.

이번 학술회의를 위해 종합토론 좌장을 맡아주신 여호규 선생님께 깊이 감사드립니다. 주제 발표를 맡아주신 이보람, 이혁희, 윤성호 선생님과 토론에 참여해주신 양시은, 장기명, 최관호, 이재명 선생님께도 깊이 감사드립니다.

2022년 12월

한성백제박물관장 유 병 하

목 차

주제발표 1

백제 개로왕 시기 도성의 경관 변화

이 보 람 국립강화문화재연구소

Ⅰ. 머리말

Ⅱ. 한성기 도성의 의미와 구성요소

Ⅲ. 한성기 도성의 경관 형성

Ⅳ. 개로왕대 도성의 경관변화

Ⅴ. 개로왕대의 경관변화와 그 쟁점에 관하여

Ⅰ. 머리말

이 발표문은 한성기 경관에 대한 연구 중 하나로 개로왕대의 도성 경관변화를 살펴보기 위한 것이다. 마한 54개국의 중 하나로 존재했던 백제국伯濟國은 풍납토성 일대에 거점 취락을 마련하고 국가로서 백제百濟로 성장하면서 도성의 경관이 형성되어 나간다. 이후 개로왕대의 대토목공사라는 역동적인 변화를 거쳐 도성의 경관이 완성된다.

한성기 도성에 대한 연구는 그동안 도성체계·경관·공간구성·변화과정(김기섭 2000; 김낙중 2022; 권오영 2012; 박순발 2009, 2018, 2019, 2020; 소재윤 2012; 여호규 2002; 이성준 2017; 이혁희 2019) 등이 다각도로 이루어져 도성의 공간구성이나 경관형성을 이해할 수 있는 기반이 마련되어 있다. 다만 이전의 연구에 더해 도성의 공간구조, 변화과정을 설명할 수 있는 신자료가 폭발적으로 증가하여 도성의 경관에 대한 진전된 논의가 필요하다.

따라서 본서에서는 개로왕대 한성기 도성의 경관변화를 살펴보기 위해 전체적인 도성의 범위를 살펴보고 도성 경관의 변화과정을 살펴보려 한다. 먼저 도성의 정의와 구성요소를 통해 한성기 도성 경관을 논의하기 위한 토대를 마련한 다음 경관의 변화과정을 살펴보고 개로왕대의 경관 변화를 검토하고자 한다.

Ⅱ. 한성기 도성의 의미와 구성요소

1. 도성의 의미

도성은 국가 단계 사회의 최상위 중심지에 나타나는 특수한 취락 유형이다(김낙중 2021:49). "도성"이라는 용어의 개념과 인식에 대해서는 시대별·국가별 학자들 사이에서 충분히 합의가 된 상태라고 보기는 어렵다. 학자들에 따라 서로 다른 개념을 적용하는가 하면 유사한 용어인 왕도, 왕성과 혼용하기도 한다(기경량 2017:161). 도성에 대한 개념은 연구자별로 다양한 지표를 내세우고 있지만 왕이 거주하는 공간인 왕성과, 일반인 거주구역인 민리, 도성을 구성하는 주요시설(종묘, 외곽성 등)은 공통적인 요소이다(표 1).

〈표 1〉 도성의 개념과 구성요소

연구자	도성의 개념	도성(경)의 구성요소
고고학사전	왕이 평상시 거주하는 궁성과 관부 및 그 주위를 에워싼 성곽으로 군사적 목적 외에 정치, 경제, 사회, 문화의 중심역할을 함	궁성+외곽성
권순홍(2017)	확대된 권력(배타적 제사권-종묘)을 가진 도시를 도성이라 하며, 도성에 격자형의 가로구획, 종묘, 왕성이 설치된 경우에는 경으로 칭함	왕성+종묘+격자형의 가로구획
기경량(2017)	왕궁을 비롯하여 주요 시설이 밀집된 국도의 중심지를 왕도라 하며 도성은 민리를 포함한 외곽성이 존재하거나 중국 도성제를 수용하여 격자형의 가로구획이 설치된 도시를 말함	왕궁+민리+외곽성/격자형 가로구획
박순발(2019)	국가단계 사회의 중심취락으로 국가사회를 운영하기 위한 인적 물적 토대가 되며 도성의 지표는 민리와 분리된 궁의 존재	민리와 분리된 왕궁

연구자	도성의 개념	도성(경)의 구성요소
신희권(2016)	왕성을 포함한 도읍지로 궁성과 백성거주공간을 포함한 정치·경제·사회·문화·군사시설로 광의의 개념	왕성+민리 +주요시설
이도학(1992)	왕과 관료들이 거주하면서 위엄과 권위를 과시하기 위해 축조한 왕성 중심으로 조영된 도시, 도성제는 국가발전의 지표	왕성 중심으로 조영된 도시

외곽성의 축조와 격자형의 도로구획은 중국식의 도성제가 본격적으로 자리잡는 6세기 이후이며 중국에서도 475년 이전에 정연한 도성제를 갖춘 예는 매우 드물다. 백제가 영향을 받았던 중국 건강성은 480년대에 들어서야 왕성과 외성이 외형을 갖추게 된다(박순발 2018:307). 살펴본 바와 같이 한성기 도성의 개념과 의미는 외곽성과 격자형의 가로구획을 갖추고 있지 않더라도 왕이 거주하는 왕궁과 민리를 비롯하여 도성을 구성하는 주요시설이 위치하는 공간을 의미하는 것으로 보는 것이 합리적이라 판단된다. 한성기에는 성숙하고 정비된 완벽한 도성제가 확립되지 못했지만 도성으로서의 시설과 경관을 갖추고 있었을 것으로 추정된다. 『삼국사기』에 도읍과 도성이 다수 기록되어 있는 것으로 미루어볼 때 한성기 백제인들은 도성으로서의 한성에 대한 인식과 경영을 해 나갔던 것으로 추정된다.

한성기에 해당하는 온조왕~개로왕대의 『삼국사기』 기록을 보면 본 발표에서 논하는 '도성'은 도읍, 왕도, 왕궁, 위례성, 한성 등 다양한 용어로 나타난다. 한성기 도성명칭의 변화는 하북위례성-하남위례성-한산-한성 순으로 정리된다. 도성명칭 변화에 따른 구체적인 위치 비정은 연구자마다 다양한 견해가 있었으나 위례성이 곧 당시 도성을 지칭하며 한성과 같은 의미로 사용되는 것으로 알려져 있다(박순발 2002:8). 다양한 명칭의 변화는 도성제가 변화하면서 중심지명이 중국식으로 바뀌는 과정으로 설명하기도 한다(김기섭 2019:131). 또한 한성기 전기에 지칭하는 하남 위례성은 왕성이자 도성의 개념으로 사용된다. 한성은 북성인 풍납토성과 남성인 몽촌토성으로 구성된 도성 전체를 의미하는 것(신희권 2016:104)으로 도성의 명칭과 개념이 경관의 변화와 연동되어 이해되기도 한다. 종합해보면 한성기 도성의 변화는 왕궁과 민리가 하나의 성원에 둘러싸인 풍납토성 중심의 경관에서 왕궁이 분리되어 몽촌토성으로 옮겨지면서 양성경관으로 변경(박순발 2019:220)되는 과정을 거친다.

2. 한성기 도성의 구성요소

도성은 국가 단계 사회의 최상위 중심지인 도성은 국가를 운영하기 위한 인적·물적자원의 토대이며, 도성에는 자급자족적 일차생산에서 벗어나 특정영역에서 전문직능을 발휘하는 도시적 주민이 집주하게 된다(박순발 2020:22). 인구가 집중되면서 도성 거주민을 위한 각종 인프라가 마련되고, 도성이라는 공간 내에 국가권력을 상징하는 시설물이 들어서면서 도성의 경관은 점차 변화한다.

한성기 도성경관 구성요소에 대한 『삼국사기』 기록을 살펴보면 왕궁시설, 성곽시설, 군사시설, 제사 및 종교시설, 거주민 시설 등으로 분류할 수 있다(표 2). 『삼국사기』 기록에서는 도성 경관요소가 특정 사건을 중심으로 짧게 서술되어 도성의 전모를 파악하는데 어려움이 있었다. 하지만 최근 한성기 도성 내의 발굴자료가 급증하면서 문헌기록에 기록되어 있지 않는 도로, 의례시설, 저장시설 등이 확인되어 도성의 모습을 복원해볼 수 있는 좋은 기회가 되었다.

〈표 2〉『삼국사기』 온조왕~개로왕조에서 찾아볼 수 있는 도성 구성 요소

분류	문헌기록	고고학적 자료
왕궁시설	궁, 궁실, 성궐, 별궁, 남당, 연못, 누각	풍납토성, 몽촌토성
성곽시설	목책, 성벽 수리, 성문	풍납토성 서문지, 성벽, 몽촌토성 목책열
군사시설	서대, 군사사열지(한수 서, 남쪽)	확인불가

분류	문헌기록	고고학적 자료
제사 및 종교시설	남단, 대단, 동명왕 사당, 불사	경당지구 44호, 석촌동 적석총 매장의례부
거주민시설	민호, 우물	방이동 일대
기타	외곽, 전렵지(한산)	도로망, 생산시설, 저장시설 등

3. 한성기 도성의 범위

한성기 도성 내에는 도성의 주요 시설이 밀집해 있었을 것이다. 현재 고고학적으로 확인할 수 있는 한성기 도성의 주요 시설은 왕성 주변에 형성된 취락유적과 석촌동, 감일동 등지의 고분군이다. 한성기 도성경관을 이해하기 위해서는 도성에서 확인되는 주요 시설을 통해 구체적인 범위를 파악해야 한다. 『삼국사기』 개로왕조에 따르면 한성기 도성 경관은 개로왕 대에 대토목공사를 통해 비로소 완성되었다. 『삼국사기』에 기록된 '...盡發國人, 烝土築城, 即於其内作宮校勘·樓閣·臺榭, 無不壯麗. 又取大石於郁里河, 作槨以葬父骨, 緣河樹堰, 自蛇城之東, 至崇山之北' 기사는 대토목공사를 통해 한성기 도성이 완성되는 과정을 보여주고 있다.

개로왕대 사성에서 숭산까지 축조된 제방은 도성의 범위를 추론하는데 주요한 단서가 된다. 사성으로 비정되었던 삼성동토성은 최근 조사를 통해 성

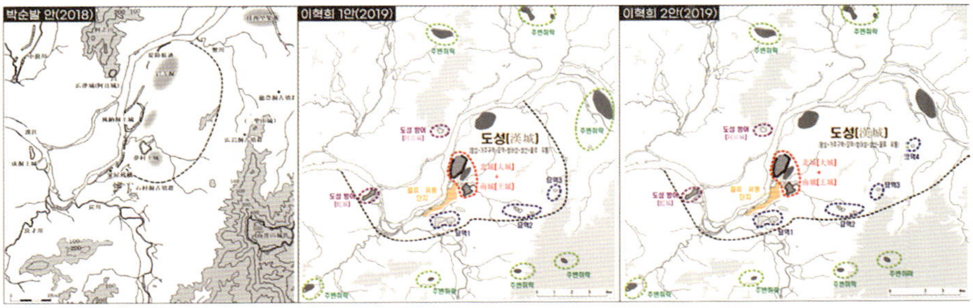

〈도면 1〉 한성기 도성의 추정 범위

토구조물 흔적이 확인되어 한성의 서쪽 경계를 추정해볼 수 있게 되었다. 한성의 동쪽 경계는 아직까지 연구자들간의 합의를 이루지 못하였는데 고덕동일대(여호규 2002) 혹은 검단산일대(이도학 1992)로 추정된다. 제방의 축조범위와 취락과 묘역의 분포상을 통해 개로왕대의 완성된 도성의 범위는 풍납토성과 몽촌토성을 중심으로 동으로는 하남 검단산 혹은 고덕동 일대, 서로는 삼성동토성, 남으로는 우면산-남한산 이북으로 추정된다(박순발 2018:67;이혁희 2019:215, 도면 1).

Ⅲ. 한성기 도성의 경관 형성

고대 도성은 국가의 정치, 경제, 문화의 중심지로 각종 건축물과 기반시설이 어우러져 일반 취락과 명확히 구별되는 독특한 경관을 이룬다(여호규 2019:10). 경관은 자연경관과 인문경관으로 구성되는데, 인간 행위의 결과인 인문경관은 건축으로 대표되며, 도시공간의 형태학적 특성을 가리켜 도시경관으로 부르기도 한다(한국도시경관지리학회 2020:516). 한성기 도성은 한강변 충적대지에 위치해 있으며 자연지리적인 이점을 최대한 이용하여 인문경관을 만들어 냈다. 한성기 도성의 구성요소는 크게 왕궁시설, 성곽시설, 군사시설, 제사 및 종교시설, 취락, 묘역 등으로 구분할 수 있지만 고고학적으로 경관의 변화양상을 확인할 수 있는 요소는 취락과 묘역으로 한정된다. 본 장에서는 백제국의 읍락에서 백제의 도성으로 변화하면서 나타나는 경관과 완성된 도성으로의 성장과정을 살펴보려 한다.

1. 취락

1) 왕성 내 취락의 형성과 발전 : 풍납토성

한성기 도성의 중심은 단언컨대 왕성으로 볼 수 있다. 한성기 왕성의 운영은 풍납토성을 왕성으로, 몽촌토성을 군사방어성으로 사용하거나(여호규 2002:9) 풍납토성 왕성 체제에서 왕궁이 몽촌토성으로 옮겨지면서 양성경관

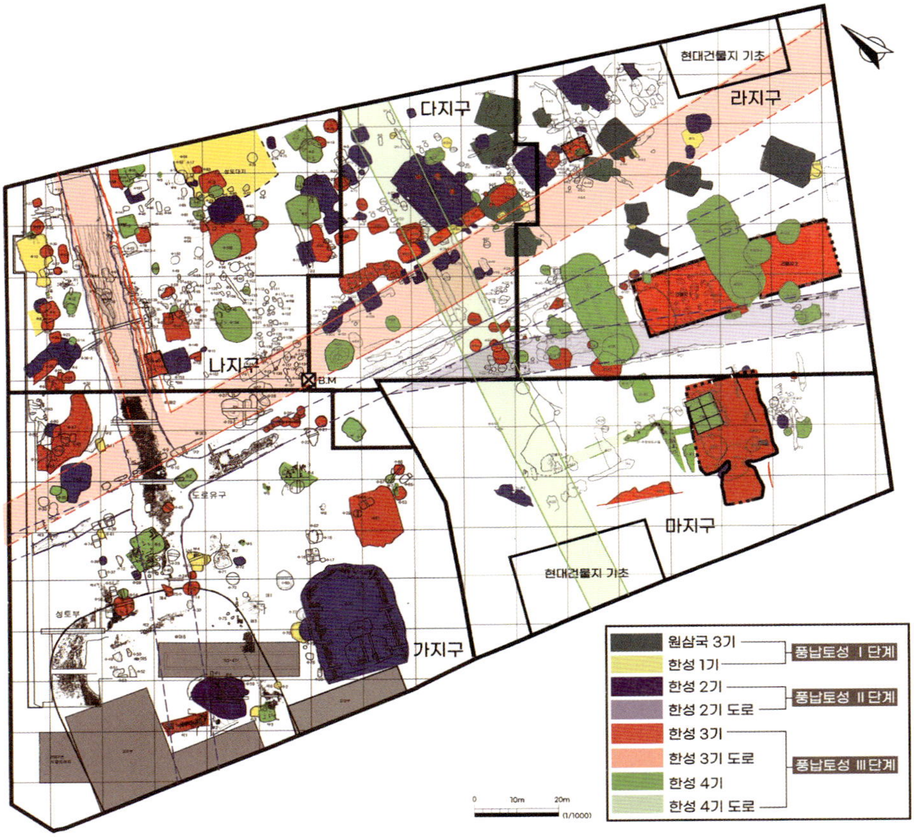

<도면 2> 풍납토성 197번지(미래마을)유적 단계별 변화양상(국립문화재연구소 2013)

으로 변경되었다는 견해가 있다(박순발 2019:220). 급속한 도시화로 인해 한성기 백제 도성에 대한 다수의 정보가 지워졌지만 풍납토성과 몽촌토성에 대한 조사성과가 진전되면서 왕성의 구조와 성벽축조방법, 일반인 거주구역(민리)에 대한 일면이 확인되고 있다. 특히 풍납토성의 경우 누적된 조사성과를 토대로 도성의 핵심시설인 왕성과 관청 등 최상위계층과 관련된 공공건축물, 의례시설 등을 확인할 수 있었다

풍납토성에서는 원삼국기 백제국伯濟國의 환호취락부터 백제로의 성장을

볼 수 있는 공간으로 한성기 백제의 정치·경제·사회·문화의 중심지로 인식된다. 풍납토성 내 취락의 변화과정은 크게 3단계로 나눌 수 있다(도면 2).

풍납토성 Ⅰ단계는 경질무문토기와 낙랑계 토기 등이 출토되는 오각형 평면에 철凸자형 주거지가 축조되는 시기로 내부 시설로는 쪽구들과 노지가 시설된다. 또한 무딘 육각형 평면에 일자형 부뚜막이 결합된 철凸(여呂)자형 주거지가 나타나기도 한다. 풍납토성 Ⅰ단계는 주거지 형식변화 및 출토유물로 볼 때 3세기 중후반에서 4세기 초로 편년된다. 삼화연립 재건축부지 제Ⅳ층 구溝(한신대학교박물관 2003), 197번지(미래마을) Ⅰ기(국립문화재연구소 2009, 2011), 신우지구 3중환호(국립문화재연구소 2001)가 여기에 속한다(박경신 2012:100). 삼화연립부지 제Ⅳ층 구溝에서 토제범, 범심, 송풍관 등이 확인되어 풍납토성 중심지에 주요 생산시설이 존재했을 가능성이 있다. 또한 신우지구 가-3호 주거지에서 토기 태토보관 저장공과 녹로가 출토되었으며 유적 내에서 토기가마 1기가 조사되어 취락 내 소규모 자가생산의 흔적을 찾아볼 수 있다.

풍납토성 Ⅱ단계는 기존의 환호가 폐기되고 성벽이 축조되는 시기로 한성기의 전형적인 토기가 등장하며 4세기 전반~4세기 후반으로 편년된다. 이 단계는 왕성의 축조와 기반시설을 구축하게 되는데 미래마을 일대에 남북 및 동서도로가 신설되며 공공건물로 추정되는 가-30호 같은 초대형 수혈 건물지가 등장하기도 한다. 이 시기 주거지의 형태는 일자형 부뚜막이 시설된 육각형 주거지가 주류를 이룬다.

풍납토성 Ⅲ단계는 4세기 말~5세기 중후반으로 미래마을에 라-1호, 라-2호와 같은 지상건물지가 축조되면서 전체적인 도로의 노선이 변화한다. 남북도로가 북쪽으로 이동하고 새로운 동서도로를 건설하면서 주변에 장방형의 저장수혈이 자리하는 등 전체적인 도시계획이 변경된다. 특히 새롭게 축조된 동서도로를 중심으로 주거지군과 지상식 건물지군의 분포가 나뉘는 경향을 보인다. 또한 마-1호와 같은 기단식 지상건물지가 축조되고 출입구가 없는 방형의 주거지와 라-1호, 라-110-1호와 같은 대형의 장방형 수혈이 축조된다. 한편 대형 원형 수혈이 기존 건물지나 유구와 중복되는 현상이 심화되어 한정된 왕성 내에서 집약적으로 토지를 이용했음을 알 수 있다.

2) 왕성 인근 취락의 발견 : 천호, 방이 일대

앞서 살펴보았듯이 도성 내에는 왕성과 분리된 일반인 거주구역(취락)이 존재하며 도성 내 거주민은 자급자족적 일차생산에서 벗어나 특정영역에서 전문직능을 발휘한다. 문헌기록에서 민호民戶[1], 한성인漢城人[2], 도인都人[3]으로 표현되는 일반인의 취락은 도성 내에 존재할 것으로 추정되지만 풍납토성과 몽촌토성을 제외하면 일반인 거주구역이라 칭할 수 있는 취락의 존재는 해상도가 낮은 상태였다.

2004년 풍납토성 동성벽 인근에서 조사된 배수로와 목제우물은 풍납토성 외부에 거주했던 도성인의 생활모습을 인식할 수 있는 계기가 되었다. 이밖에도 방이동 3호분 이전에 조영되었던 수혈주거와 몽촌토성 남문지 인근에서 육각형 주거지(국립문화재연구소 2004)가 조사되면서 하천변의 저지대를 제외한 비교적 배수가 양호한 지점에 주거지가 있을 것으로 추정되었다. 또한 몽촌토성과 풍납토성 일원 뿐 아니라 풍납토성에서 암사동으로 이어지는 한강변 충적지가 도성주민의 주요한 거주구역으로 추정되어 왔다(박순발 2018:66).

---

1 比流王 三十年, 夏五月, 星隕. 王宮火, 連燒民户.

2 腆支王 或士校勘 直支, 梁書名映. … 十四年王薨,. … 既至国界, 漢城人解忠來告曰, …

3 阿莘王 七年, 九月, 集都人, 習射於西臺.

통과 물류의 거점에 취락이 형성되었을 가능성을 충분히 보여주고 있다.

위에서 살펴본 풍납토성과 몽촌토성 인근 취락유적은 유적의 입지, 주거지의 형태, 주거지 내 시설물, 수혈과의 중복현상 관계, 도로의 형성 등을 고려해보았을 때 한강변 충적대지에 형성된 대규모 취락으로 판단된다. 유적의 전체적인 시간폭, 구체적인 유물상, 시간의 흐름에 따른 공간 점유양상 등 불분명한 부분이 많지만 도성경관의 개략적인 모습은 살펴볼 수 있다. 위계 높은 공간인 왕성 인근에 형성된 취락은 육각형 및 (장)방형 주거지가 다수 확인된다. 주거지 평면형태, 내부시설, 벽주공의 간격 등의 속성변화를 통해 대략 풍납토성 II단계 즈음으로 추정해볼 수 있다.

왕성 주변 취락은 도성 내 취락, 혹은 도시로 볼 수 있는 몇 가지 특징이 간취된다. 취락 대부분 지속적이고 반복적으로 공간을 점유하는 현상이 뚜렷하게 나타난다. 또한 신천동 20-4번지 7구역 21호 주거지와 같은 대형주거지의 존재는 계층의 분화 및 사회적 복합도가 심화된 도시적 주거형태로 해석해 볼 수 있다. 한편 취락에서 확인되는 대형 저장수혈은 도성 내로 반입된 물자를 저장하고 분배하기 위한 창고로 추정된다. 왕성 인근 취락은 한강의 범람과 침수가 빈번하게 일어나는 저지대이지만 한강에서 상시 획득할 수 있는 어획자원, 수로와 육로를 확보하기 용이한 곳이었다. 취락이 위치한 충적지 일대는 한강과의 경계지점으로 물자와 자본의 이동이 빈번하게 이루어졌을 것이다. 수로를 이용하여 반입된 물자는 도로를 통해 소비와 분배의 중심지인 왕성으로 유통되었으며 그 과정에서 왕성 인근 취락은 문화, 정보, 물자가 수용되고 전달되는 결절지가 되었을 것이다. 도시적 면모를 갖춘 취락은 농경 이외의 생산과 유통행위의 증거가 현저히 확인되는데(권오영 2012: 88) 왕성 인근 취락은 도성인의 주요 거주지이자 문화와 물자의 유통 및 소비의 중심지였을 것이다.

3) 도성 주변 취락 : 암사, 하남 일대

풍납토성과 몽촌토성 주변지역의 취락을 살펴보면 암사동유적, 하남 미사리유적, 남양주 장현리유적, 광주 장지동유적, 용인 고림동유적, 화성 발안리유적 등을 찾아볼 수 있다. 이러한 취락은 풍납토성과 몽촌토성 반경 20km 내외에 위치하며 개별 고분군과 연계된 지역 중심취락으로 볼 수 있다(권오영 2012:93). 한성기 도성 인근에 위치한 취락은 암사동유적과 하남 미사리유적으로 한강변 충적대지에 자리하며 신석기~고려시대까지 장기간 토지를 점유하고 이용한 흔적이 확인된다.

암사동유적(139-2번지)은 원삼국~한성기에 해당하는 취락이 확인되어 도성개발이전부터 이후까지 생활공간의 변화과정을 추정해볼 수 있다. 또한 최근 암사동유적(139-2번지) 서쪽에 위치한 암사동 193번지 유적이 조사되면서 한강변 일대에 대규모 취락이 형성되었던 것으로 추정된다. 암사동 일대에서 확인되는 주거지 평면형태는 오각형, 육각형, 방형으로 한강 유수의 흐름을 고려한 북동-남서의 장축방향을 보인다. 대부분 남쪽에 출입구가 시설된 여呂·철凸 자형 주거지로 내부에서는 일자형 부뚜막, 화덕, 주공 등 다양한 시설이 나타난다. 한정된 공간에 집약적으로 토지를 이용했던 왕성 내부 및 인근에 비해 유구밀집도는 낮은 편이다.

미사리유적은 전형적인 대규모 농경취락으로 원삼국~한성기에 해당하는 수혈주거지, 창고군, 대형수혈, 경작유구가 확인되었다(권오영 2012:87). 주거지는 오각형, 육각형 평면형태의 여呂·철凸 자형 주거지로 부석식노지, 쪽구들, 부뚜막 등 시간성을 보이는 다양한 요소가 확인된다. 미사리 주거지에서는 주조괭이가 전체 철기 출토량의 60% 이상을 차지하며(이희경 2022:491) 철겸, 삼칼 등의 철제농기구의 출토비율이 동시기 타유적에 비해 월등히 높다. 이와 같은 양상은 원삼국시대 후반에 하나의 취락에서 1개의 주조괭이만 발견되던 상황과는 전혀 다른 것으로 기경구인 주조괭이를 이용

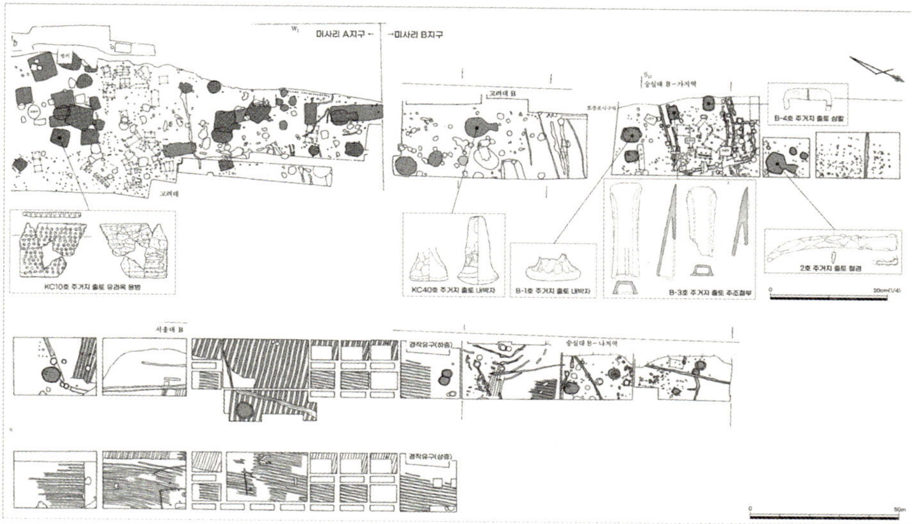

〈도면 4〉 미사리유적 생산관련 유구 및 유물

하면서 작물의 생산성이 높아졌음을 추정해 볼 수 있다. 특히 미사리유적에서는 여러 위계의 주거지에서 주조괭이가 출토되어 실사용을 위해 주조괭이를 소유했을 것으로 판단된다(이희경 2022:494). 미사리유적에서는 농업생산 뿐 아니라 야철지(KI601유구), 유리공방(KC10호 주거지), 토기공방(KC40호 주거지, 숭실대 B-1호 주거지)의 존재도 짐작해 볼 수 있어 도성의 주변에 위치하는 대규모 종합생산단지일 가능성이 높다(도면 4).

도성 인근에 해당하는 한강변 취락유적은 주거지 형태, 출토유물을 근거로 풍납토성 Ⅰ~Ⅱ단계로 볼 수 있다. 암사동과 미사리 주거지는 경질무문토기가 출토되는 원삼국단계부터 한성기 토기양식이 정립된 시기까지 한강변 충적대지를 점유하며 형성되었다. 이러한 취락은 도성 배후지역에서 도성의 비자급자족성을 충족시켜 줄 수 있는 대규모 생산단지로 도성과의 긴밀한 유통망이 형성되었을 것으로 추정된다.

2. 묘제

분묘 유적에는 한 집단의 사회, 경제, 문화가 고스란히 반영되어 있다. 망자는 자신을 스스로 묻을 수 없으므로 망자를 기리는 장송의례는 망자가 속한 집단사회의 삶, 세습, 경제를 확인하는 계기가 될 수 있다(마이크 파커 피어슨 2017). 따라서 묘제, 묘역, 장송의례, 부장품 등은 망자의 사회적 지위도 반영하지만 장례 주관자, 혹은 집단사회의 정체성과도 연관되어 있다. 따라서 피장자를 매장하는 묘역, 묘제의 상이성과 형태변화, 매장의례에 대한 복원과정은 한 사회의 변화과정, 정치적 상황, 경제, 사회습속, 권력 등을 그대로 반영한다.

한성기 백제 도성과 그 인근에 형성되어 있는 묘역은 도성의 범위와 정치적 상황을 알 수 있는 중요한 단서이다. 고대사회는 매스컴이 없기 때문에 집단의 정체성과 우월성을 과시하기 위해서는 가시적 효과가 뛰어난 건축물과 신성시된 공간이 필요했을 것이다. 도성 내에 형성된 석촌동, 가락동고분군은 집단의 정체성을 과시하는 일종의 집단묘역이자 왕릉으로 비정되고 있다. 또한 도성의 경계에 위치한 하남 감일동, 광암동, 판교동 고분군을 통해 도성 배후에 축조된 묘역의 분화현상을 살펴볼 수 있다.

1) 백제로의 성장과 발전: 석촌동 고분군

석촌동 일대 고분군은 백제국에서 백제로의 성장과정과 함께 초기 백제 사회의 일면을 보여준다. 석촌동고분군은 한강과 탄천의 합류지점 동쪽에 형성된 하안단구상에 입지하며 고분군의 동북쪽 일부 고분은 구릉 사면에 위치해 있다. 1917년 작성된 분포도상에 293기 이상의 고분이 표기되어 있으나 급속한 도시화로 인해 파괴되어 현재는 고분군 서쪽 끝에 일부 잔존해 있다. 1917년 작성된 분포도를 살펴보면 열을 지어 분포하며 일부 고분은 군집된 양상으로 연접적석총일 가능성이 있다. 군집과 열을 이루며 가락동일대까지 뻗어나가는 고분군은 가락동 3호분까지 석촌동고분군 매장영역으로 추정되며 가락동 4·5·6호분 및 방이동고분군은 도로를 사이에 두고 있으나, 하나의 능선으로 연결된 곳에 위치한다(조가영 2012:270). 가락동 및 방이동 고분군은 축조 주체와 시기에 대한 논의가 지속적으로 이루어져 왔으며 가락동 5호분은 석실의 천장구조와 출토유물 상으로 볼 때 고구려계임이 밝혀졌다(김무중 2011:144). 또한 방이동 고분군의 축조 주체 역시 봉분과 호석, 지상형의 구조, 출토유물을 근거로 6세기 중엽 이후 신라의 진출과 연동되는 것으로 파악되었다(최병현 1997).

석촌동고분군에서 확인된 묘제는 토광묘, 즙석봉토분, 적석총 등으로 외형은 다양하지만 기본적인 매장시설은 목관이다(도면 5). 적석총의 영향으로 방단형 부석, 즙석, 위석 등 돌을 사용하는 요소가 추가되었으며 토광묘를 제외한 다른 무덤은 매장시설이 지상에 위치한다. 즙석봉토분과 적석총에는 분구의 연접축조, 분구 확대현상으로 고총으로 발전하기도 한다(김낙중 2022:346).

석촌동고분군에서 가장 먼저 조성된 묘제는 토광묘이다. 토광묘는 비교적 이른 시기인 3세기 늦은 단계에 등장하였으며 중층으로 토광묘를 조성하여 하나의 봉분을 이루거나(서울대학교박물관 2015:39) 대형의 토광묘를 조성하기도 한다. 토광묘는 석촌동 3호분 동쪽과 1호분 북쪽 연접적석총 하부에서 확인되었으며 층위와 출토유물로 보았을 때 원삼국기에 해당하는 환호취락단계에 조영된 묘제로 판단된다.

즙석봉토분은 지상에 목관, 옹관 등 다양한 매장시설이 복수로 설치하고 봉분을 만든 후 돌을 즙석한 것으로 매장주체부 지상위치, 다인장, 분구연접 및 확대현상, 고총화되는 양상은 분구묘의 구조 및 발전양상과 유사하다. 하지만 주구의 부재, 즙석의 시설, 축조방법의 상이성은 엄밀한 의미의 분구묘 범주에는 포함하기 어렵다(조가영 2012). 석촌동 일대 즙석봉토분은 석촌동

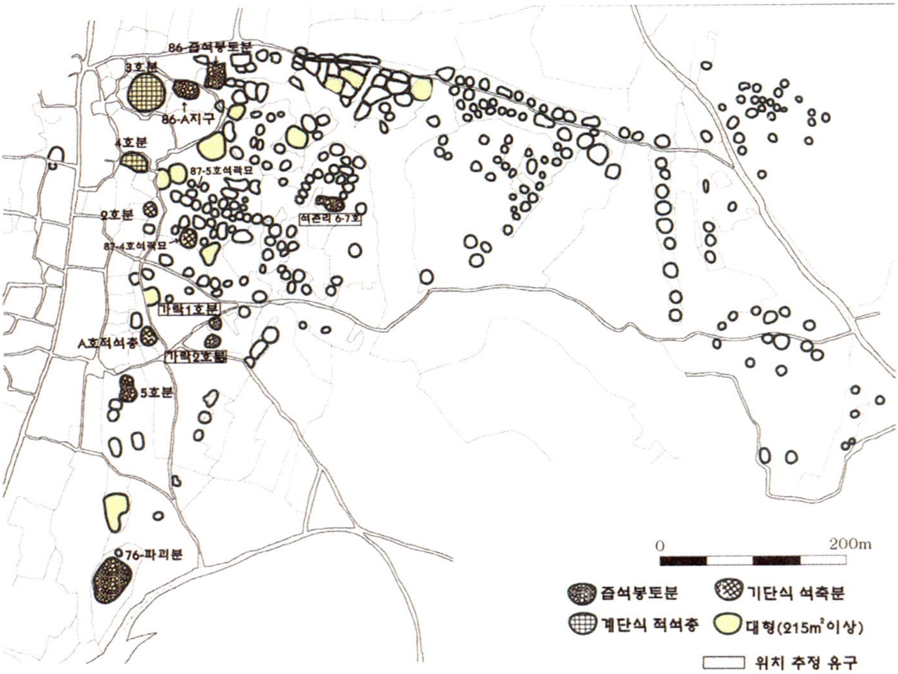

<도면 5> 크기와 형식에 따른 석촌동고분군 분포도(조가영 2012 그림21)

6,7호분, 석촌동 76-파괴분, 86-즙석봉토분, 가락동 1,2호분으로 특히 석촌동 76-파괴분은 석촌동 고분군 남쪽 경계에 위치해 묘역의 기준점으로 추정된다. 76-파괴분 부장품은 한성양식의 직구호와 심발형토기로 출토유물의 연대에 따라 4세기 초로 편년되며 가락동 2호분은 4세기 중엽에 축조가 시작된다. 연대를 종합해서 살펴보면 76-파괴분은 초대형 즙석분구묘이며 초기 형식의 백제 한성양식의 토기가 출토되어 백제 국가성립의 고고학적 증거 가운데 하나로 해석되며(김낙중 2022:347) 초기 왕릉으로 추정되기도 한다(임영재 2022:23).

석촌동 적석총은 최근 1호분 북쪽 연접적석총 발굴조사를 통해 북쪽에 위치한 1호 적석묘와 4호 적석묘를 기점으로 단위 적석묘가 순차적으로 연접

되면서 석촌동 1호분과 A호 적석총까지 연결되는 구조로 밝혀졌다(도면 6). 현재까지 1호분 북쪽 연접적석총의 매장주체부는 확인되지 않아 매장시설은 분구 상부에 위치한 것으로 추정된다. 단위 적석묘는 성토 및 할석을 쌓아 연접하며 1호·4호·7호 매장의례부를 조성하였다. 매장의례부는 기와를

〈도면 6〉 석촌동 1호분 북쪽 연접적석총 전체 유구배치도(한성백제박물관 2021 도면49)

시설한 목조구조물 내외에서의 화장과 의례행위 후 부산물을 폐기 및 매장한 공간으로 추정된다(김낙중 2022:352, 정치영 외 2019: 42).

1호분 북쪽 연접적석총은 적석묘 하부에서 확인된 4호 목관묘와 1호 토광묘 출토유물, 1호 적석묘 기단부에서 출토된 고배와 매장의례부 출토유물로 볼 때 한성기 이른 시기에 해당하는 4세기 중엽부터 축조된 것으로 판단된다(김낙중 2022:352, 임영재 2022:25). 1호분 북쪽 연접적석총 1호 적석묘와 4호 적석묘에서 축조되기 시작한 연접적석총은 점차 남-서쪽으로 확장하여 석촌동 1호분 및 A호 적석총까지 연접된다.

1호분 북쪽 연접적석총 북쪽은 구획적석목관묘로 경계가 구획되어 있으며 그 북쪽으로는 단독 적석총인 3호분과 4호분이 확인된다. 석촌동 3호분은 적석총 내부까지 돌로 채우고 외부는 계단식으로 쌓아 올린 순수 적석총이며 4호분은 외부는 3단석축을 쌓고 내부는 성토하여 다진 성토식 적석총이다. 석촌동 3호분은 적석부에서 출토된 동진대 청자반구호의 연대 검토와 무덤 구조를 통해 4세기 중엽~5세기 전반경에 축조된 것으로 추정된다(김낙중 2022:349, 임영재 2022:26).

석촌동 고분군 경관의 시작과 완성은 3세기대 군집된 토광묘에서 시작하여 4세기 전엽 즙석봉토분이 축조되고 4세기 중후엽부터 5세기 전반까지 적석총이 조영되는 것으로 이해된다. 원삼국기부터 축조되었던 토광묘에서 지상화되고 가시적인 효과가 뛰어난 고총고분으로 성장해 나가는 과정은 기존 사회집단이 사용하였던 묘역이 왕릉으로 변모해가는 과정으로 볼 수 있다. 즙석분구묘, 구획연접목관묘, 다양한 양식의 적석총이 한 묘역안에 혼재하는 양상은 백제 초기 사회의 복잡성을 보여준다. 개인보다는 집단의 정체성과 집단 내 관계를 보여주기 위해 우월한 입지에 집단묘역을 형성하고 선축묘와의 관계를 과시하기 위한 연접분구묘를 축조해나가는 과정을 석촌동이라는 묘역 안에서 살펴볼 수 있다. 일정한 공간으로 구획된 묘역을 공유하고 매장의례부를 통한 (비)정기적인 의례행위는 국가로서의 정체성을 확립해 나가고, 우월한 건축물을 통해 정치체의 세력을 표방해나가는 과정으로 이해된다.

당시 백제사회가 원삼국기에 흙으로 축조했던 무덤에서 급작스럽게 돌로 된 무덤으로 변화한 이유는 무엇일까? 돌출된 고총의 등장, 비정형적인 다양한 묘제의 축조의 배경에 대해서는 지속적인 논의가 진행되어 왔다. 임진강·한강유역 적석총과의 관계, 고구려 이주민의 남하 등 다양한 배경을 생각해 볼 수 있지만 외래요소의 등장은 복합적인 요소가 결합되어 사회상에 반영된다. 고구려의 4세기 전반대와 외형적으로 유사한 석촌동 적석총은 4세기 후반대에 석촌동 3호분이라는 대형 적석총으로 발전하지만 동 시기 고구려 대형 적석총의 신기술은 반영되지 않고 4세기 중반에 유입되었던 축조기술이 지속된다. 4세기 후반대 고구려 적석총은 큰 모서리석과 대형석재를 이용하며 외면 석재에 밀림방지 턱 가공을 하는 등 신기술이 적용된 계단식 적석총이 축조된다(임영재 2022:28). 따라서 4세기 전반대에 고구려에서 유입된 기술은 백제에서 자체발전하여 석촌동 3호분같은 대형의 계단식 적석총을 축조하였음을 알 수 있다. 이후로는 고구려와의 대립이라는 정치적 상황으로 더 이상의 신기술은 유입되지 않는 것으로 추정된다. 그러므로 무덤에 반영된 외래 기술 요소는 정치체를 표방할 수 있는 고대한 기념물이 필요했던 정치사회적 상황, 정치체간의 관계, 이주민의 유입으로 인한 신기술의 도입과 신기술의 자체발전 요소 등 다양한 측면에서 접근해야 할 것이다.

2) 횡혈식 석실분의 등장과 묘역의 분화

비정형적인 석촌동 적석총은 매장주체부가 대부분 지상에 위치하여 매장시설은 확인되지 않았다. 하지만 석촌동 4호분은 매장시설로 추정되는 방형의 시설물이 확인되어 주목된다(도면 7). 4호분은 1974년 발굴조사에서횡혈식 석실의 하부구조를 보고하였으나 1984년 발굴조사를 통해 석실이 아닌 3단 석축의 하부 내곽선으로 판단하였으며 연도의 존재가 불분명함을 들어 석실을 부정하였다(임영진 2007:83).

석촌동 4호분의 매장주체부에 대한 논의는 발굴조사 이후부터 현재까지 지속되고 있다. 임영재(2022:30)는 석촌동 4호분은 현실의 벽체를 전상할석으로 눕혀쌓기 하고 중앙 연도를 설치한 구조로 4세기 중후엽부터 고구려 적석총 매장주체부에 석실분이 축조되는 양상으로 볼 때 횡혈식 석실분으로 보았다. 하지만 김낙중(2022:350)은 현실에 해당하는 측벽 바닥부의 높이가 상이하고, 연도로 추정되는 석열이 1열만 확인되었으며 석실의 바닥이 시설 없이 흙으로 채워져 있어 목곽 혹은 목실일 가능성을 제시하였다. 석촌동 4호분 주변과 적석부 위에 덮인 퇴적토에서 기와가 다량 출토된 것으로 볼 때 상부에 기와가 시설된 구조물이 있었을 가능성이 있다. 석촌동 고분군 내에서는 현재까

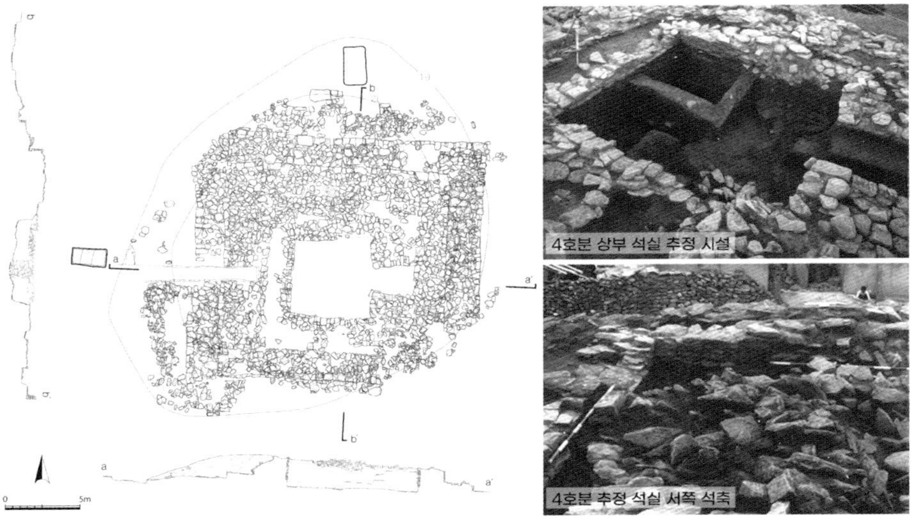

〈도면 7〉 석촌동 4호분 상부 석실 추정 시설(서울대학교박물관 2013)

지 석촌동 4호분과 같은 유형의 적석총 구조를 확인할 수 없지만 추후 석촌동 유적에 대한 조사가 진행되면 진전된 논의를 해볼 수 있을 것이다.

최근 도성 주변에 해당하는 하남 감일동, 감이동, 광암동 유적과 성남 판교동 유적에서 횡혈식 석실분이 대규모로 확인되어 한성기 석실분의 요소를 특정할 수 있게 되었다. 한성기 석실은 전상판석의 사용, 배부른 현실 바닥(동장) 등을 특징으로 하며 지하에 시설된다. 이러한 한성기 석실분의 특징이 확인되면서 가락동 3호분 역시 한성기에 축조된 횡혈식 석실분으로 밝혀졌다.

가락동 3호분은 석촌동 고분군의 동북쪽 구릉에 위치하며 지형상 동서 방향으로 길게 형성된 구릉성 산지에 위치하는 동일영역의 고분군으로 판단된다(최병현 1997, 이현숙 2013:58). 현실은 방형으로 현실 벽면은 전상할석을 눕혀 쌓은 후 회칠하였으며 연도는 우측에 치우쳐있어 한성기 석실의 요소를 판별할 수 있다.

한성기 횡혈식 석실분은 중서부지역에 130여기가 분포하고 있으며 이 중 50% 이상이 도성 인근에서 확인된다. 도성 인근 횡혈식 석실분은 기존 묘역으로 사용되어 왔던 석촌동 인근에 축조된 가락동 고분군과는 달리 하남 감일동과 성남 판교동 일대에 군집을 이루며 분포한다. 하남 감일동 유적은 풍납토성과 반경 4km 내외에 위치하고 있어 왕성에서 가장 가까운 횡혈식 석실분으로 석실분 축조 이전에 선행묘제가 없어 백제의 성장 및 도성의 경영과 연관되어 있을 것으로 추정된다. 감일동 석실분의 구조는 평면 장방형의 현실과 천장은 변형궁륭상으로 추정되며 연도는 오른쪽에 치우쳐있다(사진 1). 석실의 규모가 소형이고, 50여기의 석실분이 구조적으로 유사하며 비교적 짧은 시간동안 일정한 간격을 두고 조영되어 있는 점, 부장품에서 격차가 확인되지 않고 신변착장품인 점으로 미루어 볼 때 피장자는 중앙의 관료 혹은 귀족일 것으로 여겨졌다. 집단 내 성원 사이에는 동질성이 강조되어 보이는 것이 감일동 유적의 특징이라 할 수 있다(성정용 외 2019:59). 위계의 구분이 되지 않고 동질성이 강조된 횡혈식 석실분은 성남 판교동 유적에서도 확인된다.

한편 석촌동·가락동 고분군 일대에는 적석총, 즙석봉토분, 석실분이 혼재하는 반면 도성 인근지역에서는 관료집단으로 추정되는 석실분이 군집해있어 신분 혹은 계층에 따른 묘역의 분화현상을 추정해볼 수 있다. 감일동 유적을 중심으로 하는 한성기 석실분은 대체로 4세기 후반에 등장하여 발전해 나간다. 이후 5세기 중엽에 해당하는 하남 광암동 유적에서는 수평묘도형 석실이 출현하게 되고 현실이 배부른 동장구조가 점차 사라지는 양상으로 확인되어 석실분이 점차 변화하는 과정을 엿볼 수 있다.

한성기 석실의 요소는 기존에 축조되었던 거대 기념물로서의 의미가 있

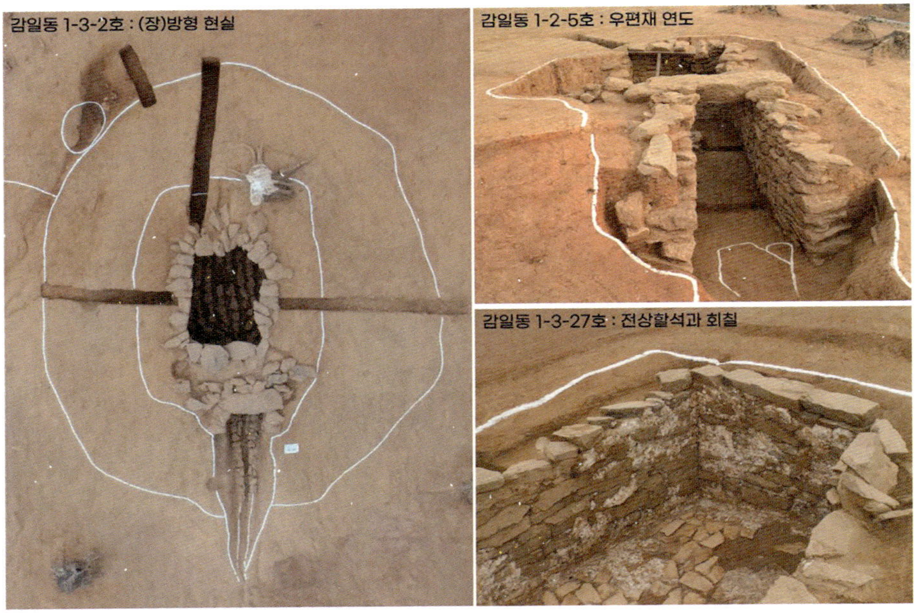

〈사진 1〉 감일동유적에서 확인되는 한성기 횡혈식 석실분의 요소

었던 적석총이나 즙석분구묘와 그 성격이 상이하다. 다양성이 강조된 마한의 백제국에서 백제로 성장하는 과정에 백제는 마한의 대외주도권을 쟁취하여 급속히 성장한다. 하지만 백제 역시 근간은 '마한 54국'에 있기 때문에 초기 백제사회는 사회통합과 차별화를 위해 다양한 묘제를 받아들였던 것으로 생각된다. 한성기 초기에는 거대 기념물인 적석총이 일종의 랜드마크(Landmark)로서 백제의 정체성을 알리고 특화된 묘역 내에서 행해지는 의례를 통해 공유하는 기억과 권력을 재생산한 것으로 이해된다. 무덤 중에서도 사회적으로 영향력을 가진 영웅이나 권력자를 묻고 제사 지내는 거대한 기념물이라고 할 수 있는 고분은 국가 형성 과정에서 권력의 유지와 계승에 중요한 역할을 한 것이 세계 보편적으로 확인되고 있다(쯔데 히로시 2011, 김낙중 2019:199)

연접적석총과 같은 상위계층의 무덤을 공공적인 기념물로 축조하여 집단의 결속력을 다져나갔다면 석실분은 지극히 개인적인 무덤으로 친연관계에 있는 소수의 사람과 매장공간을 공유한다. 또한 적석총은 무덤 가까이에서 의례행위가 펼쳐진 매장의례부를 통해 공유하는 기억을 재생산하고 피장자를 신성화했지만 개인적이고 가족적인 횡혈식 석실분은 묘역 인근에서 의례행위가 관찰되지 않는다. 또한 진전된 계층화와 권력의 집중화로 인해 나타난 수직적 사회질서(김낙중 2019:199)는 도성 내에는 공공기념물인 왕릉과 도성 외곽에 위치하는 관료층의 묘역을 분리하였다. 왕릉에 해당하는 석촌동고분군은 도성 내에서 공공기념물의 역할을 하며 권력을 기억하고 생산하는 마중물이 되었다면 도성 외곽에는 새로운 입지에 관료층을 위한 횡혈식 석실분을 축조되며 새로운 계층을 위한 묘역이 생성된다.

Ⅳ. 개로왕대 도성의 경관변화

한성기 도성의 경관 형성 과정은 대체로 풍납토성 1기로 비정하는 3세기 중후반부터 나타난다. 풍납토성에 형성된 환호취락과 몽촌토성 남문지 근처에서 확인되는 주거지, 석촌동 고분군 적석총 하층에 조영된 목관묘군을 통해 당시의 경관을 살펴볼 수 있다. 풍납토성 내 환호취락이 토성으로 변화하고 백제국은 고대국가인 백제로의 성장을 하게 되면서 도성의 경관을 갖추어나가기 시작한다. 이후 한성기 도성의 경관은 5세기 중후반에 진행된 개로왕의 대토목공사를 통해 완성된다.

『삼국사기』 개로왕 기사에서 확인되는 도성 경관의 요소는 크게 성곽, 궁궐, 왕릉, 제방으로 나눌 수 있으며 기록과 고고학적 근거를 바탕으로 당시 도성 상황과 경관을 그려보기로 한다(표 3).

〈표 3〉 개로왕대 도성 경관의 요소

연번	요소	도성 상황	도성 경관
1	성곽	성곽이 수리되지 않음	흙을 쪄서 성을 쌓음
2	궁궐	궁실을 고치지 않음	성 안에 궁궐, 누각, 대사를 웅장하고 화려하게 축조함
3	왕릉	선왕의 해골이 맨땅에 임시로 묻혀있음	욱리하에서 큰 돌을 가져다 덧널을 쌓아 부왕의 능을 조성함
4	제방	민가가 자주 강물에 허물어짐	사성(蛇城)의 동쪽에서 숭산(崇山)의 북쪽까지 제방을 쌓음

1. 증토축성(烝土築城)

개로왕대 대토목공사 중 '흙을 쪄서 성곽을 쌓았다'라는 기록을 습기를 통제하거나 판축토 내의 수분을 제거하기 위해 판축층 사이를 불다짐하는 기술을 연관지어 설명하거나(신희권 2016:118) 석회를 사용한 토목기술(심광주 2010:79, 권오영 2012:96)일 가능성을 제시하는 등 "증토"에 대한 해석은 다양하다. 풍납토성은 4세기 초, 몽촌토성은 4세기 후반경(박중균, 이혁희 2018:267)에 왕성으로서의 위엄을 갖추었을 것으로 판단되어 양 성이 개로왕대 초축되었다고 보기는 어려우며 이 기사는 성의 대대적인 보수를 의미한다(권오영 2012:97). 그렇다면 불다짐이나 석회를 사용하여 성벽을 수리하고 쌓아올린 보수의 흔적은 확인되었을까?

몽촌토성은 1983년도 시굴조사를 통해 성벽에 목책이 설치되어 있었을 것으로 추정하였다. 하지만 최근 성토층의 평면조사를 시도한 결과 방형의 판괴와 일정한 간격으로 설치된 다수의 주혈을 확인하였으며 이를 근거로 1983년 목책구덩이는 판축목주로 판단하였다(박중균, 이혁희 2018:255). 풍납토성은 최근 서성벽 발굴조사를 통해 체성부 상면에서 방형의 판괴가 연접되면서 판괴의 응집력을 강화하기 위해 맞물린 형태인 품品자형으로 축조된 판축의 흔적을 확인하였다. 방형의 판괴는 수평 및 수직으로 확장해나가면서 일부 구간에서는 정지층도 존재한다. 토루 경계면에서는 기울어진 협판과 기울어진 판축 목주를 이용하여 비스듬하게 쌓아 올렸다(풍납토성발굴조사단 2021). 따라서 풍납토성과 몽촌토성에서는 현재까지 개로왕대에 "증토축성"기법을 확인할 수 있거나 수축 및 보축한 흔적은 확인되지 않으며 판괴를 쌓아올린 판축의 흔적만 확인된다. 기록상의 증토기술을 사용하여 체성부를 높이거나 일정구간만 수축 및 보축했을 경우 아직까지 확인되지 않았을 수도 있다. 추후 자료의 증가를 통해 진전된 논의를 할 수 있게 되기를 기대한다.

2. 궁(宮)·누각(樓閣)·대사(臺榭)의 축조

『삼국사기』에 기록된 성 안에 축조한 궁, 누각, 대사와 관련된 유구는 몽촌토성 망루지와 풍납토성 Ⅲ단계에 미래마을에 축조된 건물지를 들 수 있다. 대臺는 흙을 높이 쌓아 상부를 평평하게 한 토단을 말하며, 사榭는 멀리 바라볼 수 있게 만든 목조건축물을 의미하고 있어 높게 성토한 대지에 축조한 건물지로 추정된다. 몽촌토성 동문지와 남문지 사이의 성벽과 연접한 고지대에는 1984년도 조사시 망루지로 추정한 유구가 있다. 망루지 일대 성토층 조사에서 남조 청자편이 4세기 후반~5세기대의 백제토기편과 함께 출토되어 성토시점이 5세기 전반 이후로 알려져 있다(박순발 2018:148).

5세기를 전후한 시점인 풍납토성 Ⅲ단계의 미래마을은 새롭게 축조된 동서도로를 중심으로 주거지군과 지상식 건물지군의 분포가 나뉘고 마지구에 기단식 건물지가 들어선다. 특히 마지구 건물지들은 형태나 축조기법에서 다른 건물지에 비해 큰 차이를 보인다. 마-2호 건물지의 경우 지상건물이면서 평면이 경당지구 44호 유구와 유사하여 상호관계가 주목된다. 마-1호 건물지는 기단을 쌓아 단을 형성하고 기단 밖으로 잇대어 기둥이 세워져 지붕을 지지하는 형태로 예제 건출물일 가능성이 있다(소재윤 2012:339). 따라서 미래마을 늦은 시기에 나타나는 특이한 구조의 건축물은 개로왕대 축조한 누각, 대사와 관련될 것으로 추정되며 왕성 내에 정연하게 들어선 건축물은 웅장하고 화려한 도성의 경관을 완성하였을 것이다.

3. 곽(槨)으로 만들어진 왕릉의 조영

한성기 도성 내에는 공공기념물인 왕릉이 자리하며 도성 외곽에는 관료층의 횡혈식 석실분을 축조하여 묘역을 분리하였다. 왕릉인 석촌동고분군은 한강과 탄천의 합류지점 동쪽에 위치하하여 강물의 범람에 취약한 지역이다. 개로왕이 축조한 부왕의 무덤, 즉 비유왕의 왕릉은 "욱리하에서 큰 돌을 가져왔다"라는『삼국사기』의 기록을 근거로 강돌을 사용한 무덤의 구조를 추정해 볼 수 있다. 고구려의 경우, 초대형 기단식 적석총의 외관은 할석으로 이루어지지만 내부는 강돌로 채워져있어 기단식 적석총을 상정할 수 있다. 하지만 석촌동 고분군에서는 조사된 기단식 적석총 중 내부를 강돌로 채운 예는 존재하지 않는다(권오영 2012: 97)

한편 욱리하에서 '가져온' 큰 돌을 강돌로만 한정할 필요는 없다. 석촌동 적석총의 석재는 대부분 깬돌, 즉 할석으로 한강 수로를 이용하여 조달한 것으로 추정된다. 뿐만 아니라 풍납토성 내벽마감석축 외관 역시 채석장에서 채취해온 할석을 이용하여 축조한 것으로 한강을 이용하여 석재를 운반하였을 것으로 추정된다. 따라서 개로왕이 부왕의 왕릉을 축조할 때 욱리하에서 가져온 돌은 채석장에서 수로교통을 통해 운반된 할석을 의미하는 것으로 판단된다.

석촌동 고분군은 4세기 중엽에 1호분 북쪽 연접적석총이 축조되면서 지속적으로 남-동-서 방향으로 수평확장을 해나가고 석촌동 북쪽에는 4세기 후반경에 계단식 적석총이 완성된다. 석촌동 고분군 동쪽 구릉에는 횡혈식 석실분인 가락동 3호분이 자리하며 축조연대는 현재까지의 자료로 볼 때 대체로 5세기 초로 볼 수 있다. 석촌동 및 가락동 고분군은 도시화로 인해 300여기에 달하는 고분군이 멸실되어 분묘의 분포와 발전양상을 파악할 수 없는 상황이다. 현재까지는 자료의 한계로 인해 개로왕이 축조한 비유왕의 왕릉에 대한 고고학적 증거는 명료하지 않다. 하지만 한성기 말기까지 도성의 남쪽에 위치하여 지속적으로 조영된 석촌동 왕릉군은 도성의 랜드마크(Landmark)로서 백제의 정체성을 표방하기 위한 경관으로 이해된다.

4. 사성에서 숭산까지 쌓은 제방

한강과 성내천이 합류하는 충적대지에 위치한 왕성 인근의 취락은 한강의 범람과 침수가 빈번하게 일어나는 저지대이지만 수로와 육로의 결절지이자 물류의 이동 통로였다. 최근 발굴조사를 통해 밝혀진 왕성 인근의 취락의 특징은 반복적으로 공간을 점유하며 저장수혈이 다수 확인된다는 점이다. 또한 도로가 빈번하게 확인되어 이 지역이 수로와 육로 교통망의 결절지였음을 알 수 있다. 『삼국사기』에 기록된 '자주 허물어지는 민가'는 왕성 인근의 충적대지에 형성된 취락으로 주거지의 심화된 중복현상은 한강의 범람으로 침수된 민가를 지속적으로 재건한 것으로 추정해 볼 수 있다. 빈번한 범람과 침수의 불편과 위험성에도 불구하고 민가가 지속적으로 이 지역에 축조된 이유는 불편과 위험을 감수할 수 있을 만큼 문화와 물자의 유통과 소비의 중심지였기 때문일 것이다.

기록에 따르면 개로왕은 한강의 범람에 대한 대응책으로 사성에서 숭산까지 제방을 쌓아 올리는 대토목공사를 감행한다. 개로왕대 축조된 제방은 한강의 범람을 막고 도성의 범위를 구획하기 위한 것이었다. 따라서 제방의 축조범위는 도성의 경계라고 할 수 있으며 제방의 축조를 통해 제방은 도성의 범위와 경관을 완성하였다. 따라서 사성과 숭산의 위치는 도성 범위 추정에 중요한 기준으로 작용하는데 사성은 삼성동토성, 숭산은 경기도 하남에 위치한 검단산이나 고덕동 일대로 비정된다.

사성으로 비정되는 삼성동토성은 도성의 서쪽 경계에 위치해 있는 방어성이다. 최근 조사를 통해 토성 추정지에서 삼국시대의 제방으로 추정되는 성토구조물이 확인되었지만(한성백제박물관 2018:155, 이혁희 2019:214) 제방의 축조시기를 추정할 수 있는 명료한 고고학적인 자료는 확인되지 않았다. 추후 조사가 진전되어 제방의 범위, 축조시기와 방법을 이해하고 개로왕대의 대토목공사에 대한 논의를 할 수 있게 되기를 기대한다.

V. 개로왕대의 경관변화와 그 쟁점에 관하여

개로왕의 대토목공사는 국고의 낭비로 인한 한성의 함락과 개로왕의 피살이란 비극을 불러오지만 한성기 도성이 정비와 경관의 완성이라는 양면성을 지니고 있다(권오영 2012:96). 도성 경관의 변화과정은 백제국에서 백제로의 성장과정과 함께 백제사회의 정치, 경제, 문화적 측면을 함께 살펴볼 수 있다. 개로왕대 한성기 도성 경관울 살펴보기 위해서 전체적인 도성 경관의 형성과정을 크게 취락과 분묘의 변화를 통해 개략적으로 살펴보았다. 하지만 고고학적 자료의 부족과 기록의 모호함으로 여전히 도성 경관의 실체를 밝히기에는 어려움이 남는다. 이 장에서는 한성기 경관을 살펴보면서 생겼던 여러 가지 의문점을 열거하면서 앞으로의 연구과제로 남기고자 한다.

1. 한산불사의 부재

침류왕 원년(384년) 9월 동진의 호승 마라난타는 백제에 불교를 전하였으며 침류왕 2년(385년)에는 한산에 절을 세우고 승려 10명의 출가를 허락하게 된다. 아직까지 한산불사에 대한 실체는 모호하지만 '한산'에 세운 불사는 도성 내에 위치하였을 것으로 판단된다. 당시 불사는 국가의 핵심 종교 건축물로서 도성 경관의 주요 구성요소였을 것이다(박순발 2019:227).

한편 동시기 도성 내의 의례행위는 석촌동 고분군 매장의례부에서 펼쳐지게 된다. 매장의례부 출토유물은 대부분 4세기 후반~5세기 초반으로 편년되어 적석총 축조 이후에 지속적으로 의례행위가 있었음을 추측해볼 수 있다. 하지만 인근에 위치한 가락동 3호분 횡혈식 석실분의 경우 주변에서 의례행위에 대한 유구는 확인되지 않았으며 하남 감일동, 감이동, 광암동, 성남 판교동유적 인근에서도 매장의례에 대한 유구는 현재까지 확인되지 않았다. 조심스러운 추측이지만 국가권력이 안정화되면서 공공기념물인 적석총과 '보여주기식' 매장의례가 더 이상 필요하지 않은 시점에 지하화된 횡혈식 석실분으로 변화하면서 국가의례는 종교시설로 옮겨갔을 가능성이 있다. 추후 도성에 자리한 사찰의 형태와 사역이 밝혀진다면 도성의 종교와 의례행위의 변화과정도 함께 살펴볼 수 있을 것으로 기대한다.

2. 개로왕 기사의 신뢰문제

문헌기록과 고고학의 목표는 공통적으로 고대사의 복원에 있으며 두 학문은 서로 의지하지 않을 수 없다(송기호 2018:10). 하지만 문헌기록의 특수한 사건을 기록하는 역사서의 특징상 사관의 개인적 견해가 부각되기도 한다. 이와 관련하여 본 발표의 핵심키워드인 "개로왕"의 기록을 살펴보면서 발표자는 '개로왕대의 기록을 신뢰할 수 있는가'라는 원론적인 문제에 부딪혔다. 한성기에 해당하는『삼국사기』기록을 살펴보면 각 왕의 원년 즉위기록과 함께 다음 기사는 대부분 1개월~2년 이내로 확인된다. 하지만 특이하게도 개로왕에 대한 기록은 원년 즉위기록 이후 다음 기사는 14년(468년) 겨울 10월 일식 기사로 약 13년의 공백이 있다. 따라서 개로왕에 대한 다수의 정보와 기록은 사관의 주관에 의해 삭제되었거나 왜곡되었을 가능성이 높다. 특히 개로왕 15년(469년)에 고구려 선제공격과 쌍현성 수리, 청목령에 목책 건설 등 이미 인력과 재정을 투입한 이후 대토목공사의 감행은 이해할 수 없는 측면이 있다.

전술하였듯이 5세기 중후반에 펼쳐진 대토목공사를 밝힐 수 있는 고고자료는 현재까지 명확하지 않다. 한성기 경관의 변화를 취락과 묘제를 통해 살펴보면 대체로 3세기 후반에서 5세기 전반까지 활발하게 축조되다가 5세기 중반이후에는 그 분포상이 현저히 떨어진다. 현재까지의 고고학적 자료로는 증토축성, 비유왕의 능에 대한 단서와 제방 축조 연대를 추론해 내기에는 상당한 어려움이 따른다. 물론 한성기 후반에 대한 고고자료가 부족한 원인을 서울지역의 난개발로 인한 자료의 부족과 멸실에서 찾을수도 있다. 하지만 '자료의 없음'에 주목하여 개로왕 기사를 재검토할 필요도 있을 것이다.

3. 앞으로의 과제

본 발표에서 거칠게 살펴본 한성기 도성의 경관은 초보적인 접근에 불과하며 한성기 경관 전반에 대한 끊임없는 보완이 필요하다. 아직까지 도성 및 인근에서는 생활에 필요한 물품을 생산하기 위한 생산공간, 계획적인 상하수도 시설, 인구 집중으로 인한 분뇨와 쓰레기 처리 공간(권오영 2012:107), 건축을 위한 채석장, 목재가공 및 목재 생산지 등 한성기의 삶의 모습을 선명하게 그려내기 위한 실증적인 증거는 역부족한 상태이다. 추후 조사가 진전되어 한성 경관에 대한 전반적인 모습을 밝혀낼 수 있기를 고대한다.

참고문헌

국립문화재연구소, 2001, 『풍납토성 Ⅰ-현대연합주택 및 1지구 재건축 부지』

국립문화재연구소, 2002, 『풍납토성 Ⅱ-동벽 발굴조사 보고서』

국립문화재연구소, 2005, 『풍납토성 Ⅴ-삼표산업 사옥 신축예정부지 발굴조사 보고서』

국립문화재연구소·한신대학교박물관, 2005, 『풍납토성 Ⅵ-경당지구 중층 101호 유구에 대한 보고』

국립문화재연구소, 2007, 『풍납토성 Ⅷ-외환은행직원합숙소부지, 소규모주택 신축부지, 강동빌라부지, 대진·동산연립주택부지』

국립문화재연구소, 2009, 『풍납토성 XI-풍납동 197번지(구 미래마을) 시굴 및 발굴조사보고서1』

국립문화재연구소, 2012, 『풍납토성 XⅢ-풍납동 197번지(구 미래마을) 발굴조사보고서2』

국립문화재연구소, 2012, 『풍납토성 XⅣ-풍납동 197번지(구 미래마을) 발굴조사보고서3』

국립문화재연구소, 2012, 『풍납토성 XⅤ-풍납동 197번지(구 미래마을) 발굴조사보고서4』

국립문화재연구소, 2014, 『풍납토성 XⅥ-성벽의 축조공법 및 연대 규명을 위한 학제간 융합연구』

국립문화재연구소, 2013, 『풍납토성 XⅤ』

권순홍, 2010, 「도성 관련 용어 검토 -'都'·'郭'·'京'을 중심으로-」, 『사림』 제62호, 수선사학회

권오영, 2012, 「백제 한성기의 도성과 지방도시」, 『고고학』 11-3호, 중부고고학회

기경량, 2017, 「한국 고대사에서의 왕도와 도성의 개념:고구려의 용례를 중심으로」, 『역사와 현실』 제104호, 한국역사연구회

김기섭, 2019, 「백제 왕궁·왕도의 변화상과 역사·문화적 의미」, 『동아시아 문화의 정수 백제왕도』 백제왕도 학술연구총서 01, 문화재청

김낙중, 2019, 「백제 왕릉의 역사·문화적 가치」, 『동아시아 문화의 정수 백제왕도』 백제왕도 학술연구총서 01, 문화재청

김낙중, 2022, 『고고학으로 백제문화 이해하기』, 진인진

마이크파커피어슨, 2017, 『죽음의 고고학』, 사회평론아카데미

박경신, 2012, 「중부지방 원삼국시대 취락 구조」, 『고고학』 11-2호, 중부고고학회

박순발, 2014, 「동아시아 고대 도성 民里의 형성과 전개」, 『건축역사연구』 52권, 한국외국어대학교역사문화연구소

박순발, 2018, 『백제의 도성』, 충남대학교출판문화원

박순발, 2019, 「백제 도성의 경관」, 『동아시아 문화의 정수 백제왕도』 백제왕도 학술연구총서 01, 문화재청

박순발, 2020, 「한반도 도시 외곽의 출현과 전개」, 『동아시아 도시 외곽의 형성』 백제왕도 학술연구총서 03, 문화재청

서울대학교박물관, 2013, 『석촌동고분군 Ⅰ』

서울대학교박물관, 2014, 『석촌동고분군 Ⅱ』

서울대학교박물관, 2015, 『석촌동고분군 Ⅲ』

성정용, 2019, 「하남 감일동 고분군의 석실구조와 축조집단」, 『하남 감일동 백제고분군의 위상』 학술대회자료집, 하남역사박물관

소재윤, 2012, 「4~5세기 풍납토성의 도성 경관」, 『백제학보』 제8호, 백제학회

송기호, 2018, 「문헌사와 고고학의 만남을 위하여」, 『한국상고사학보』 제100호, 한국상고사학회

신희권, 2017, 「중국 도성과의 비교를 통한 한성백제 도성의 형성과 발달」, 『백제학보』 19권, 백제학회

신희권, 2002, 「백제 한성기 도성제에 대한 고고학적 고찰」, 『백제도성의 변천

과 연구상의 문제점』, 국립부여문화재연구소 제3회 문화재연구 학술대회 발표자료집

신희권, 2016,「개로왕대 한성의 도성 경관과 토목공사」, 쟁점백제사 집중토론 학술회의 Ⅷ『개로왕의 꿈, 대국백제』, 한성백제박물관 백제학연구소

심광주, 2010,「한성백제의 '증토축성'에 대한 연구」,『향토서울』 제76호, 서울특별시

여호규, 2002,「한성시기 백제의 도성제와 방어체계」,『백제연구』 36권, 충남대학교 백제연구소

여호규, 2019,「高句麗 國內城期의 도성 경관과 토지 이용」,『고구려발해연구』 65권, 고구려발해학회

이도학, 1992,「백제 한성시기의 도성제에 관한 검토」,『한국상고사학보』 제9호, 한국상고사학회

이성준, 2017,「한성기 백제 도성의 개발방식 연구」,『한국고고학보』 제102집, 한국고고학회

이혁희, 2019,「백제 한성기 도성지역 경관의 변화」,『한국고고학보』 제111집, 한국고고학회

이현숙, 2013, 「한성지역 백제 횡혈식석실묘 연구- 서울 방이동·가락동 석실묘를 중심으로 -」,『백제학보』 제10호, 백제학회

이희경, 2022,「백제 국가형성기 농업 전략의 특징과 채택 맥락」,『한국고고학보』 제2022권 제2호, 한국고고학회

임영진, 2007,「백제식 적석총의 발생배경과 그 의미」,『한국상고사학보』 제57호, 한국상고사학회

임영재, 2022,『한성기 백제 횡혈식 석실분의 성립과 전개』, 경북대학교 대학원 박사학위논문

조가영, 2012,「석촌동 고분군의 축조 양상 검토 -고분 분포를 중심으로-」,『한

국상고사학보』 제75호, 한국상고사학회
조가영, 2018, 「한성기 횡혈식 석실분의 출현과 전개」, 2018 백제역사유적 국제학술회의 『동아시아 고분문화와 백제 왕릉의 위상 동아시아 고분문화와 백제 왕릉의 위상』, 서울특별시
정치영·윤정현·최진석, 2019, 「서울 석촌동고분군(사적 제243호)-1호분 연접적석총-」, 『2019년 중부고고학회 유적조사발표회』, 중부고고학회
쯔데히로시, 2011, 『왕릉의 고고학』, 진인진
최병현, 1997, 「서울 강남지역 석실분의 성격-신라 지방석실분 연구」, 『숭실사학』 10, 숭실사학회
풍납토성발굴조사단, 2021, 「2021년 풍납토성 서성벽 복원지구 조사성과」, 『풍납토성 축성기술의 비밀을 풀다』 학술대회자료집
한성백제박물관, 2019, 『서울 석촌동 고분군 Ⅰ-1호분 북쪽 연접적석총1』
한성백제박물관, 2020, 『서울 석촌동 고분군 Ⅱ-1호분 북쪽 연접적석총2』
한성백제박물관, 2021, 『서울 석촌동 고분군Ⅲ-1호분 북쪽 연접적석총3』
한성백제박물관, 2018, 『삼성동토성-2016년 삼성동토성 추정지 시굴조사 보고서-』
한성백제박물관, 2022, 『서울 풍납동(403-11번지 일원) 풍납2동 복합청사 신축부지 내 유적 발굴조사 약식보고서』
한신대학교박물관, 2003, 『풍납토성Ⅲ-삼화연립 재건축 사업부지에 대한 조사보고』
한신대학교박물관, 2004, 『풍납토성Ⅳ-경당지구 9호 유구에 대한 발굴보고』
한신대학교박물관, 2007, 『풍납토성Ⅶ-경당지구 상층 폐기장 유구에 대한 발굴보고』
한신대학교박물관, 2008, 『풍납토성Ⅸ-경당지구 출토 와전류에 대한 보고』
한신대학교박물관, 2011, 『풍납토성XII-경당지구 196호 유구에 대한 보고』

한양대학교박물관, 2018,『서울 암사동유적-2018년 발굴조사 보고서-』
(재)도원문화재연구원, 2022,『서울 신천동(20-4번지 일원) 잠실진주아파트 주택재건축정비사업부지 내 유적 문화재 발굴조사 약식보고서』
(재)비전문화유산연구원, 2021,『서울 천호동 458-3번지 유적-서울 천호동(458-3번지)역세권 청년주택사업부지내 유적 정밀발굴조사』
(재)중부고고학연구소, 2022,『서울 방이동(48번지) 업무시설 신축부지 내 유적 정밀발굴조사』-1차 학술자문회의 회의자료
(재)한울문화재연구원, 2021,『서울 암사동 193번지 유적-서울 암사동(193번지 일원)암사역사공원 조성부지 내 유적 발굴조사』

주제발표 2

백제 한성기 지방성에 대하여

이 혁 희 한성백제박물관

Ⅰ. 머리말

Ⅱ. 입지와 유형 분류

Ⅲ. 축조기술

Ⅳ. 사례를 통해 본 지방성의 축성 목적과 성격

Ⅴ. 맺음말

Ⅰ. 머리말

이 글은 백제 한성기 도성都城과 지방성地方城에 대한 이해의 일환으로, '지방성地方城'의 현황, 구조, 성격 및 축성 목적을 살펴보기 위해 작성되었다.

고대국가 백제가 성립되고 주변으로 확장하는 과정에서 축조된 지방성은 여러 가지 시각에서 정의될 수 있다. 도성을 구성하는 성곽을 제외하고 나머지를 의미하는 것일 수도 있으며, 백제의 지방체제 정비 과정 또는 정비 후에 축성되는 성곽을 의미할 수도 있다. 이 경우 지역집단이 자체적으로 축조하거나, 백제 중앙의 지원과 모종의 관계 속에서 지역집단 주도의 성곽에 대해서는 다른 시각이 필요할 것이다. 또한 지방성地方城과 관방성關防城으로 구분함으로써 지방성을 행정적 기능과 목적이 특화된 성곽을 지칭하기도 한다(박순발 2018).

앞선 발표가 백제 한성기 도성의 경관을 살펴보는 것이며, 이를 제외한 대상에 대한 정리를 이 글의 연구주제로 부여받은 상황이다. 그래서 이 글에서는 '지방성에 대한 정의를 도성을 구성하는 성곽을 제외한 지방에 설치된 성'으로서 정의하고 연구대상으로 삼고자 한다.

백제 한성기의 지방성을 특정하여 이를 별도의 연구대상으로 시도한 연구는 거의 없다. 백제지역 전체의 성곽을 대상으로 하거나(김병희 2012; 오강석 2006; 차용걸 2005), 특정지역을 선정하여 여러 주제에 대한 분석이 병행되어왔다(김길식 2017; 한병길 2003; 朴重均 2014; 金虎俊 2013; 안성현 2021 등). 백제 성곽에 대한 초기의 연구는 분포 및 현황조사와 연계되어 입지와 규모에 대한 분석을 통해 성격을 밝히는 것이 주를 이루었다. 특히 산성을 대상으로 유형분류가 활발하게 진행되어왔으며(孔錫龜 1994; 백종오 2004; 서정석 1992; 심광주 2004; 車勇杰 1999 등), 최신 성과를 망라한 정리가 최근 이루어진 바 있다(박중균 2019). 그리고 이와 연계하여 교통로 및 방어체계에 대해서도 검토된 바 있다(강원종 2002; 郭長根 2008; 서영일 2019; 오강석 2006; 李販燮 2015 등). 구조 및 축조기술은 가장 활발하게 연구된 주제이다. 토축성곽과 석축성곽으로 각각 진행되어 왔으며, 특히 후자의 경우 한국성곽학계를 대표하는 논쟁으로서 최근에도 진행 중이다(김병희 2017; 김호준 2018; 심규훈 2016; 안성현 2021). 한편, 중앙-지방의 관계, 백제의 영역화에 대한 논의에 있어 성곽은 가장 선명성을 갖고 있는 고고자료일 것이다. 그런데 해당 주제에 대한 연구는 미진한 실정이다.

여기에서는 백제의 지방에서 확인된 성곽에 대해 입지 및 현황을 정리하고, 구조 및 축조기술에 대해 살펴보겠다. 백제 한성기 토축성곽의 축조기술은 크게 성토기법과 판축기법으로 구분되는 것이 여러 차례 지적되었다. 반면 석축성곽은 경기지역의 몇몇 성곽을 중심으로 논쟁이 재 점화되는 형국이다. 이로 인해 그 실체에 대한 접근과 이해가 불분명한 상황이므로 주요 논점을 짚어보고자 한다. 그리고 논쟁의 대상이 아닌, 백제 한성기 석축성곽으로 인정받고 있는 성곽을 통하여 그 특징을 살펴보겠다. 이어서 지방성의 축성 목적과 성격에 대한 접근도 이루어져야 할 것이라 생각한다. 지방성은 백제의 영역화 과정에서 다양한 목적을 갖고 축성되었을 것이며, 단계적으로 확장해나가는 영역화 과정과 연동하였음이 분명하다. 이에 대한 고고학적 접근은 앞서 언급하였듯이 미진한 상황이므로, 여기에서는 시론적 접근의 차원에서 몇 가지 연구 사례를 제시하고자 한다.

Ⅱ. 입지와 유형 분류

1. 입지와 규모

축성築城은 그야말로 대역사이므로 뚜렷한 목적을 갖고 이루어진다. 그러므로 지나치게 크거나, 작은 규모로 축조하지 않는다. 입지와 규모는 곧 성곽의 목적과 기능을 말해주는 요소이다(심광주 2007).

백제 한성기의 성곽은 입지에 따라 평지성平地城, 평산성平山城, 산성山城으로 구분할 수 있다. 평지성은 평지에 쌓은 성으로서 주로 강변의 자연제방이나 또는 해안의 단구지형에 주로 입지한다. 한성漢城의 북성北城이자 대성大城으로 이해되는 풍납토성이 대표적이다. 청주 정북동토성과 홍성 신금성도 그러하며, 최근 '풍납토성의 축소판'으로서 그 실체가 드러난 파주 육계토성 또한 평지성에 해당한다(국립문화재연구원 2022). 평산성은 평지와 산지를 포함하는 성곽을 의미하여, 평지, 계곡부, 능선부, 구릉 정상부 등 다양한 지형을 지니는 것이 특징이다. 한성漢城의 남성南城이자 왕성王城으로 이해되는 몽촌토성이 대표적이다. 이외에 화성 길성리토성, 이천 효양산성, 증평 추성산성, 안성 도기동산성, 완주 구억리산성이 조사된 바 있다. 산성은 산 정상부나 계곡을 감싸고 있는 능선 상에 쌓은 성곽을 말한다. 포천 고모리산성, 천안 동성산성, 의왕 모락산성, 화성 소근산성, 충주 탄금대토성, 고양 멱절산토성, 진안 와정토성 등의 사례가 있다.

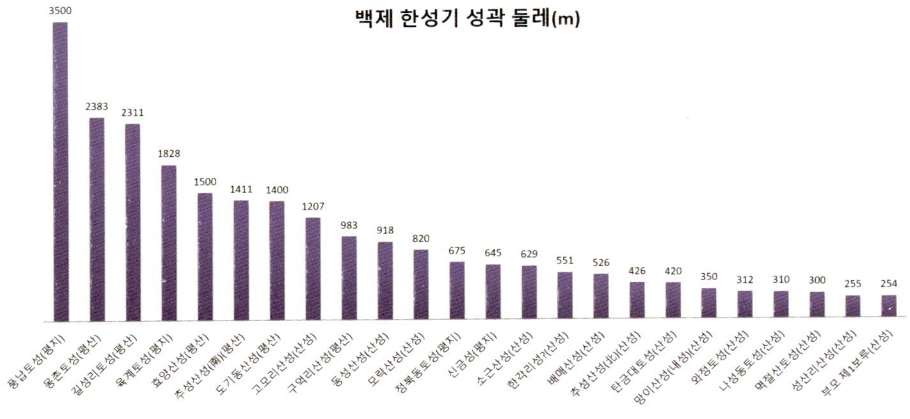

〈그림 1〉 백제 한성기 성곽의 규모와 입지(단위 : m, 평지=평지성, 평산=평산성, 산성=산성)

이러한 3가지의 입지에 따라 분류된 성곽을 규모와 연결하면 목적과 기능에 대한 추론이 가능하다(그림 1). 평지성과 평산성은 둘레가 길고 가용면적이 넓은 초대형과 대형이 주를 이룬다. 왕성, 행정치소, 지역거점 등의 중심지적 성격이 강한 것으로 이해된다. 산성은 비고가 높고 조망이 탁월한 입지의 테뫼식 산성이 다수이다. 중형과 소형이 주류이며 중형의 산성은 행정치소 및 지역거점의 역할을 겸할 것으로 추정된다. 소형의 경우 교통로 및 감시망 확보 등의 목적 아래 축조되었던 것으로 추정된다(심광주 2007; 권오영 2012).

입지와 규모에 따라 성격을 추론하는 방식 외에도, 주변 유적과의 관계, 입지 등을 통해 백제 토성의 기능을 지방성地方城과 관방성關防城으로 구분하기도 한다(박순발 2018). 전자前者는 지방의 정치적 중심지에 설치되어 군사적 방어 기능과 함께 내치를 위한 공권력의 거점으로 기능하며, 후자後者는 군사적 전략·전술과 밀접한 위치에 축조된 것으로 정의된다.

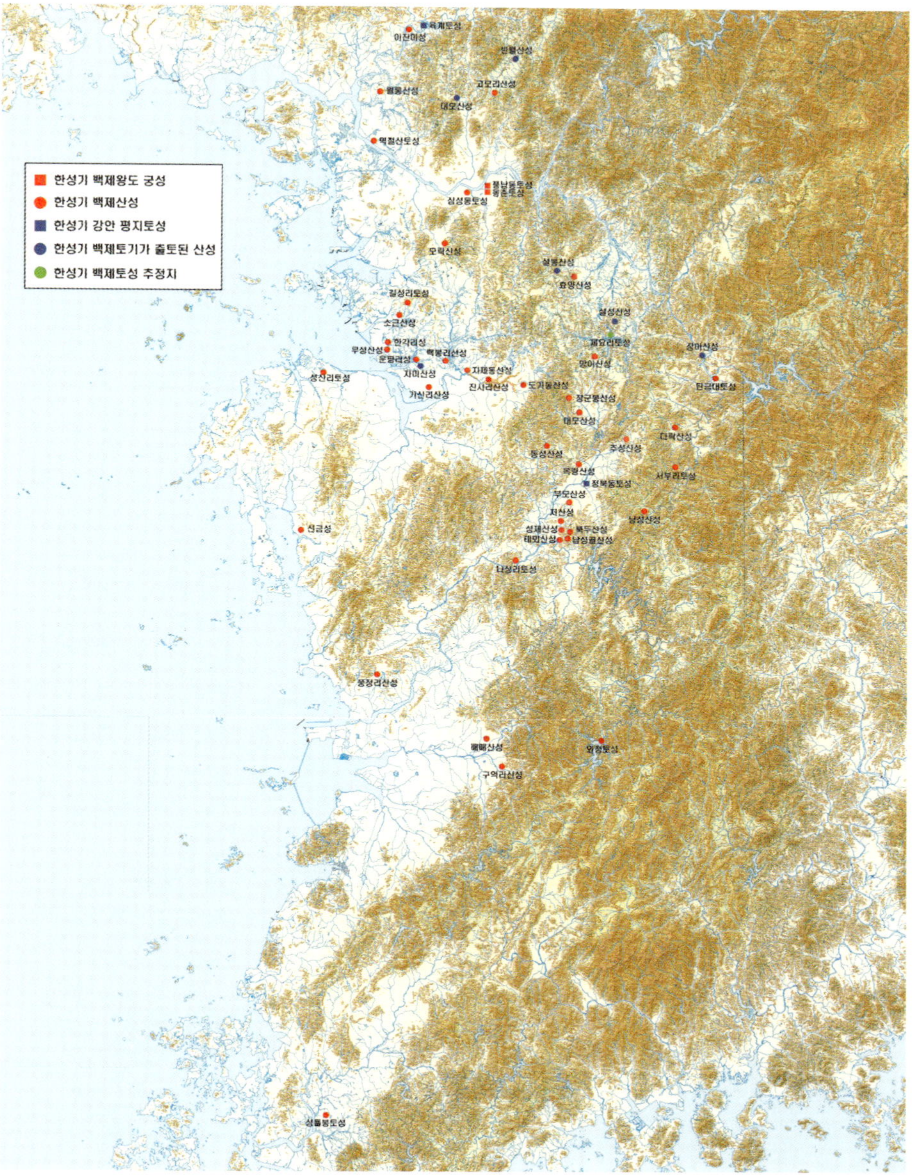

<그림 2> 한성기 백제산성 분포 현황도(박중균 2019 그림 1)

2. 산성의 유형 분류와 성격

한반도의 지리적 특성상 산지에 입지한 (평)산성이 많은 비중을 차지한다(그림 2). 백제 한성기의 사례도 예외가 아니다. 백제의 산성에 대해서는 1990년대 전반부터 차용걸, 서정석, 공석구 등의 선행연구가 이루어졌다. 백제 산성의 유형은 각 연구자마다 세부적인 차이가 있지만, 산성의 입지, 성벽 통과선의 위치에 따라 테뫼식과 산복식(계곡 상단을 두른 형식, 삼태기형), 비고 50m 이하의 낮은 구릉에 축조한 형식 등 크게 3가지 유형으로 구분할 수 있다(그림 3의 표 1).

최근 박중균(2019)은 백제 한성기 산성을 대상으로 입지, 비고, 규모를 기준으로 유형을 분류하고 유형별 성격에 대한 검토를 실시한 바 있다(그림 3의 표2). 그에 따르면 백제 한성기의 산성은 규모에 따라 구분할 경우, 둘레

<표 1> 기존 연구자의 백제 산성의 유형 분류표

<table>
<tr><th>연구자</th><th>차용걸(1990)</th><th colspan="3">공석구(1994)</th><th colspan="3">서정석(1992)</th></tr>
<tr><td rowspan="4">산성
유형</td><td>테뫼식 산성</td><td rowspan="4">테
뫼
식
산
성</td><td rowspan="2">테머리식</td><td>①단봉 테머리식</td><td rowspan="3">비고
100m
안팎
의 산성</td><td rowspan="2">테
뫼
식</td><td>토성(Ⅱ형)</td></tr>
<tr><td>산정식山頂式+토루외곽</td><td>②복봉 테머리식</td><td>석성(Ⅲ형)</td></tr>
<tr><td>계곡상단을 두른 형식</td><td colspan="2">산정식
(산봉형蒜峯形, 마안형 포함)</td><td colspan="2">삼태기형(복합식)
산성(Ⅳ형)</td></tr>
<tr><td>저위산에 축조</td><td colspan="2">산복식山腹式</td><td colspan="3">비고 50m 이하의 토성(Ⅰ형)</td></tr>
</table>

<표 2> 한성기 백제산성의 유형 분류(안)

<table>
<tr><td rowspan="4">테
뫼
식</td><td rowspan="2">산정식
(산봉형)</td><td>둘레 250~350m</td><td>ⅠA형</td><td>이잔미성, 망이산성 내성, 지제동산성, 백봉리산성, 자미산성, 기산리산성, 목령산성, 추성산성 북성, 부모산성 제1보루, 와정토성, 성산리산성 등</td></tr>
<tr><td>둘레 400~600m</td><td>ⅠB형</td><td>신금성, 배매산성 등</td></tr>
<tr><td rowspan="2">마안형
馬鞍形</td><td>둘레 250~350m</td><td>Ⅱ형</td><td>다락산성, 남성골산성 내성, 장군봉산성 등</td></tr>
<tr><td>둘레 800m 이상</td><td>Ⅲ형</td><td>동성산성, 복두산성, 서부리토성, 월롱산성 등</td></tr>
<tr><td colspan="2">산복식(복합식)</td><td>둘레 800m 이상</td><td>Ⅳ형</td><td>추성산성 남성, 길성리토성, 효양산성, 모락산성</td></tr>
<tr><td colspan="2">강안 독립구릉
(비고 40m 내외)</td><td>둘레 300~600m</td><td>Ⅴ형</td><td>탄금대토성, 테뫼산성, 멱절산토성 등</td></tr>
</table>

〈그림 3〉 백제 산성의 유형 분류표(박중균 2019 표 1·2)

800m 이상인 것, 400~600m 내외인 것, 250~350m 내외인 것 등 3가지로 분류한 바 있다.

각 산성의 유형별 성격을 살펴보면, '지방 거점성', '지방 거점성과 연계된 하위단위의 성', '생산 및 물류유통과 관련한 성'으로 구분할 수 있다고 한다. '지방 거점성'은 규모별 둘레 800m 이상이며 주요교통로와 넓은 평야가 조망되는 곳에 위치한다. 군사적 기능과 더불어 지방을 지배하는 치소적 성격을 겸하는 것으로 추정된다. '지방 거점성과 연계된 하위단위의 성'은 백제 한성기 산성 유형 중 가장 많은 수를 차지하며, 둘레 250~300m 내외이다. 주요교통로 상에 위치하며 교통로를 감시하거나, 거점성과 연결되어 거점성의 감시망과 군사적 기능을 보완하는 것으로 추정된다. '지방 거점성과 연계된 하위단위의 성'은 비고 40m 이하이고 강안에 위치한 둘레 300~600m의 산성에 해당한다. 강안에 위치하고 있어 수로를 이용한 물자의 운송이 용이하였을 것으로 판단된다.

Ⅲ. 축조기술

1. 토축성곽

주지하듯이 한반도의 고대국가 가운데 토성 축조에 가장 적극적인 국가는 백제였다. 현재까지 발굴조사를 통하여 축조 및 운영주체가 드러난 백제 성곽 가운데, 백제 한성기에 해당하는 대상이 가장 다수를 점할 정도로 많은 조사 및 연구사례가 축적된 상태이다. 현재까지 밝혀진 백제 한성기 토성의 축조기술을 살펴보면, '입지선정→기저부 조성→체성축조→피복 마감' 순으로 정리할 수 있다. 또한 부속시설의 설치, 수축 등의 사후관리 역시 토성의 구조를 이해함에 있어 중요한 속성이다. 여기에서는 토성의 축조공정을 '기저부 조성', '체성 축조', '공정의 마무리와 증축 및 보수' 로 나누어 검토하겠다.[1]

1) 기저부 조성

발표자는 기저부 조성 공정을 '기저부 정지'와 '기초성토'의 2단계로 이해하고 있다. 토성은 길이가 길기 때문에 필연적으로 다양한 지형을 지나게 된다. 저습지, 평지, 능선부, 완경사, 급경사가 그것이다(심상육 외 2014). 지형

---

1 본 절에 대해서는 발표자의 기존 연구(이혁희 2022)를 요약한 것임을 밝혀둔다.

조건을 극복하며 구조물의 안정성을 확보하기 위해서는 이에 대응한 효과적인 기술이 보강기술이 적용되어야 한다(그림 4).

기저부 정지는 토성벽을 축조할 공간과 그 주변을 정지하는 공정이다. 일반적으로 성벽 축조 당시의 구지표와 자연퇴적층을 제거하며 정지하기 시작한다. 저습지와 평지는 수평상 정지를 실시한다. 주로 성벽을 축조할 위치의 바깥을 굴착하여 경사면을 형성시킨다. 완경사와 급경사는 지형을 계단상으로 정지하고 요철면을 형성시키는 것이 일반적이다. 기저부 정지 과정에서 기반토를 U자형 도랑으로 굴착한 그 내부를 채움으로써 체성의 기초와 정지면의 접합력을 강화하는 기조基槽를 시설하며 완경사 및 급경사에서는 밀림 방지턱 역할을 하는 암반돌출면을 두기도 한다.

기저부 정지 공정단계에 토성벽의 내·측으로 황隍(해자 또는 마른해자)을 굴착함으로써 자연스럽게 축조재료를 확보한다. 황은 방어력을 높이는 구조이자, 배수기능을 겸하기 때문에 대부분의 토성에서 적극적으로 조성되었다.

기초성토는 기저부 정지에 이어 정지면을 수평상 또는 경사지게 성토하는 공정이다. 기저부 정지 시 판축구조물의 설치를 위해 사전에 도랑을 파는 사례를 제외하면 대부분의 토성에서 관찰할 수 있다. 기초성토 공정 또한 지형 조건에 따라 다양한 형태로 나타난다.

저습지는 연약한 지반을 구상으로 굴착하여 내부를 마사토와 사질토로 채우는 치환공법置換工法과 유기물을 반복적으로 깔아 기초를 조성하는 부엽공법敷葉工法 또는 지반보강공법地盤補强工法(小山田宏一 2018)이 실시된다(서울 풍납토성). 부엽공법에 의한 기초부에는 말뚝을 지정하여 부피를 늘림으로써 하중경감효과를 높이기도 한다. 평지에 입지한 경우 수평상 성토를 통하여 기초부를 조성하고 외측으로 볼록한 둔덕 형태의 토제土堤를 시설한

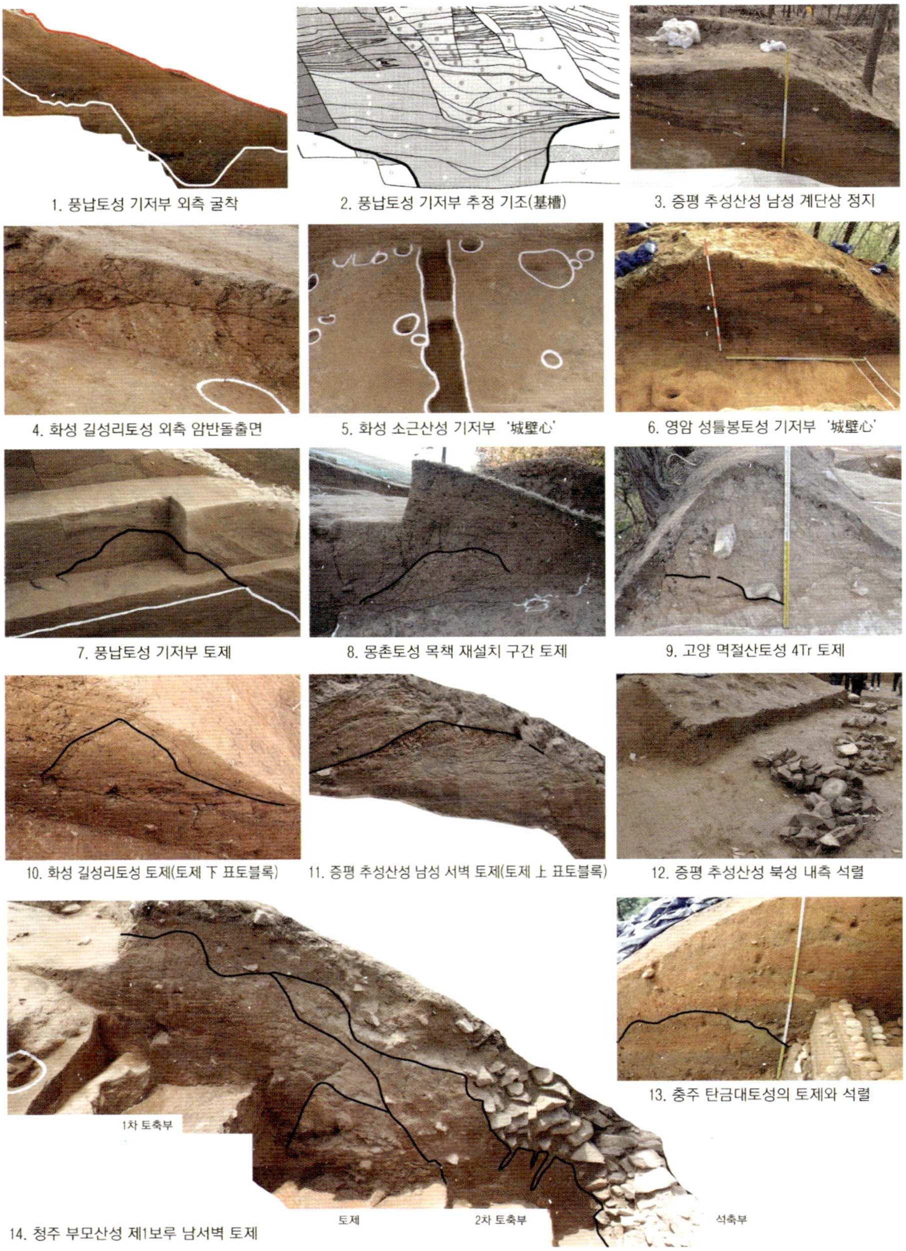

1. 풍납토성 기저부 외측 굴착
2. 풍납토성 기저부 추정 기조(基槽)
3. 증평 추성산성 남성 계단상 정지
4. 화성 길성리토성 외측 암반돌출면
5. 화성 소근산성 기저부 '城壁心'
6. 영암 성틀봉토성 기저부 '城壁心'
7. 풍납토성 기저부 토제
8. 몽촌토성 목책 재설치 구간 토제
9. 고양 멱절산토성 4Tr 토제
10. 화성 길성리토성 토제(토제 下 표토블록)
11. 증평 추성산성 남성 서벽 토제(토제 上 표토블록)
12. 증평 추성산성 북성 내측 석렬
13. 충주 탄금대토성의 토제와 석렬
14. 청주 부모산성 제1보루 남서벽 토제

<그림 4> 백제 한성기 토성에서 확인되는 기저부 조성의 다양성(이혁희 2016b 도면 34)

다. 완경사 및 급경사는 요철면으로 정지된 면에 경사성토를 실시하고 여기에 토제를 부가하여 기초부의 경사각을 수평에 가깝게 또는 역경사 형태로 조성하는 방식이 확인된다.

기초성토 공정에서 가장 눈에 띠는 기술은 토성벽의 외연을 따라 돌출부를 구축하는 것이다. 백제의 토성에서는 성토 돌출부(토제土堤), 석재를 사용한 석축 돌축부가 확인된다. 2가지의 돌출부 가운데 성토 돌출부, 즉 토제는 한성기 토성의 기저부 조성에 일반적인 기술로 이해된다(李奕熙 2013a·b; 朴重均 2014). 토제와 함께 토괴土塊(점토블럭, 표토블럭), 소토, 목탄, 유기물 등을 추가하거나, 기둥을 박는 등 추가적인 보강이 이루어진다(권오영 2012b; 孫在賢 2015). 기초성토 과정에서 볼록한 석축부를 둔 사례는 주로 웅진기 이후에 확인되며, 백제 한성기에는 초축성벽 단계보다는 증축과정에서 내벽을 중심으로 확인할 수 있다.

한편, 충주 탄금대토성의 기초부 내에서는 계단상을 이루는 5열의 석렬이 확인됨에 따라, '석심토루石心土壘'로 보고된 바 있다(중원문화재연구원 2007). 화성 길성리토성의 일부구간에서는 기초성토 공정에서 시설된 석렬이 확인되었다. 일부 구간에 예외적으로 시설된 것이며 형태도 정연하지 않지만 7세기 이후에 일반화되는 기단석렬판축토성의 석렬과 기술적 계보가 연결될 수 있어 의미를 갖는다.

2) 체성축조

백제 한성기 토성에서 확인되는 체성 축조방식은 크게 성토기법(A식)과 판축기법(B식)으로 구분할 수 있다. 이 가운데 발표자는 판축을 2가지로 구분하여 이해하고 있다(B1식, B2식).

성토기법(A식)의 가장 큰 특징은 판축구조물(거푸집, 목가구)에 의한 축성이 아니라는 것이다(그림 5). 성토기법을 통한 체성축조는 기초성토 공정에서 마련된 토제나 암반돌출면에 기대어 진행되며, 기초성토 공정과 유사한 방식으로 토제를 추가한 뒤 덧붙이기를 반복한다. 체성축조의 재료는 물성이 다양한 흙을 섞은 혼합층이 특징이다. 여기에는 흙은 물론 점토블럭, 표토블럭, 소토, 목탄, 각종 유기물, 토기파편, 석재 등이 뒤섞인 상태로 사용된다. 이렇듯 다양한 재료와 공정의 복잡성으로 인하여 렌즈상, 호선, 덩어리형태의 토층선이 주로 확인되는 것이 특징이다. 현재까지 성토기법이 확인된 토성은 화성 길성리토성, 증평 추성산성 남성, 이천 효양산성, 안성 도기동산성, 충주 탄금대토성 등으로 모두 백제 한성기에 해당한다.

성토기법의 평면확장 방식은 180m의 평·단면조사가 진행된 바 있는 화성 길성리토성을 통해 살펴볼 수 있다. 각 성토단위는 길이 8~15m의 평면 타원형의 형태를 띠며 낮은 지점에서 높은 지점으로 공정이 이루어진다. 각 성토단위별 가장자리를 따라 말발굽 혹은 도넛형태의 토제와 표토블럭, 석렬 등이 시설되었다. 성토단위의 경계는 사선의 구획선이 확인되어, 후속단위가 선행단위에 기대는 형태여서 마치 다수의 봉토분封土墳이 연접한 모습과 유사하다.

한편 토성벽의 상부 혹은 가장자리에 목책木柵을 시설하는 사례가 있다. 백제의 목책은 서울 몽촌토성의 발굴조사를 통해 잘 알려져 있었으나, 이는 목책이 아닌 판축용 목주로 재검토되었다(한성백제박물관 2016). 분명한 목책의 흔적은 화성 길성리토성, 안성 도기동토성, 충주 탄금대토성에서 확인할 수 있다. 일종의 '성책城柵', '목책성木柵城'인 셈이다. 화성 길성리토성과 충주 탄금대토성의 목책은 초축성벽의 완공 이후 일정기간이 지난 뒤 설치된 것으로 보인다. 반면 최근 보고된 안성 도기동산성은 추정둘레 2㎞에 달하는데, 전 구간에 걸쳐 토루+목책의 결합상이 확인된다(김진영 2017). 이와 같이 토루에 조합된 상부의 목책을 『삼국사기三國史記』의 축성기사에 등장하는

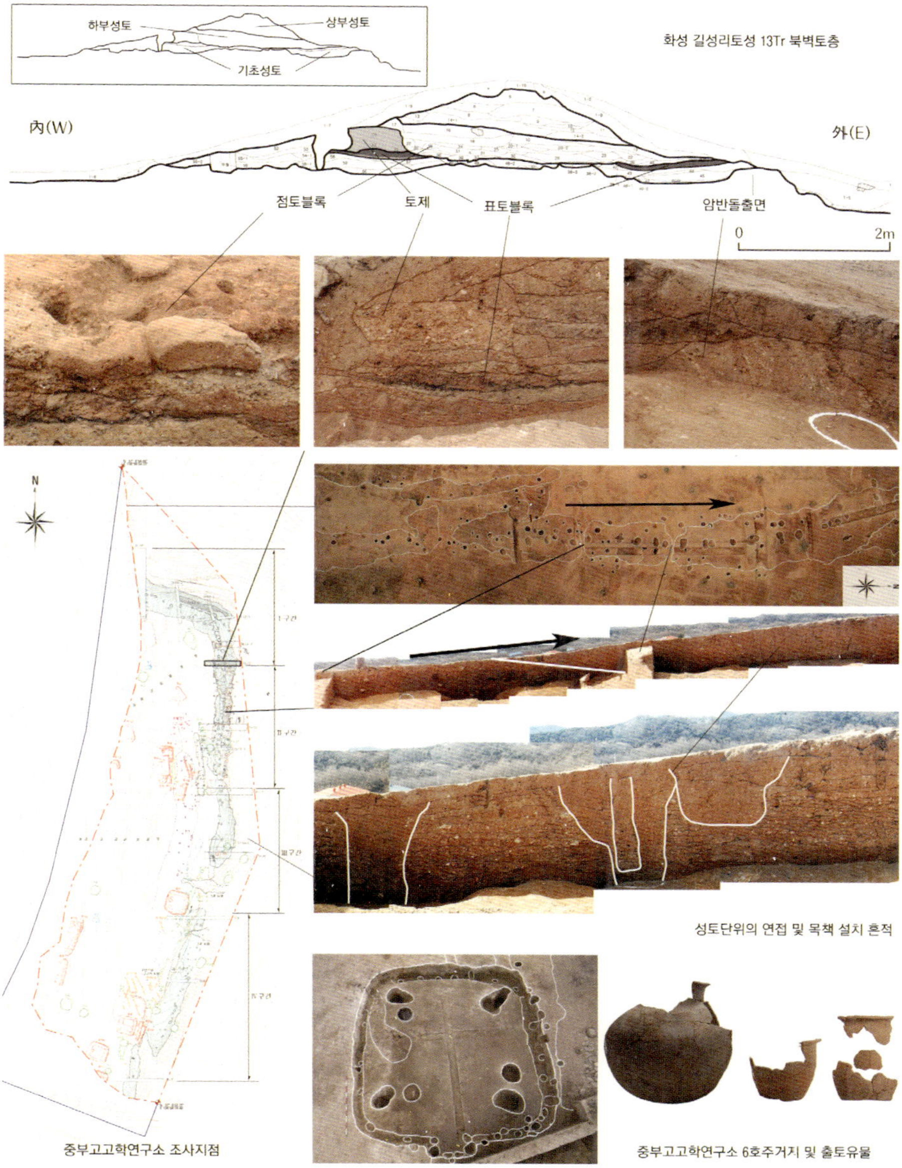

〈그림 5〉 성토기법(A식)의 사례1-화성 길성리토성(中部考古學硏究所 2013 편집 ; 이혁희 2013b 도면 5)

'책柵'과 접목함으로써 '목책성'으로 분류한 견해가 있다(심광주 2018).

판축기법(B식)은 나무기둥과 판재를 결구한 사각의 거푸집을 짜고(판版), 그 안을 다지는 것(축築)을 말한다(그림 6). 주로 중심토루를 구축한 뒤 내·외측으로 외피토루(호성파護城坡)를 덧붙이는 방식이 일반적이나, 외피토루를 덧붙이지 않는 경우도 분명히 존재하므로 일반화할 수 없다(안성현 2016).

판축기법 B1식은 일종의 축차식 또는 해체식이라 할 수 있다. 발표자(2013a)는 기존에 다양한 모식도를 통해 알려졌던 판축기법과는 차이가 있는 방식을 인지함에 따라, 그 특징에 대해 '일정 높이에 따라 판축구조물의 설치와 재설치를 반복하며 체성의 높이를 높여가는 방식'으로 정의하였다. 이와 같은 B1식의 특징을 고대 중국 판축토성에서 확인되는 판괴의 조합형태에 따른 분류에 접목하면, '방괴판축方塊版築'에 해당한다(김봉근 2022).

B1식의 가장 뚜렷한 증거는 판축구조물을 위해 설치한 기둥이 엇갈려 확인되거나, 토성벽의 중간높이 혹은 상부에 걸쳐있듯 확인되는 것이다. 교차된 목주와 이에 맞물린 판축층을 살펴보면 한 단위의 높이는 대개 50~100㎝ 정도이다. 목주의 위치가 다양한 점은 선행공정의 목주를 뽑아 올리거나, 후행공정의 판축구조물을 설치하는 과정에서 생겨난 흔적으로 추정된다. 주목할 포인트는 판축구조물에 의해 조성된 사각의 육면체덩어리(판괴版塊)가 수직 또는 순차적으로 이어지기 보다는, '품品'자형에 가깝게 입체적으로 맞물려있다는 점이다.

B1식의 평면확장 방식은 최근 공개된 서울 풍납토성 서성벽의 발굴조사를 통해 명확해졌다(풍납토성발굴조사단 2021). 평면 방형의 판괴가 바둑판 형태로 확인되었다. 같은 층의 판괴는 순차적으로 연접하며, 다음의 층에서 판축이 진행될 때는 마찰력과 응집력을 강화하기 위해 품品자형으로 축조되었음이 밝혀졌다.

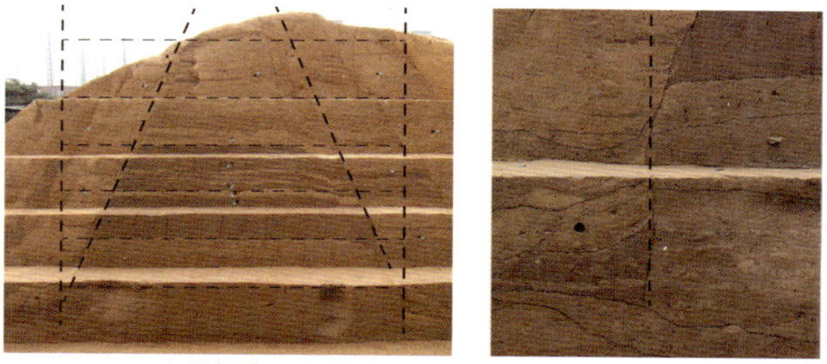

1. 풍납토성 2011지점 중심토루 수직쌓기와 삭토 흔적

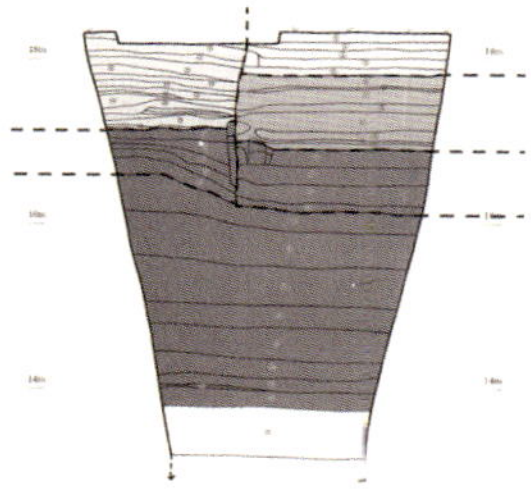

2. 풍납토성 1999년도 B지점 종단면 토층

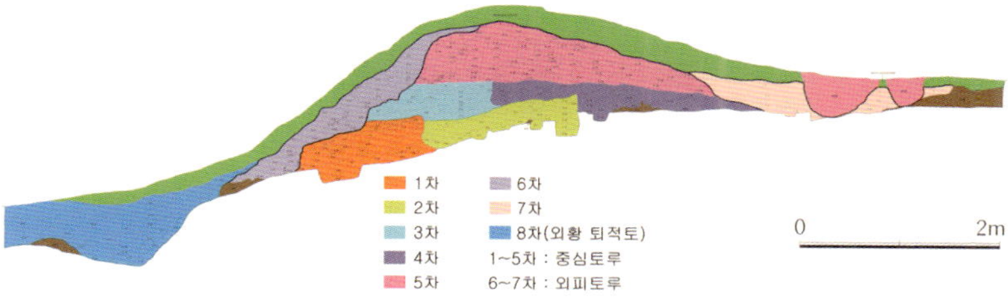

3. 화성 소근산성의 입체적으로 조합된 판괴

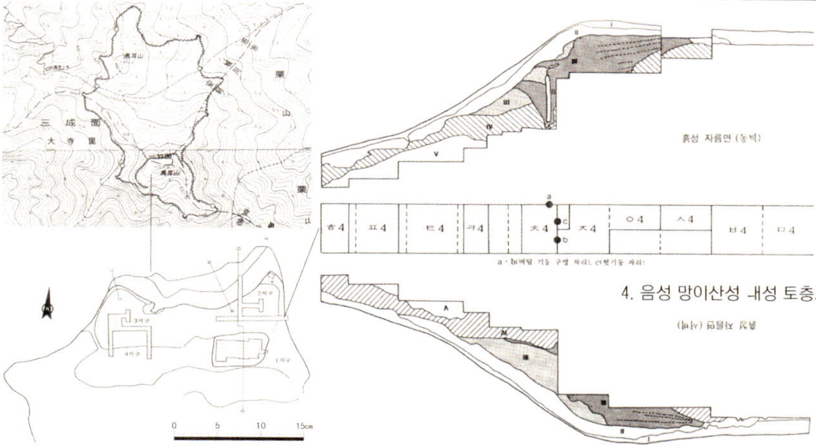

4. 음성 망이산성 내성 토층도

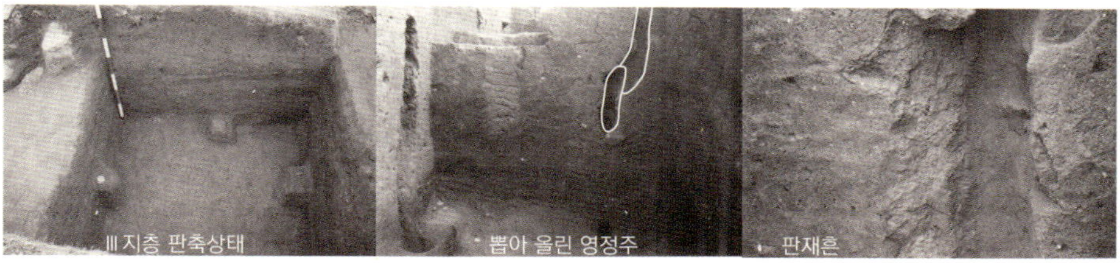

<그림 6> 판축기법 B1식 설정의 근거(이혁희 2016a 도면 5)

B1식에 사례는 서울 풍납토성, 서울 몽촌토성 북서벽 목책 재설치구간, 화성 소근산성, 음성 망이산성 내성, 고양 멱절산토성, 청주 정북동토성, 증평 추성산성 북성, 완주 배매산성 등 한성기 토성을 비롯해 공주 옥녀봉성, 부여 사비나성 동나성 일부구간, 나주 회진성, 파주 덕진산성 등에서도 확인되어, 백제 사비기는 물론 나말여초기까지 지속되는 것으로 판단된다.

판축기법 B2식은 일종의 고정식으로, 고정된 목주에 판축구조물을 조립하여 기저부로부터 첨단까지 한 번에 쌓아 올리는 방식이다. B2식의 특징을 고대 중국 판축토성에서 확인되는 판괴의 조합형태에 따른 분류에 접목하면, '분단판축分段版築'에 해당한다(김봉근 2022).

B2식의 가장 이른 사례로는 초축시기가 한성기 말로 추정되는 진안 와정토성을 꼽을 수 있다. 발표자(2014)는 진안 와정토성의 유일한 절개단면인 라-1Tr을 통하여 축조기술에 대해 재검토를 실시하고 축조 공정을 복원한 바 있다. 불탄층(A층)으로 보고된 소토+목탄층 하부에 경사성토를 실시하여 기저부를 조성하였으며, 길이 긴 목주를 5m 폭으로 설치함으로써 협축식의 판축토루를 축조한 것으로 추정된다. 라-1Tr의 재검토된 내용을 평면조사구역에 적용하면, 고정된 긴 목주를 단면 제형으로 설치하고 협판을 걸어 판축하였음을 알 수 있다.

B2식의 판축기법은 진안 와정토성 이후 사비기의 부여 부소산성을 통해 매우 발전된 방식으로 나아갔던 것으로 보인다. 목주, 판재흔, 횡장목, 종장목가 조합된 흔적이 부여 부소산성의 동·서·남·북벽 일관되게 나타났다. 부여 부소산성은 기저부 정지 공정 시 2조의 구상유구(성벽심)를 굴착한 뒤 여기에 판축목주를 비롯한 판축구조물을 조립한 사례이기도 하다.

B2식의 평면확장은 방형의 판괴가 성벽 진행 방향을 따라 순차적으로 이어지는 방식이다. 부여 부소산성의 평·단면조사를 통해 확인되었으며(백제

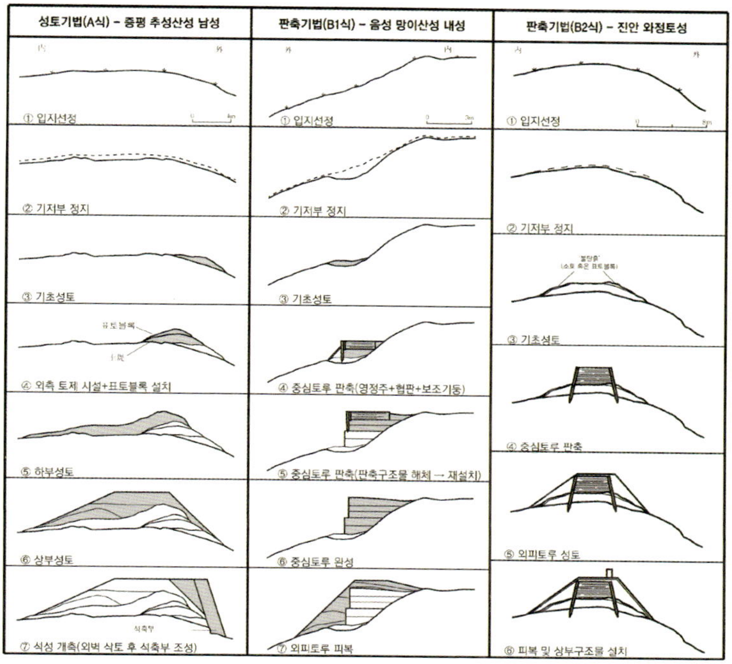

〈그림 7〉 백제 한성기 토성에서 확인되는 축조기술별 축조공정 비교 모식도(이혁희 2022 도 15)

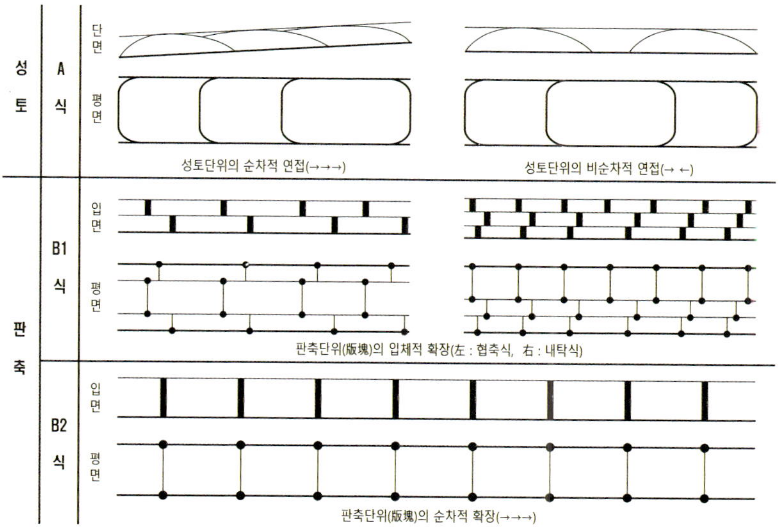

〈그림 8〉 백제 한성기 토성에서 확인되는 평면확장방식 비교 모식도(이혁희 2022 도 16)

고도문화재단 2021), 7세기 이후의 기단석렬판축토성에 대한 평면조사를 통해서 잘 알려져 있다.

지금까지 검토한 내용을 종합하여 축조기술의 유형별로 세부 공정과 평면 확장 방식을 모식화한 것이 〈그림 7〉과 〈그림 8〉이다.

3) 공정의 마무리와 증축 및 보수

토성 축조의 가장 마지막 공정은 피복 마감이다. 한반도 기후의 특징인 뚜렷한 사계절과 많은 강수량은 세굴을 야기한다. 이를 방지하기 위해서는 피복이 반드시 필요하다. 그러나 후대 유실과 침식으로 인해 양호하게 잔존하는 경우는 거의 없다. 분명한 피복의 사례는 서울 풍납토성의 외벽에서 확인된 벽면보호시설(점토+강돌)뿐이다.

토성은 방어력 보강, 내부시설 이용 변화, 지속적인 유실 등으로 인하여 초축 이후 증축, 개축, 수축, 보수가 이루어진다. 증축과 개축은 토성벽의 외연확장이자 근본적인 변화라면, 수축과 보수는 국지적인 수리, 보수, 보강을 의미한다. 이러한 흔적을 백제 토성에서 다양하게 확인할 수 있다.

증축은 성벽의 폭과 높이가 확장하는 것으로, 기존의 황을 메우고 새로운 황을 굴착하여 확장하거나, 등성시설登城施設의 역할을 하는 내측 석축부를 설치하는 모습이 주로 확인된다. 서울 풍납토성, 서울 몽촌토성, 충주 탄금대토성, 당진 성산리산성 등이 그 예이다.

개축은 토성을 석성으로, 석성을 토성으로 변화시키는 경우인데, 분명한 전자의 사례가 증평 추성산성 남성 서벽과 청주 부모산성 제1보루에서 확인되었다.

수축 및 보수의 양상은 주로 외측에서 이루어지며, 외벽을 계단상, 또는 호상으로 삭토한 뒤 성토한 흔적히 확인된다. 서울 풍납토성, 고양 멱절산토성, 화성 길성리토성, 화성 소근산성 등에서 확인되었다.

2. 석축성곽

1) 한성기 석축산성 논쟁

백제 한성기의 성곽은 토축이 주류이지만 일부 성곽의 경우 석축성곽으로 축조되었음이 밝혀졌다. 그런데 삼국시대 석축성곽 가운데 일부를 대상으로 축조주체 논쟁이 진행 중이다. 이들은 성 내부에서 한성양식토기가 출토됨에 따라 백제에 의해 축조되었거나, 점유되었을 가능성이 언급되는 대상이다. 주로 경기지역 내 석축성곽이 해당되는데 그 숫자가 20여개 소에 달한다(오강석 2006).

백제 한성기 석축산성 논쟁은 2000년대에 격화되었다. 대상은 포천 반월산성, 이천 설봉산성, 이천 설성산성이 대표적이다(그림 9). 이외에도 여주 파사성, 안성 죽주산성, 음성 망이산성, 파주 월롱산성, 오두산성, 충주 장미산성 등에 대해서도 축조주체를 백제로 파악하는 견해가 존재하는 등 다양한 논의가 진행되었다. 이에 대한 견해는 긍정론과 부정론으로 나뉜다(안성현 2021).

긍정론은 1990년대 초반부터 포천 반월산성, 이천 설봉산성, 이천 설성산성에 대한 발굴조사 결과를 바탕으로 주장되었다. 沈正補(2001), 박경식(2002), 金虎俊(2002, 2004, 2007, 2017, 2018), 백종오(2004), 서영일(2009), 김병희(2017), 오강석(2006), 심규훈(2016) 등에 의해 백제 한성기 석축산성을 긍정하는 견해가 발표되었다. 산성 내부에서 백제 유구나 유물이 출토되는 성곽을 중심으로 기왕에 알려진 6~7세기 신라 산성들의 특징과 구별되는 점을 중심으로 논지를 전개하였다. 이 가운데 이천 설성산성의 경우 초축 성벽의 회곽도를 굴착하고 조성된 백제주거지의 존재를 근거로 백제 초축설을 주장하고 있다. 축조기법에 대한 세부적인 내용을 살펴보면, 기저부 조성 시 암반을 계단식으로 정지하고 턱과 홈을 조성하는 점, 보축성벽의 유무 또는 토축으로 보축하기 때문에 신라의 기단보축과 차별된다는 점, 뒤채움 조성

포천 반월산성(5차) 내벽 하단부 면석가공상태

이천 설봉산성 서문지

이천 설성산성 서문지 및 등성시설

이천 설성산성 토축부

<그림 9> 백제 한성기 석축산성 논쟁의 주요 성과

방식에 있어 하단부에 할석으로 뒤채움을 하다가 일정 높이부터 점토로 뒤채움하는 점 등을 백제 특유의 축조기술로 간주하였다. 면석의 경우 세장방형과 사각추 형태로 다듬은 장방형 면석을 주로 사용한 점이 특징으로 제시하였다. 성벽은 암반에 턱을 두거나, 기저부에 점토를 보강한다. 성벽의 안쪽은 기저부나 면석과 동일한 높이의 석재를 적심으로 활용하였다. 외벽 면석은 토축부 방향으로 기울여 붕괴를 막는 형태로 특징을 제시하기도 한다(오강석 2006).

부정론은 2000년대 들어 심광주(2004)의 연구를 필두로, 金漢(2011), 안성현(2021) 등에 의해 백제 한성기의 석축산성으로 논의되는 대상들에 대한 반론이 제기되었다. 그 내용을 정리하면 다음과 같다. 경기도 지역 내 백제의 석축산성으로 주장되는 대상은 규모가 1,000m 이상의 대형이며, 성벽도 잘 다듬어진 돌로 거의 빈틈없이 쌓아 기술적으로 최정점에 이른 모습이어서 백제 한성기에 이미 완성된 기술을 구현하는 것은 불가능하다는 입장이다. 기저부 조성방식은 백제 특유의 기술이 아니라, 신라의 성벽에서도 확인할 수 있는 특징임을 강조한다. 기단보축 또한 신라에서도 석축과 토축을 모두 확인할 수 있으며, 6세기 후반~7세기 초 경의 신라 성곽에서는 기단보축이 설치되지 않는 경우도 존재한다는 것이다. 뒤채움 조성 시 하단부는 할석, 상단은 토축을 활용하는 기술은 서울 아차산성 등 신라 성곽에서도 확인이 가능한 기술임을 지적하였다. 긍정론의 주장은 순환논리에 근거하고 있으며, 체성 내 출토유물은 축조 상한의 자료일 뿐, 축조시기를 바로 가리키는 자료라 할 수 없음을 지적하였다. 또한 성 내부에서 출토된 유물과 유구 내에서 백제토기가 출토되고 있지만, 이것들과 성벽 사이의 어떠한 정합성을 확인할 수 있는 자료가 제시되지 않았으며, 심지어 이천 설봉산성의 성벽 기저부와 뒤채움토에는 신라토기와 신라기와가 출토되었음도 강조하였다.

2) 백제 한성기 석축성곽의 축조기술

축조주체의 논란이 없는 백제 한성기의 석축산성은 포천 고모리산성과 의왕 모락산성이다. 양 성곽을 통해 백제 한성기 석축성곽의 현황과 축조기술을 살펴볼 수 있을 것이다(그림 10).

포천 고모리산성은 해발 386.5m의 고모산 정상부에 축조된 테뫼식 산성으로 내외성의 이중구조이다(단국대학교 매장문화재연구소 2001; 한백문화재연구원 2019). 산 정상부의 평탄대지를 둘러싼 내성은 둘레가 967m이며, 여기에 부가된 외성은 240m이다. 남서쪽으로 양주-의정부-중랑천을 통해 백제 한성지역으로 연결되고, 남동쪽으로는 왕숙천을 따라 남양주-구리를 거쳐 하남 방면으로 통하는 교통로 상의 요충지이다. 성벽의 축조는 대부분

포천 고모리산성　　　　　　　　　　　　　　　　의왕 모락산성

〈그림 10〉 논란이 없는 백제 한성기 석축산성의 축조 상태

토축이며, 일부 구간에서는 석축과 토석혼축 형태를 보이는 등 다양하다. 석축성벽은 주로 동벽구간에서 확인되고 있으며, 최근 보고된 한백문화재연구원의 조사구역에서 2단의 석축성벽이 잔존한 것으로 확인되었다. 절개 단면을 살펴보면, 초축된 성벽은 토축성벽이며, 석축성벽으로 개축되었음을 추정할 수 있다. 석축성벽의 면석은 1단의 경우 크기가 일정하지 않은 할석을 이용하였다. 면을 맞춰 축조하였으나 허튼층쌓기이며, 2단 성벽은 상부로 가면서 경사를 이루며 불규칙하게 잔존한 상태이다. 고모리산성의 축조시기에 대해 조사단은 내부에서 출토된 한성양식토기와 중국제 흑갈유도기호 구연부편을 통해 3c 후반~5c 초까지 운영된 것으로 추정하였다. 그런데 성 내부에서 수습된 한성양식토기는 4c 후엽 이후에 해당하는 것이 대부분이다. 중국제 흑갈유도기호 구연부편 또한 구연단의 형태와 쇄유상태가 5c 전·중엽에 비정되는 석촌동 2호분 출토품이나 풍납토성 197번지 지표수습품과 유사한 점을 지적할 수 있다(한지수 2020). 따라서 조사단이 판단한 포천 고모리산성의 운영시기에 대해서는 재검토가 필요하다(이혁희 2021).

의왕 모락산성은 해발 385m의 모락산 정상부와 남쪽의 봉우리, 그리고 서향 계곡의 상단을 에워싼 산복식에 가까운 산성으로 둘레는 878m이다(세종대학교박물관 2006). 모락산 정상부에서는 수원·안양·시흥·군포·과천 일대의 평야지대가 조망된다. 경기 남부지역의 천안-평택-오산-수원-의왕으로 이어지는 교통로와 경기 서부지역에서 남양만을 통하여 화성-안산-군포-의왕으로 이어지는 교통로의 결절지에 해당한다. 성벽은 급사면인 자연지형을 이용하여 내탁식으로 축조된 것으로 추정된다. 구간에 따라 석축, 토축, 토석혼축이 확인되는 등 다양한 형태이다. 석축성벽의 양상이 상대적으로 잘 드러난 구간은 북벽이다. 가공되지 않은 할석을 사용하였기에 면석이 정연하지 않은 상태이다. 모락산성의 축조시기와 관련된 유물은 성 내부에서 고배 배신편, 호옹류, 심발형토기, 장란형토기 등의 한성양식토기가 주로 수습되었으며, 이보다 늦은 시기의 유물이 전혀 수습되지 않았다.

양 성곽에서 확인된 석축성벽의 특징을 살펴보자. 우선 성벽의 양상이 구간별로 다양하다는 공통점을 발견할 수 있다. 재료가 다른 성곽의 선후관계는 포천 고모리산성의 절개조사의 예에서 살펴볼 수 있듯이, 토축성벽에서 석축성벽으로 변화했음을 알 수 있다. 다만 의왕 모락산성의 경우는 석축부와 토축부의 선후관계가 분명하지 않다. 양 성곽의 석축성벽은 가공되지 않은 할석을 통해 면을 맞춘 정도의 허튼층쌓기를 통해 축조되었음이 공통된다.

Ⅳ. 사례를 통해 본 지방성의 축성 목적과 성격

백제 한성기의 도성권역에서는 왕성이 축조되고 도성체제가 단계적으로 정비된다. 같은 시간 지방에서는 국경, 주요교통로, 해양교통로, 자원 확보를 위한 전략거점 등 중요지역을 중심으로 지방성의 축성이 활발하게 이루어진다.

성곽은 영역화의 완료 지표이자 지배력 관철의 상징이다. 중앙-지방관계, 영역화 과정 등 정치적인 접근에 있어 가장 선명한 고고자료일 것이다. 그런데 관련 주제에 대한 연구에서 성곽이 적극적으로 취급되지 않는 아이러니한 상황이 이어지고 있다. 이는 개별 성곽의 축조주체와 시간적 위치에 대한 불안정성에 기인한다. 기존에는 지표조사 성과라는 변수가 많은 자료를 기반으로 연구가 시도되었기 때문에 근본적인 한계가 있었지만, 자료가 증가한 현 시점에도 구조와 축조시기가 명쾌해진 대상이 한정적이기 때문이다.

지방성은 여러 가지 목적과 성격에 맞게 축성되었을 것이다. 그리고 백제 한성기 중앙의 영역확대 과정에서 단계적으로 확산되었을 것으로 추정된다. 이러한 지방성의 축성 목적과 성격을 이해하기 위해서는 해당 지방성과 주변유적 사이의 관계를 살펴볼 필요가 있다.

1. 백제의 강력한 지배력이 관철된 지방성

1) 한강 하류역 지역집단과 고양 멱절산토성

한강 하류역에 해당하는 경기지역 내 서부권은 분구묘가 유행하는 지역으로 잘 알려져 있다(그림 11). 이에 주목하여 한강 하류역의 물질문화를 '운양동유형(박경신 2018; 崔鐘圭 2016)' 또는 '운양동문화(박중국 2018)'로 설정하기도 한다. 또한 주구토광묘 분포권과 적석분구묘 분포권과는 구별되는 정치 집단 또는 정치 연합체가 있었음을 보여주는 물질자료로 평가된다(김길식 2022). 한강 하류역의 주거구조는 방형의 4주식주거가 일색이며, 초대형 또는 대형의 돌출적인 주거가 해당지역을 중심으로 확인됨에 따라 한강유역의 물류를 주도하였던 지역 수장층의 가옥으로 주목받은 바 있다(박중국 2020; 송만영 2016). 뿐만 아니라, 이형토기를 비롯한 지역양식토기가 생산 및 유통되었던 지역이다. 이형토기는 한강 하류역의 주요취락에서 확인되며 무덤에서 출토된 사례가 없다. 이에 주목하여 취락단위의 의례 행위에 사용되었던 생활 의례용 토기로 이해된다(송만영 2016). 특히 한강 하류역에서

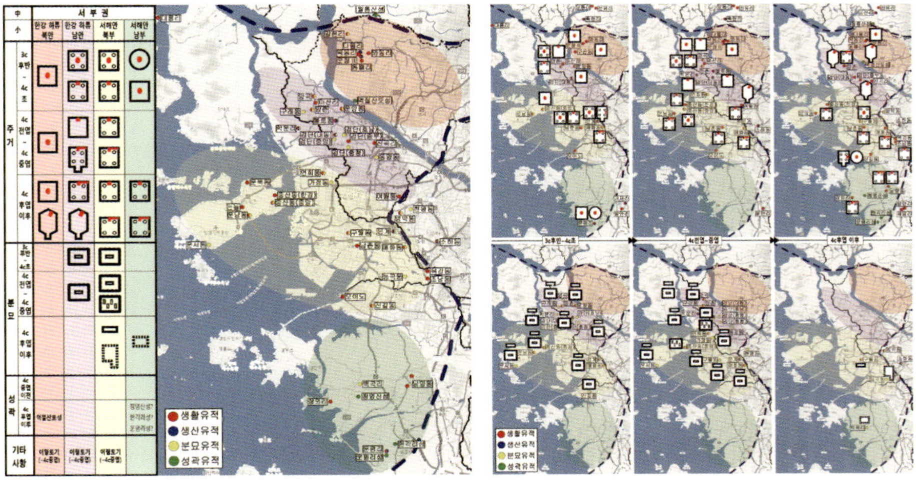

〈그림 11〉 경기 서부권 원삼국~백제 한성기 주거 및 분묘의 전개과정(이혁희 2021 그림 7·8)

동일한 생활 의례용 토기를 사용하였다는 점은 지역 전체가 동일한 성격의 의례 행위에 참여하였음을 의미하며(송만영 2016), 나아가 이를 매개로한 지역집단의 정체성을 확보하였던 것으로 해석된다(박경신 2022).

이처럼 지역색이 두드러지는 한강 하류역 내에 백제 한성기의 지방성으로는 고양 멱절산토성이 있다. 멱절산토성은 한강 하류 북안의 구릉성 산지에 입지하는 둘레 300m의 토축산성이다. 본래 성곽이기 보다는 물류집산지 또는 제의 행위가 있던 공간으로 이해되었으나(경기도박물관 2005), 이후 실시된 발굴조사 과정에서 토축산성임이 밝혀졌다(중앙문화재연구원 2014). 발표자(2013a·b)는 판축기법에 의해 축조된 것으로 재검토하였으며, 축조 및 운영시기에 대해서는 성벽과 내부 유구 사이의 중복관계와 한성양식토기의 시간적 위치를 통해 4c 후반~한성기 말로 판단한 바 있다.

고양 멱절산토성의 축성시점 즈음, 혹은 그 이전시기에 해당하는 4c 중엽경부터 한강 하류역 내 전통적인 물질문화가 현저하게 변한다. 우선 분구묘의 조영이 중단되며, 방형의 4주식주거 일색이었던 전통취락이 축소되거나 해체된다. 또한 이형토기를 비롯한 지역양식토기의 생산 및 유통이 중지되는 등 지역 내 전통문화가 총체적으로 단절된다. 이와 같은 드라마틱한 변화의 시점과 고양 멱절산토성의 축조시기가 서로 맞닿아있다. 즉, 멱절산토성으로 표상되는 백제 중앙의 강제력이 관철되었음을 알 수 있게 한다. 그 결과 분구묘, 초대형 4주식주거, 이형토기로 대표되는 지역 수장층을 위시한 지역집단이 와해됨과 동시에, 해당지역은 백제의 직접지배영역으로 재편되었음을 추정해볼 수 있다(송만영 2016, 2021).

2) 홍성지역 지역집단과 홍성 신금성

위의 한강 하류역 지역정치체와 고양 멱절산토성 간의 관계와 비슷한 사

레를 홍성지역에서도 찾을 수 있다.[2]

홍성지역의 원삼국~백제 한성기에서 가장 주목되는 유적은 석택리 환호 취락이다(한얼문화유산연구원 2015). 석택리 취락의 구조는 이중환호에 둘러싸인 주거+의례(+정치?)구역(A-2지구 1지점), 환호 외부 서쪽 구릉에는 대형의 매장주체부를 갖춘 분묘구역(A-1지구), 환호 외부 동쪽 구릉에는 주거+생산+분묘구역(A-2지구 2지점), 이보다 동쪽의 분묘구역(A-2지구 3지점)으로 구성되어있다(그림 12). 환호 내부에 비해 환호 외부 생활공간의 위계가

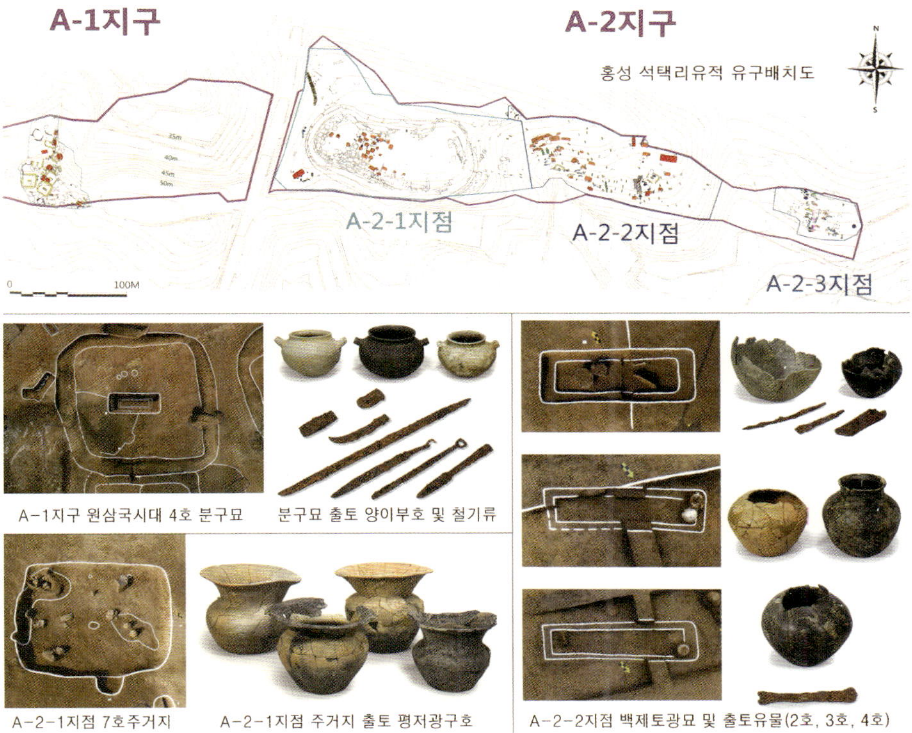

<그림 12> 홍성 석택리유적(한얼문화유산연구원 2015)

2 본 절에 대해서는 발표자의 기존 연구(이혁희 2017)를 요약한 것임을 밝혀둔다.

떨어지는 것으로 추정되며, 서쪽의 구릉에는 집단 내 수장층의 분묘구역이 자리하는 등 계획적인 공간 구성을 엿볼 수 있다. 석택리 취락은 홍성지역뿐만 아니라 호서지역 내 원삼국~백제 한성기 취락 중에서도 최상위 중심취락으로 평가되며(尹淨賢 2013), 소국小國단계 국읍國邑의 실체로 판단됨에 따라 '석택리 유형 취락'으로 논의될 정도이다(박순발 2018). 유적이 보존되어 완전한 발굴조사가 이루어지지 않았으나, 경부가 발달한 평저광구호와 양이부호를 비롯한 지역양식토기의 비율이 돋보인다. 석택리 취락의 운영시기에 대해 보고자는 3c 중엽~4c 중후반으로 보았다.

석택리 취락의 공간구성은 동쪽의 환호 외부 주거+생산구역(A-2지구 2지점) 내에 분묘가 기존 주거지를 파괴하고 조성되며 변화를 맞이한다. 이때 조영된 분묘는 A-1지구에 자리한 수장층의 분묘와는 묘제가 다르며 흑색마연토기가 부장되는 등 차이가 선명하다. 환호 외부의 주거구역 내에 주거지와 중복된 분묘가 조영되는 것은, 취락의 변화뿐만 아니라 소멸의 시점임을 알 수 있게 한다. 국읍의 실체로 논의되는 중심취락이므로, 이러한 중심지가 폐기되는 사건은 당시 지역사회에 상당한 충격과 변화가 있었음을 의미한다.

석택리 취락의 남서쪽 20㎞ 거리에는 백제 한성기의 평지토성인 홍성 신금성이 자리한다(忠南大學校博物館 1994). 신금성은 평면 방형 또는 역제형으로 성 중앙을 가르는 내성의 남벽을 통해 내성과 외성으로 구분되는 중곽구조이다. 내성의 둘레는 560m, 여기에 덧붙인 외성은 235m, 총 둘레 645m이다. 1989년부터 1992년까지 3차에 걸친 발굴조사 결과, 신금성의 축조주체는 통일신라시대로 알려졌다. 또한 출토유물의 압도적 다수가 다종다양한 한성양식토기이며, 전문도기, 시유도기편 등도 확인됨으로써 백제 한성기의 유력한 지방거점으로도 주목받았다. 그런데 통일신라시대 토성의 기초시설에 해당하는 기단석열의 하부에는 성벽 보다 거대한 층군이 존재한다. 발표자(2017)는 이를 재검토함으로써 초축성벽과 후축성벽으로 구분한 바 있다.

이 가운데 초축성벽은 둘레 645m이며, 구간에 따라 성토기법과 판축기법으로 조성된 토성으로 설정하였다. 초축성벽의 축조시기는 출토유물에 대한 분석을 통해 백제 한성기에 해당하는 5c 전반을 상한으로 비정하였다.

홍성지역 내 중심취락으로서 번성하였던 석택리 취락의 소멸과 취락 경관의 변화를 고려하면, 백제의 진출과 함께 석택리를 위시한 지역공동체가 붕괴된 것으로 보인다. 즉 백제 중앙의 전략적 필요성에 의해 강력한 지배력이 관찰되어 '지역집단을 지방으로 재편'한 것이다. 그 과정에서 혹은 완료 후 변화된 질서 속에서 대규모 인력을 동원하여 신금성을 축조하였던 것으로 보인다.

2. 백제의 지배력이 단계적으로 관철된 지방성

1) 화성 길성리토성과 요리고분군

화성 길성리토성은 전체 둘레가 약 2,311m에 달하는 포곡식 평산성이다. 화성 길성리토성의 규모는 백제 한성기 성곽 가운데 풍납토성(약 3,500m 이상) 다음가는 규모이며, 몽촌토성(2,383m)과 큰 차이가 없다. 길성리토성 주변에는 복수의 유물산포지가 위성처럼 분포하며, 남동쪽 지근거리의 사창리에서는 진식대구가 수습되었고, 이보다 남쪽에는 금동관모와 금동신발이 출토된 요리고분군을 비롯한 고분군 및 취락이 위성처럼 분포해있다(표 1, 그림 13).

성벽은 성토기법으로 축조되었으며, 초축단계 이후에 목책을 부가한 일종의 성책城柵 또는 책성柵城으로 볼 수 있다. 성벽 축조를 위해 다양한 물성의 재료를 교호성토하였으며, 점토블럭과 표토블럭이 적극 사용되는 등 성토기법의 특징이 잘 드러난 성곽이다.

성 내부에서는 수혈주거지, 고상건물지, 원형수혈, 토기가마, 폐기장 등의 다양한 시설이 확인되었다. 수혈주거지는 대부분 방형의 4주식이며, 일부 주

〈표 1〉 화성 길성리토성과 소근산성

	화성 길성리토성 (한신대학교박물관 2010; 중부고고학연구소 2014)	화성 소근산성 (경기도박물관 2012)
소권역	황구지천	황구지천
입지	해발 60~100m 능선과 계곡부	해발 110~190m 구릉 정상부
둘레	약 2,311m	약 629m
축조기술	성토	판축
성벽의 변화	초축 → 증축 → 城柵	초축 → 증축
성벽 축조 및 운영시기	3c 후반~4c 중엽	4c 후엽~한성기 말
축조 주체	지역집단? 백제 중앙?	백제 중앙
주변 고분군	화성 요리 · 사창리 · 송산리 고분군 (대형토광묘 및 분구묘 → 주구토광묘)	화성 요리 · 사창리 · 송산리 고분군? (대형토광묘 및 분구묘 → 주구토광묘)
특기 사항	취락은 3c~한성기 말까지 운영 성벽 축조 이전 / 성원취락 / 성벽 폐기 이후 3단계로 구분 가능 성벽 폐기 이후에도 취락 확장 지속. 한성양식토기의 비중 증가.	4주식주거, 다수의 한성양식토기, 철제무기류, 석제절구 출토 고구려 철촉도 출토

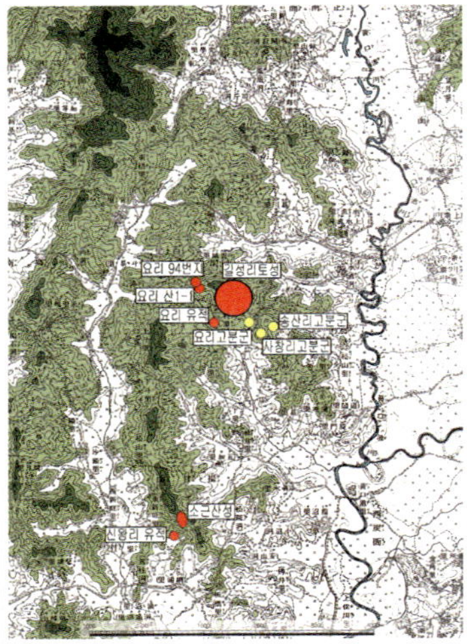

〈그림 13〉 화성 길성리토성 부근의 요리·사창리·송산리 고분군

거지의 경우 4주식주거와 여철자형주거의 특징(출입구, 벽구 및 벽주)이 결합된 '결합형주거'가 확인된다. 성 내 유물은 대부분 격자타날된 연질토기의 비중이 경질토기보다 우세하며, 고배, 삼족기 등의 백제토기는 소수이다. 길성리토성에서 사용되던 토기는 재지에서 제작한 일상생활용기가 주류였음

을 보여준다.

길성리토성은 축조세력을 놓고 지역집단의 자체 축성과 백제 중앙의 영향 아래 축성이라는 상반된 견해가 있다. 발표자는 화성 길성리토성 발굴조사의 참여를 계기로 지역집단 주도의 축성 가능성에 대해 주장한 바 있다(金武重 외 2012; 이혁희 2013a·b). 백제 한성기의 다른 성곽들과 비교할 때 길성리토성이 갖는 돌출성이 잘 드러나기 때문이다. 이는 축성시기(풍납토성과 병행), 입지 및 규모(몽촌토성에 버금가는 최대 규모의 평산성, 주 방어선은 북쪽), 축조기술(성토기법), 내부취락과의 관계와 물질자료(백제계 물질문화 파급시점에 성벽의 기능 상실) 등 다양한 측면에서 지적이 가능하다. 이상의 의문점이 해결되어야만 '백제 중앙에 의해 축성된 길성리토성'이라는 결론에 도달할 수 있을 것이다.

길성리토성은 3c 후반~4c 전엽 경 축조되고 4c 중엽에 성벽이 폐기된다(한신대학교박물관 2012; 土田純子 2015). 성벽 축조 이전부터 대규모의 취락이 존재하였으며, 이러한 취락 내 구성원을 보호하기 위해 방어시설을 설치한 것이 축성의 계기였던 것으로 추정된다. 흥미로운 점은 성벽이 폐기된 후에도 취락의 범위가 도리어 확장한다는 것이다. 또한 한성양식토기가 지속되는데 한성기의 늦은 단계에 해당하는 기대, 삼족기, 유개고배가 수습되기도 하였다. 취락의 확장과정에서는 성벽을 굴착하고 주거지와 플라스크형 수혈이 조성된다. 이처럼 적극적으로 성벽을 파괴하고 취락을 확장하는 원인은 무엇일까. 발표자(2013a·b)는 백제 중앙의 진출에 따라 나타난 현상으로 해석한 바 있다.

화성 길성리토성과 이웃한 사창리-요리-송산리고분군은 길성리토성의 무덤군으로 이해되며, 중부지역 내 가장 강력한 지역집단의 존재를 유추할 수 있게 한다(그림 13). 우선 사창리에서는 1930년대 수습된 진식대금구를 비롯하여 다양한 장신구, 무기류, 공구류, 마구류, 토기 등이 일괄 수습된 것으로 잘 알려져 있다. 이 진식대금구의 제작시점은 대략 3c 말~4c 중엽으로 볼 수 있으며(김도영 2019), 이를 비롯한 수습유물들의 존재로 볼 때 4c 중엽 경 길성리토성 축조세력은 백제 중앙과 정치적 관계를 맺었음을 추정할 수 있다.

길성리토성의 남쪽에 자리한 요리고분군에서는 성토분구묘 1기를 비롯해 이를 주변에서 감싸듯 분포하는 목관묘와 목곽묘 7기, 옹관묘 1기가 확인되었다. 특히 분구묘의 동변에서 확인된 1호 목곽묘에서는 최상위 위신재인 금동관, 금동신발을 비롯해 금제이식 등의 장신구, 철제무기류와 공구류, 마구류 등이 다수 출토되었다. 금동관와 금동신발의 연대는 4c 후엽 또는 5c 전엽으로 추정된다(김도영 2021; 최병현 2014).

화성 길성리토성 세력은 길성리토성의 축조와 폐성 그리고 내부 취락의 확장 과정에서 백제 중앙으로부터 각종 위세품을 사여받으며 백제 중앙과의 깊은 관계를 맺었던 것으로 보인다. 이는 곧 백제가 적극적으로 포섭하고 회유하였던 강력한 지역집단이었음을 알 수 있게 한다.

2) 화성 소근산성의 축성과 지역재편

이러한 화성 길성리토성으로부터 남쪽 4㎞지점에는 소근산성이 위치한다. 초록산 정상부를 감싼 둘레 629m의 테뫼식 토축산성으로서 판축기법으로 축조되었다. 성벽은 초축 이후 1차례 증축된 것으로 추정된다(표 2).

소근산성의 내부에서는 토기류, 철기류, 석기류 등 총 500여점의 유물이 출토되었다. 토기류는 연질토기에 비해 회청색경질의 고배, 개배, 기대, 뚜껑, 삼족기, 완, 병 장군 등의 화성 길성리토성에서 거의 보이지 않았던 기종이 다수 출토되었다. 생활용기도 승문 및 평행선문계 취사용기가 대부분이다. 출토 토기 중 46%가 인위적인 타격흔이 관찰되는 점 또한 특징이라 할 수 있다. 철기류는 찰갑편, 주조철부, 단조철부, 철촉, 소찰, U자형 삽날, 꺾쇠, 철제부뚜막장식, 철솥, 등장 등이 출토되었으며, 무기·마구류가 30%로 다수를 점하고 있다. 이러한 출토유물의 양상은 소근산성의 군사적 목적을 뚜렷하게 함과 동시에 내부에서 의례적 행위가 이루어지고 있었음을 짐작할 수 있게 한다.

소근산성의 축조시기에 대해서는 4c 후반으로 이해하는 견해와 5c로 이해하는 견해로 나뉜다. 우선 4c 후반은 성벽 내부의 유물과 주거지의 시간대에 주목하여 초축시기를 추정한 것이다(김길식 2017). 성벽과 중복된 10호 수혈의 존재를 통해 성벽 축성 이전에 취락이 형성되어 있거나 성벽이 적어도 1차례 이상 증축되었을 가능성이 있다고 판단하였는데, 후자에 무게를 두고 4c 후반에 초축, 5c 이후에 증축된 것으로 이해한다. 다음으로 5c 이후로 보는 견해는 성벽과 중복된 10호 수혈의 출토유물을 성벽의 하한자료로 판단한 것이다. 10호 수혈의 내부에서는 고배, 병, 대호, 대옹 등이 출토되었으며 5c 이후의 유물로 편년되는 연대를 참고하였다(土田純子 2014). 이를 통해 화성 소근산성의 초축을 5c 대로 판단한 것이다(이혁희 2013a·b).

화성 소근산성은 화성 길성리토성과 요리고분군의 성격을 이해하기 위한 또 다른 열쇠이다. 소근산성의 초축시기를 어디로 판단하느냐에 따라 금동관 및 금동식리와 성곽의 관계, 그리고 이에 파생되는 백제의 지방지배방식에 대한 논의의 방향이 다르게 전개되기 때문이다. 소근산성의 초축시기를 4c 후반으로 이해할 경우, 백제의 성곽, 전통적인 묘제(성토분구묘), 금동관 및 금동신발이 동시기에 공존하게 될 가능성이 높다. 최상위 위신재를 사여받은 회유 및 포섭대상의 지역집단에 대해서는 '간접지배권' 또는 '반독립적 지역집단'이라는 해석이 일반적이다. 이러한 지역집단이 축성에 적극 가담한 것이 된다. 말하자면 백제의 국방에도 관여하게 되는 셈이다. 반면, 소근산성의 초축시기를 5c 이후로 이해할 경우에는 다른 해석이 가능하다. 전통적인 묘제를 유지한 채 금동관과 금동신발을 사여받으며 백제와의 관계를 맺는 등 절정을 구가하였던 지역집단이, 결국 소근산성 축조를 전후하여 세력이 약화되고 백제의 직접지배권으로 편재되었음을 추정할 수 있다(이혁희 2021).

3. 다양한 성격의 지방성

1) 지방도시를 보호하는 지방성

백제의 지방성은 그 자체로 해당지역의 군사 및 행정적인 거점 역할을 하지만 지방도시의 부속된 하나의 방어시설로서 기능하기도 한다. 그 대표적인 사례가 세종 나성리 유적의 토성이다(그림 14).

세종 나성리 유적은 행정중심복합도시 건설사업 부지 내에 위치한다(중앙문화재연구원 2015; 한국고고환경연구소 2012). 금강으로 유입되는 2개의 지천 사이의 남북 600m, 동서 300m 정도의 미고지에 위치하고 있다. 서쪽 송원리 구릉지에는 분묘역이 조성되어 있으며, 북쪽의 송담리에도 구릉 상에 원삼국기부터 지속된 묘역이 확인된다. 이 사이의 저평한 지역에 대한 발굴조사 결과, 백제 한성기의 구획저택, 주구부건물지, 굴립주건물지, 주거지, 도로유구, 배수로, 가마, 수혈유구, 우물, 토광묘, 옹관묘 등 백제 한성기 지방도시의 완전한 실체가 파악되었다. 가로 세로 2~3조의 도로망과 도랑(구획구)으로 공간을 구획하고 가장 중심지역에는 주구가 돌려진 구획저택이 확인되었다. 구획저택은 주변으로 창고군과 광장이 조합된 구조이다. 이 외에도 도랑에 구획된 공간 내에는 다수의 건물지가 확인되었는데, 그 형태는 수혈식에 비해 굴립주식의 건물이 압도적으로 많은 특징이 있다. 유적의 남단에는 토기 가마를 비롯한 수공업 공방과 빙고가 확인되었으며, 유적의 북쪽에는 제의 관련시설로 추정되는 방형구획유구 등이 확인되었다. 세종 나성리 유적의 성격에 대해서는 하안단구를 이용하여 계획적으로 설계된 지방도시이자, 금강을 활용한 물류와 유통의 거점으로 이해된다(박순발 2014; 李弘鍾·許義行 2014).

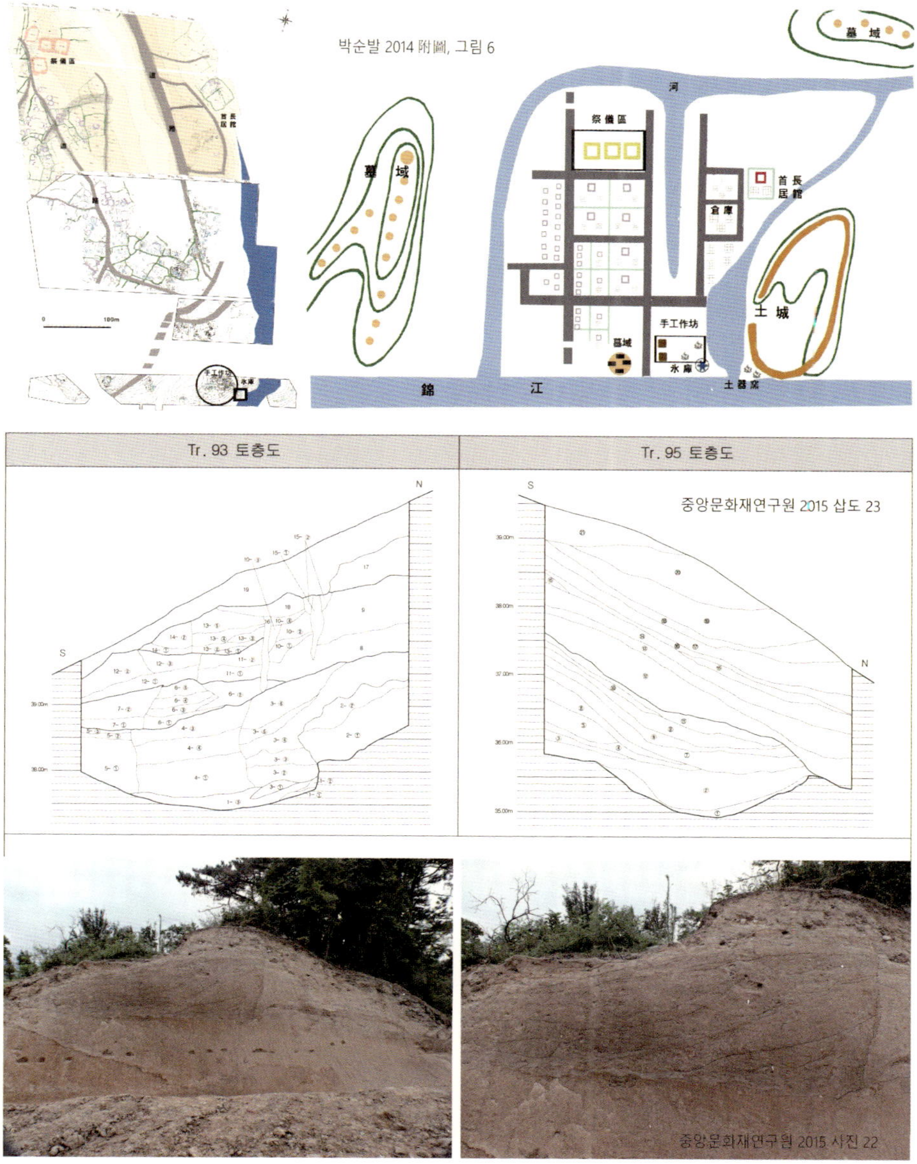

〈그림 14〉 세종 나성리유적과 나성리토성(박순발 2014; 중앙문화재연구원 2015)

이 나성리 유적의 동쪽 구릉 정상부에서 토성이 확인되었다(중앙문화재연구원 2015). 해발 43m의 구릉 정상부를 포함하여 '∩'자형으로 잔존한 테뫼식 산성으로서 성벽의 길이는 310m 가량으로 추산된다. 이에 대한 표본조사를 통하여 확인된 토성의 축조기술을 살펴보자. 우선 기저부는 암반돌출면을 둔 채 울퉁불퉁하게 정지하였으며, 그 위로 소토 및 목탄이 포함된 점토와 사질토를 교호성토하여 기초를 조성하였다. 이 과정에서 외측으로 토제를 시설한 것으로 추정된다. 본격적인 체성의 축조양상은 표본조사 트렌치만으로 분명하게 판단하기 어렵다. 나성리 토성의 체성축조층에서 발표자가 주목한 지점은 2가지이다. 우선 점질토와 사질토를 교호로 쌓아 올린 수평상의 층이 치밀하게 쌓인 모습이 관찰된다. 다음으로 수평상의 층이 조합되어 단면 방형의 단위를 이루며, 해당 단위의 경계에는 판재흔으로 추정되는 흔적이 관찰된다. 따라서 판축기법에 의해 체성을 축조한 것으로 판단하고자 한다. 특히 나성리 토성 서쪽 절개면을 살펴보면, 단면 제형의 중심토루의 형태가 완연하다. 그리고 여기에 덧붙여 경사방향으로 성토한 내피토루가 확인된다는 점에서도 판축기법의 가능성을 더한다. 나성리 토성의 성격에 대해서는 대규모 지방 도시에 부속되어 도시를 보호하는 군사적인 목적과 함께, 행정적인 기능을 담당하였을 것으로 추정된다(박순발 2014; 중앙문화재연구원 2015).

2) 교통로 상의 감시 및 교류거점 진안 와정토성

백제의 국경에 설치된 지방성은 외부로부터 백제의 공동체를 차단하고 보호하는 최전방의 군사적 성격이 가장 강할 것이다. 또한 국경은 여러 국가와 집단들과 마주하고 있기 때문에 교류와 소통의 장이 되기도 한다. 진안 와정토성이 그 사례 중 하나이다(그림 15).

진안 와정토성은 금강 본류와 주자천이 합류하는 지점의 북안에 위치한

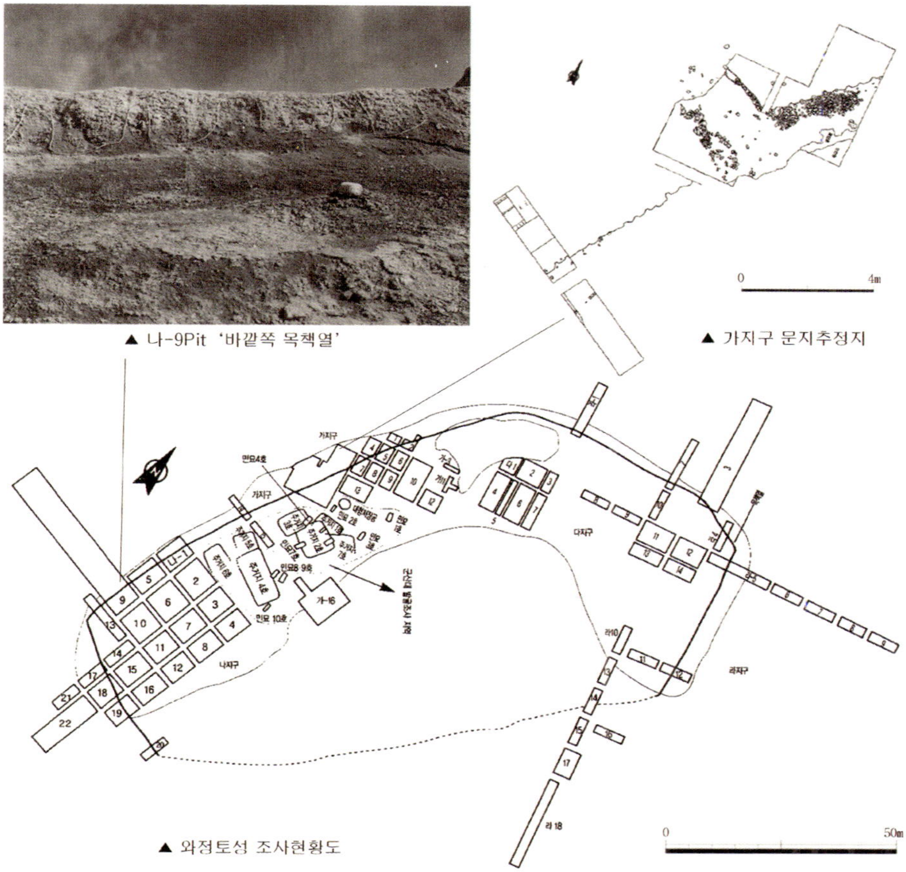

<그림 15> 진안 와정토성 조사현황도와 성벽 및 관련시설(李奕熙 2014 도면 2)

다. 해발 300m 내외의 구릉성 산지의 정상부 사면을 따라 축조된 둘레 312m의 토성이다. 와정토성이 위치한 진안 용담면 일대는 금강과 섬진강을 연결하는 남북방향의 교통로와 호남정맥-금남정맥-백두대간을 넘는 동서방향의 교통로가 교차하는 교통로상의 요충지이다(郭長根 2011; 강원종 2002). 와정토성의 구조는 단순한 판축토성이 아니라 '목책토성木柵土城'이라는 독특한 구조로 보고되었다(군산대박물관·전북대박물관 2001). 더불어 와정토성 내부에는 백제계 주거지 및 다수의 한성~웅진기 백제토기가 출토되었으며,

가야계토기가 출토됨에 따라 양국을 경유하였던 교통로 상의 거점이자, 교류의 장으로 이해되었다(尹德香 2000; 山本孝文 2004; 成正鏞 2007). 또한 성벽의 화재폐기 및 주변의 가야계 물질문화와 연동하여 백제와 대가야의 갈등관계가 표출된 현장으로도 인식되는 등(郭長根 1999, 2003, 2009; 조명일 2012), 유적의 성격과 이에 따른 역사적 해석에 대한 다양한 연구가 이루어졌다.

와정토성의 축조 및 운영시기에 대해서는 4c 말, 5c 중엽, 5c 말이라는 여러 견해가 있어왔다(李奕熙 2014 표 4). 와정토성의 시간성 문제는 단일 유적의 연대문제에 그치지 않으며, 백제의 전북 동부지역 진출 배경과 영역화, 백제-가야와의 관계문제로 확장된다. 이 가운데 4c 말은 와정토성 내부의 백제토기와 가야계토기의 혼재, 성벽의 화재폐기 등을 근거로 백제에 의해 초축된 뒤 5c 3/4분기경 대가야와의 전쟁으로 인해 강제 폐성되었고 대가야 고분인 황산리고분군이 이때부터 조영되었다는 견해이다. 특히 와정토성의 '화재폐기' 양상과 가야계토기의 출토, 인근의 월계리산성[3]의 존재를 근거로, 『일본서기日本書紀』에 등장하는 동성왕東城王의 대산성帶山城 공략 기사를 적극적으로 해석하였다. 즉 와정토성과 월계리산성이 위치한 일대를 백제와 대가야 간의 전장으로 이해한 것이다. 이는 와정토성 내 가야계토기의 연대, 진안 황산리 고분군 내 가야계토기의 부장시기를 와정토성의 하한 및 폐기 시점으로 판단한 것과 연동한다.

발표자(2014)는 진안 와정토성의 구조와 성격에 대한 재검토를 실시한 바 있다. 우선 성벽에서 확인된 '화재흔'에 대해서는 성벽의 상부가 아니라, 기초에 자리한 점을 들어 기초성토에 소토 및 목탄이 사용된 것으로 판단하였

3 진안 월계리산성에 대한 최근 발굴조사 결과, 전형적인 신라의 석축성벽이 초축성벽이었던 것으로 확인되었다(전라문화유산연구원 2022).

다. 이어서 상부에 노출된 목책열 또한 판축용 목주로 재검토함으로써 '목책토성'이 아닌 판축토성이었음을 주장하였다. 와정토성 축조 및 운영시기에 대해서는 성벽과 유구 간의 중복관계를 통해 5c 중엽을 상한으로 보았고, 7c 초까지 안정적이게 운영된 것으로 보았다. 기존에 갈등의 근거로 제시되었던 화재폐기 흔적은 토성의 하부를 견고하게 한 기초성토였으며, 5c 3/4분기는 폐기시점이 아닌 축조 상한시점으로 보았다. 그리고 와정토성 내 물질문화의 연속성이 인정되며, 셋트관계인 진안 황산리고분군 내 백제토기의 부장이 5c 후반~6c 2/4분기 내내 지속되는 점 또한 주목하였던 것이다(土田純子 2014).

진안 와정토성의 입지는 조망권이 탁월하고 교통로의 결절지이기 때문에 관방시설이 들어설 최적의 조건이다. 이후 5c 3/4분기 경 와정토성이 축조되며 군사시설로서 위계와 경관이 일신하게 된다. 이와 더불어 와정토성 내 한성양식토기를 비롯해 대가야계, 왜계 문물 등 외래계 유물이 등장하기 시작한다. 이러한 왜래계 유물의 존재는 와정토성의 성격이 방어적 성격은 물론, 교통과 물류의 중심지라는 점을 확인시켜 준다. 즉 와정토성이 백제 중앙-금강 중·하류-한반도 남부를 연결하는 요지로서 급부상한 것이다. 와정토성의 축조시점부터 셋트관계에 해당하는 진안 황산리고분군이 조영되기 시작한다. 특히 와정토성 3·4호주거지 출토품과 병행하는 백제토기의 부장이 가-1호, 가11·12호 등에서 나타난다. 이는 와정토성을 필두로 진안 용담읍 일대에 대한 백제의 통제력이 발휘되었음을 의미한다.

이러한 와정토성의 축조는 어떠한 배경에서 이루어졌을까. 발표자(2014)는 한성기 말 개로왕蓋鹵王대 일련의 개혁과정 속에 이루어졌던 것으로 추정한 바 있다. 그러나 475년 한성의 함락과 웅진 천도 이후 벌어진 일련의 정치적인 혼란은 자연스럽게 지방에 대한 지배력 약화로 이어졌다. 특히 동과 남으로 대가야의 대두가 눈에 띠며 급기야 479년 남제南濟로 견사遣使하기에 이른다. 이 시기 와정토성 일대 역시 격동의 무대 중 하나로 보인다. 이는 황산리고분군 내 부장유물의 변화를 통해 살펴볼 수 있다. 황산리고분군 조영 초기에는 대가야토기와 백제토기의 부장비율이 비슷하였으나, 점차적으로 균형이 무너지면서 대가야토기 부장의 증가 및 정형화가 이루어진다. 반면 백제토기 부장은 감소 내지는 일부 배제되는 현상을 통해 볼 때, 주변 정세가 불안정한 것으로 추정된다(권오영 2007). 대가야계 물질문화의 확산은 진안지역뿐만 아니라 장수, 남원, 무주 등 주변지역에서도 이루어졌다. 해당지역에서 대규모 고분군이 조영되며 대가야계 토기가 집중적으로 부장되는 것과도 궤를 같이 한다(郭長根 1999; 박천수 2010; 전상학 2013). 와정토성 인근에서 대가야와의 전쟁 등 갈등이 표출되었을 가능성도 있겠으나, 성곽의 폐기 및 기능 상실 등의 극적인 상황은 벌어지지 않았던 것 같다. 만약 그러하다면 토성 내 물질문화의 연속성이 설명되지 않기 때문이다. 이는 와정토성의 지속적인 운영이 이루어졌음을 반증한다. 따라서 국경에 해당하는 와정토성의 주변 정세는 불안정하였으며, 토성의 건재에도 불구하고 진안지역 일대에 대한 지배력은 제한적이었을 것으로 보인다(成正鏞 2002).

V. 맺음말

이상으로 백제 한성기의 지방성地方城에 대해서 살펴보았다. 본문에서 논의된 내용을 요약하고 향후 과제를 제시함으로써 맺음말을 대신하고자 한다.

본격적인 논의에 앞서 지방성의 정의와 성격에 대해 간략하게 고민해보았다. 지방성에 대한 정의는 여러 방향에서 가능할 것이지만, 이번 학술대회는 기획 의도에 맞게 '도성을 제외한 지방에 축성된 성'을 대상으로 삼았다.

지방성에 대한 분석은 다음과 같이 진행하였다. 우선 입지 및 규모를 통해 지방성의 현황을 파악하였다. 이 가운데 가장 많은 수를 차지하는 (평)산성에 대해서는 최신 분석을 참고하여 유형과 성격을 검토하였다. 다음으로 구조 및 축조기술에 대하여 축조 재료를 통해 토축성곽과 석축성곽으로 구분하고, 각각에 대한 축조기술을 정리하였다. 이 가운데 백제 한성기 석축산성 논쟁에 대해서는 논쟁 내용을 간략히 정리한 뒤, 논란이 없는 백제 한성기의 석축성곽을 통해 그 특징을 제시하였다. 끝으로 백제 한성기의 지방성이 갖는 다양한 축성 목적과 기능, 그리고 성격을 살펴보았다. 성곽은 고고자료로 분석하기 어려운 정치적인 주제를 파악함에 있어 적절한 대상이라고 생각한다. 하지만 백제 고고학에서는 성곽을 활용한 중앙-지방관계, 백제의 영역화 과정의 추적은 미진한 상황이다. 이번 발표문에서는 시론적인 접근의 차원에서 사례 연구를 통해 지방성의 축성 목적과 성격의 다양성을 제시해보고자 하였다.

여기에서 부족하게 다룬 부분에 대해서는 많은 보완이 필요할 것이다. 특히 본문의 말미에서 살펴본 지방성의 성격과 축성 목적에 대한 사례별 검토는, 이후 중앙-지방관계 및 영역화 과정에 대한 연구의 기초 연구에 해당한다. 이는 발굴조사 사례의 증가를 통해 개별 성곽에 대한 해상도가 증가한 점과 더불어, 취락 및 고분군 등 성곽과의 관계성을 살펴볼 수 있는 사례의 증가가 연동한 결과이다. 백제 지방성이 해당지역에 어떠한 영향을 미쳤는지 살펴보기 위한 사례 연구를 적극 축적할 필요가 있다. 이를 근간으로 백제토기 편년과 자연과학분석 결과를 통해 시간의 축을 설정하여 단계별 영역화 과정을 살펴볼 수 있을 것이다. 이에 대한 후속 연구를 이어가고자 한다.

참고문헌

강원종, 2002, 「전북 동북지역의 산성과 교통로-5세기 후반경을 중심으로-」, 『호남문화재연구원 연구논문집』 2, 호남문화재연구원.

권오영, 2007, 「제2장 지방제도 제5절 고고자료로 본 지방사회」, 『백제의 정치체제와 군사』백제문화사대계 연구총서 제8권, 충청남도역사문화원.

권오영, 2012a, 「오산천~황구지천 유역의 마한·백제 유적과 그 의미」, 『오산천·황구지천 유역 발굴조사의 최신 성과와 마한·백제』(재)중앙문화재연구원·한신대학교박물관 공동학술대회 자료집.

권오영, 2012b, 「고대 성토구조물의 재료에 대한 재인식」, 『백제와 주변세계』, 성주탁 교수 추모논총 간행위원회.

郭長根, 1999, 『호남 동부지역의 석곽묘 연구』, 書景文化社.

郭長根, 2003, 「錦江 上流地域으로 百濟의 進出過程 硏究」, 『湖南考古學報』 18, 호남고고학회.

郭長根, 2006, 「웅진기 백제와 가야의 역학관계 연구」, 『百濟硏究』 44, 忠南大學校 百濟硏究所.

郭長根, 2008, 「백제 간선 교통로의 재편성과 그 의미-섬진강 유역을 중심으로-」, 『백제문화』 39, 공주대학교 백제문화연구소.

郭長根, 2011, 「금강 상류지역의 조직망과 재편과정」, 『백제와 가야 그리고 신라의 각축장 금강상류지역』 제39회 한국상고사학회 학술대회자료집, 한국상고사학회.

孔錫龜, 1994, 「百濟 테뫼식 山城의 型式分類」, 『百濟硏究』 24, 충남대학교 백제연구소.

김길식, 2017, 「백제 한성기 화성권역의 성곽 축조과정과 그 배경」, 『화성지역 고대문화의 제양상-고대의 화성을 그리다-』, 화성시 역사문화 학술세미나.

김길식, 2022, 「한강 하류의 역사지리적 환경과 부천의 선사·고대문화」, 『고대 역사속의 부천과 우휴모탁국 학술대회』, 창립 57주년 부천문화원 역사 문화 학술대회.

김도영, 2020, 「백제 금동모관·금동신발과 삼국시대의 화성」, 『화성시 발굴 유적과 유물의 재조명』, 화성시 고고문화총서03, 화성시.

김병희, 2012, 『한국의 성곽 축성기법과 변천과정』, 세종대학교 대학원 박사학위논문.

김병희, 2017, 「경기지역 백제 석축산성의 축조와 신라의 개축과정 검토」, 『한국성곽학회 춘계학술대회』, 한국성곽학회.

金武重·李厚錫·李奕熙, 2012, 「華城 吉城里土城의 構造와 性格-華城 鄕南 料里 270-7番地 發掘調査 成果를 中心으로-」, 『백제와 주변세계』, 성주탁 교수 추모논총 간행위원회편, 진인진.

김봉근, 2022, 「중국 고대 판축기술의 변천 양상」, 『성곽을 통해 본 고대 토목기술의 발전과 전개』, 2022 백제왕도핵심유적 학술대회, 문화재청 백제왕도 핵심유적 보존·관리사업추진단.

金漢, 2011, 「백제초축설이 있는 경기지역 일부 산성의 재검토」, 『嶺南考古學 58호』, 嶺南考古學會.

김진영, 2017, 「안성 도기동산성의 발굴성과와 성벽구조에 대한 소고」, 『高句麗渤海研究』 第58輯, 고구려발해학회.

金虎俊, 2002, 「抱川 半月山城의 時代別 活用研究-삼국·통일신라시대를 중심으로-」, 단국대학교석사학위논문.

金虎俊, 2004, 「利川 雪峰山城 築造技法 考察-서문지 및 주변 정비구간 백제성벽을 중심으로」, 『文化史學』第21號, 韓國文化史學會.

金虎俊, 2007, 「한성 백제시대 산성 축조방식에 대하여」, 『학예지』 제14집, 육군사관학교 육군박물관.

金虎俊, 2013,「美湖川 中上流의 百濟土城 現況과 特徵」,『百濟學報』10, 百濟學會.

金虎俊, 2018,「漢城期 百濟 石築山城에 대한 再論議」,『文化史學』第49號, 韓國文化史學會.

박경식, 2002,「이천 설봉산성 발굴조사 성과와 의의」,『제45회 역사학대회 고고학부 발표집』, 한국고고학회.

박경신, 2018,『原三國時代 中島類型 聚落의 編年과 展開』, 숭실대학교 대학원 박사학위논문.

박경신, 2022,「경기 서북지역 (원)삼국시대 지역정치체의 동향」,『고대역사속의 부천과 우휴모탁국 학술대회』, 창립 57주년 부천문화원 역사문화 학술대회.

박순발, 2014,「백제 한성기의 지방도시」,『백제의 왕권은 어떻게 강화되었나(한성백제의 중앙과 지방)』, 백제학연구총서 쟁점백제사4, 한성백제박물관.

박순발, 2018,「한반도 城의 출현과 전개-백제를 중심으로-」,『김해 봉황동유적과 고대 동아시아-가야 왕성을 탐구하다-』(제24회 가야사국제학술회의), 인제대학교 가야문화연구소.

박중국, 2018,「원삼국시대 중부지역의 고고문화와 지역집단」,『중부지역 물질문화와 지역성』, 2018년도 중부고고학회 학술대회.

박중국, 2020,「중부지역 원삼국~한성백제기 주거 유형과 출토유물의 공간적 접점」,『접점Ⅲ, 중부지역 원삼국~한성백제기의 고고학적 공간』, 제17회 매산기념강좌, 숭실대학교 한국기독교박물관.

朴重均, 2014,「忠北地域 百濟 初期 山城의 類型」,『韓國城郭學報』26, 韓國城郭學會.

박중균, 2019,「한성기의 백제산성」,『백제의 산성』2019 가을 특별전시회 도록, 한성백제박물관.

박천수, 2010, 『가야토기』, 진인진.

백종오, 2004, 「百濟 漢城期 山城의 現況과 特徵」, 『白山學報』第69號, 白山學會.

서영일, 2009, 「고대산성의 축조 공법 비교 연구-석축공법의 보편성과 특수성-」, 『고대의 목간 그리고 산성』, 국립가야문화재연구소.

서영일, 2019, 「한성 백제의 산성과 교통로」, 『백제의 산성』 2019 가을 특별전시회 도록, 한성백제박물관.

成正鏞, 2002, 「錦山地域 三國時代 土器編年-百濟와 伽倻 勢力 사이의 內陸交通路에 대한 理解를 위하여-」, 『호남고고학보』 16, 호남고고학회.

成正鏞, 2007, 「漢江·錦江流域의 嶺南地域系統 文物과 그 意味」, 『백제연구』 46, 충남대학교 백제연구소.

孫在賢, 2015, 「韓國 古代 盛土構造物에서 土塊의 사용과 그 의미」, 한신대학교 대학원 석사학위논문.

송만영, 2016, 「한강 하류 마한 취락의 편년과 전개 과정」, 『崇實史學』 第36輯, 숭실사학회.

송만영, 2021, 「한강 하류 분구묘 부장 토기의 변화와 의미」, 『한국상고사학보』 제111호, 한국상고사학회.

심규훈, 2016, 『백제성곽의 축조 기법 연구』, 공주대학교 대학원 사학과 석사학위논문.

沈光注, 2004, 「漢城時期의 百濟山城」, 『고고학』 3-1호, 서울경기고고학회.

심광주, 2007, 「중부 내륙지역 고대산성의 성격과 특성」 『한반도 중부내륙 옛 산성군 UNESCO 세계문화유산등재대상 선정 학술대회 발표집』, 한국성곽학회.

심광주, 2018, 「임진강 유역 삼국의 성곽과 관방체계」, 『임진강 유역, 분단과 평화의 고고학』 2018 경기문화재연구원·중부고고학회 학술대회.

심상욱·이명호·김태익·김선옥, 2014, 「부여나성 동나성 2문지 발굴조사의 의의」, 『百濟文化』 51, 공주대학교 백제문화연구소.
沈正輔, 2001, 「百濟 石築山城의 築造技法과 性格에 대하여」, 『韓國上古史學報』 第35號, 韓國上古史學悔.
안성현, 2016, 「남한지역 토성벽에 잔존하는 석축부에 대한 연구」, 『야외고고학』 25, 한국매장문화재협회.
안성현, 2021, 「사적으로 본 경기도·서울·인천지역 성곽」, 『한국의 성곽유산 I 경기도·서울·인천』, 경기문화재단.
安城賢, 2020, 『慶南地域 古代 城郭의 考古學的 硏究』, 창원대학교대학원 박사학위논문.
오강석, 2006, 「백제 한성기 성곽 연구」, 세종대학교 석사학위논문.
尹德香, 2000, 「鎭安 臥停 百濟城」, 『섬진강 주변의 백제산성』 제23회 한국상고사학회 학술대회발표자료집, 한국상고사학회.
尹淨賢, 2013, 「湖西地域 百濟 領域化에 따른 位相變化」, 충남대학교대학원 석사학위논문.
李販燮, 2015, 『百濟 交通路의 考古學的 硏究』, 충남대학교 박사학위논문.
李奕熙, 2013a, 「漢城百濟期 土城의 築造技法」, 한신대학교대학원 석사학위논문.
이혁희, 2013b, 「한성백제기 토성의 축조기법과 그 의미」, 『한국고고학보』 89, 한국고고학회.
李奕熙, 2014, 「鎭安 臥亭土城의 構造와 性格 再檢討」, 『湖西考古學』31. 호서고고학회.
이혁희, 2016a, 「백제 토성 축조기법의 특징과 변천」, 『유리건판으로 보는 백제의 성곽』, 국립중앙박물관.
이혁희, 2017, 「홍성 신금성의 구조와 성격 재검토」, 『야외고고학』 30, 한국매장문화재협회.
이혁희, 2021, 「경기지역 백제 한성기 물질문화의 지역성」, 『최근 발굴성과로 본 경기도의 마한과 고대국가 백제』, 경기도박물관.
이혁희, 2022, 「백제 한성기 토성의 축조기술」, 『文化財』 제55권 2호, 국립문화재연구소.
李弘鍾·許義行 2014, 「漢城百濟期 據點都市의 構造와 機能-羅城里遺蹟을 中心으로-」, 『百濟研究』 第60輯, 충남대학교 백제연구소.
전상학, 2013, 「진안고원 가야의 지역성」, 『湖南考古學報』 43, 湖南考古學會.
조명일, 2012a, 「금강상류지역 산성 및 봉수의 분포양상과 성격」, 『호남고고학보』41, 호남고고학회.
車勇杰, 1999, 「韓國の版築土壘-調査事例を中心に-」, 『城郭にあける版築技法の比較檢討』, 古代山城研究會.
차용걸, 2005, 『백제 지역의 고대산성』, 주류성.
최병현, 2014, 「신라·가야·백제 고고학자료의 교차편년」, 『쟁점, 중부지역 원삼국시대~한성백제기 물질문화 편년』, 제11회 매산기념강좌.
崔種圭, 2016, 「昭明文化」, 『考古學探究』 19, 考古學探究會.
崔種圭, 2017, 「中島文化」, 『考古學探究』 20, 考古學探究會.
한병길, 2003, 「충청지역 백제토성의 축조양상」 『先史와 古代』 19, 韓國古代學會.
한지수, 2020, 「장고봉 출토 중국제 흑유 전문도기 연구」, 『장고분의 피장자와 축조배경』, 2020년 마한연구원 국제학술회의.
山本孝文, 2004, 「大伽倻와 榮山江勢力-소위 '三國周邊'의 社會水準과 交易」, 『大伽倻의 成長과 發展-대가야학술총서2』, 고령군·한국고대사학회.
小山田宏一, 2018, 「古代日韓補强土工法の俯瞰的整理」, 『纏向學研究』 第6号, 纏向學研究センター研究紀要.
土田純子, 2014, 『百濟土器 東아시아 交叉編年 研究』, 서경문화사.

土田純子, 2015,「考古資料를 통해 본 漢城期 百濟의 領域擴大過程 研究」,『중부지역 한성기 백제 주변 정치체의 동향』, 제12회 매산기념강좌, 숭실대학교.

※ 발굴조사 보고서, 약보고서, 학술자문회의 및 전문가검토회의 자료집은 생략하였습니다.

주제발표 3

백제 한성기의 관방체계 재검토

윤 성 호 한성대학교

Ⅰ. 서론

백제 한성기에는 왕성인 풍납토성과 몽촌토성을 방어하고, 영역을 확장하기 위하여 책과 성으로 표현된 다수의 관방시설을 축조하였다. 최근까지 학술조사를 통하여 이를 확인할 수 있는 50건 이상의 관방시설 자료가 축적되었다. 이러한 성과를 바탕으로 개별 산성의 특징을 파악하는 연구가 진행되었고, 이를 종합적으로 검토한 연구도 제출되었다.

백제가 건국된 한강 유역은 삼국의 각축장으로 복잡한 영역의 변화가 있었다. 삼국의 충돌 과정에서 운영된 관방시설은 단순히 점을 선으로 연결한 것이 아니라, 국가의 전략이 반영된 유기적으로 복합된 방어체계를 이루었다. 관방시설의 배치는 국방 정책이나 지방통치의 특성이 반영되었으므로, 이러한 조합을 관방체계로 규정할 수 있다.[1]

관방체계와 관련된 연구는 임진강 유역의 고구려 관방 시설에 대한 검토에서 시작하였는데, 백제 한성기의 경우에도 조사가 활발하게 진행된 포천 지역

1 백종오, 2002, 「臨津江流域의 高句麗 關防體系」, 『臨津江流域의 古代社會』, 인하대학교 박물관, 82쪽. 관방체계 용어를 정의하지는 않았지만 임진강 유역의 소규모 고구려 보루군의 특징과 연계를 고찰한 연구(崔鍾澤, 1999, 京畿北部地域의 高句麗 關防體系, 『高句麗研究』 8)는 삼국시대 산성의 배치와 운영상 특징을 연구하는 분위기를 조성하는데 일조하였다.

에 초점을 맞추어 철원-포천-한성으로 이어지는 종적인 관방체계와 연천-포천간 지선로의 횡적인 관방체계를 분석한 연구가 제출되었다.[2] 이 후 도성과 연결되는 전체 교통로와 관방시설의 배치까지 범위를 확장한 후속 연구도 진행되었다.[3] 또한 한성 외곽으로 방사형의 교통로에 방어체계가 갖추어 졌음을 밝히면서 시기적인 방어체계의 변화상을 추적한 연구도 있었다.[4]

다만 이러한 연구는 백제 한성기 관방시설의 현황 분석과 관련된 연구를 기반으로 하였는데,[5] 지표조사 결과에 명확한 증거가 없이 백제 관방시설로 파악한 사례를 포함하였다. 따라서 백제 한성기 산성 현황을 면밀하게 재분석하고, 최근에 추가된 조사 성과를 반영하여 백제 관방체계에 대한 재검토가 요구된다.

본고에서는 기왕의 연구성과를 바탕으로 사료에 언급된 백제의 성장과 팽창 과정에서 언급되는 관방시설을 Ⅱ장에서 검토하고자 한다. 이어서 Ⅲ장에서는 백제 한성기의 관방시설 조사 현황을 정리해 보겠다. 여기서는 백제가 축조한 성벽이 확인되는 관방시설과 함께 백제 한성기의 유물이 출토되면서 백제가 운영하였을 개연성이 높은 관방시설도 함께 살펴보겠다. 마지막 Ⅳ장에서는 이러한 백제 한성기 관방시설을 바탕으로 관방체계를 검토해 보고자 한다.

---

2 徐榮一, 1997, 「抱川地域 山城의 配置와 營屬관계」, 『文化史學』 6·7.

3 徐榮一, 2004, 「漢城 百濟時代 山城과 地方統治」, 『文化史學』 24; 2015, 「군사제도와 외곽방어체계」, 『서울 2천년사-④ 한성백제의 도성과 지배체제-』, 서울역사편찬원; 2019, 「한성 백제의 산성과 교통로」, 『백제의 산성』, 한성백제박물관.

4 姜炯雄, 2007, 「4世紀 漢城百濟의 關防體系 硏究」, 檀國大學校 史學科 碩士學位論文; 吳康錫, 2007, 「百濟 漢城期 關防體系 檢討」, 『先史와 古代』 26.

5 白種伍, 1988, 「京畿南部地域의 百濟山城 Ⅰ」, 『京畿道博物館年報』 2; 2003, 「백제성곽」, 『경기도의 성곽』, 경기문화재단; 김병희 외, 2004, 『城郭길라잡이』 1, 전국문화원연합회 경기도지회; 박중균, 2019, 「한성기의 백제산성」, 『백제의 산성』, 한성백제박물관.

Ⅱ. 백제 한성기의 전쟁과 축성기사

『삼국사기』를 포함한 사료에서 백제가 건국 직후부터 왕경 밖에서 다수의 축성을 진행하였던 내용이 확인된다. 초기 기사의 사료적 신뢰 여부와 관련하여 다양한 견해가 존재하지만, 백제 초기인 온조왕~초고왕대의 전투 기록을 통해 백제의 국가 형성과 대외적인 팽창 과정에서의 충돌을 확인해 보자.

〈표 1〉 온조왕~초고왕대(3세기 전반 이전) 전투와 관방시설 기록

연도	관방시설	주요사건	위치비정
온조왕 8(B.C.11)	마수성 / 병산책	백제 축성	포천설
온조왕 11(B.C.8)	병산책	말갈→백제(패)	포천설
	독산책 / 구천책	백제 목책 설치	경기북부설
온조왕 14(B.C.5)	한강 서북쪽 성	백제 축성	
온조왕 18(B.C.5)	(칠중하)	말갈→백제(승)	임진강
온조왕 22(4)	석두성 / 고목성	백제 축성	연천설
온조왕 24(6)	웅천책	백제 목책 설치	안성천설
온조왕 27(9)	대두산성	백제 축성	아산설
온조왕 36(18)	탕정성	백제 축성	아산설
	원산성, 금현성 / 고사부리성	백제 수축 / 축성	미상 / 고부(고사부리성)
온조왕 40(22)	술천성	말갈→백제	이천-여주설
	부현성	말갈→백제	평강설

연도	관방시설	주요사건	위치비정
다루왕 4(31)	고목성	말갈→백제	연천설
다루왕 7(34)	마수성 / 병산책	말갈→백제	포천설
다루왕 29(56)	우곡성	백제 축성(말갈 대비)	경기 동북부설
다루왕 36(63)	낭자곡성	백제 진출	청주설
	와산성 / 구양성	백제(패)→신라	보은설/괴산설
다루왕 39(66)	와산성	백제(패)→신라	보은설
다루왕 48(75)	와산성	백제(승)→신라	보은설
다루왕 49(76)	와산성	신라→백제(패)	보은설
개루왕 5(132)	북한산성	백제 축성	미상
	(신라 모산성)	백제→신	진천설
초고왕 25(190)	(신라 원산향)/(부곡성)	백제(승)→신라	미상
초고왕 39(204)	(신라 요거성)/사현성	백제(승)↔신라	미상
초고왕 45(210)	적현성 / 사도성	백제 축성	미상/ 연천설
	사도성	말갈→백제(승)	연천설
	(말갈 석문성)	백제(승)→말갈	미상

『삼국사기』에는 백제 건국 후 말갈과 신라와의 충돌이 지속적으로 언급된다. 이와 함께 여러 성의 이름이 확인된다.

이 중에서 백제가 축성 혹은 수축한 것으로 기록된 관방시설은 마수성, 석두성, 고목성, 대두산성, 탕정성, 원산성, 금현성, 고사부리성, 우곡성, 북한산성, 적현성, 사도성을 비롯하여 한강 서북쪽의 성으로 포괄한 기록도 확인된다. 이와 함께 목책시설로 추정되는 병산책, 독산책, 구천책, 웅천책이 확인된다. 그리고 이미 축성되어 백제가 운영 중인 산성으로 술천성, 부현성, 낭자곡성, 구양성, 와산성이 언급되었다.

이상의 자료에서는 통해서 3세기 초반 이전에 백제는 북쪽에서 말갈, 남쪽으로 마한으로 진출하고, 신라와 충돌한 것으로 되어있다. 그렇지만 백제의 중앙과 신라의 충돌 기사를 그대로 신뢰하기 어려우며, 정확하게 위치를 비정하기도 쉽지 않다.[6] 탕정성을 아산 탕정과 연결하고 대두산성까지 아산 일대로 비정한 견해가 참고가 되지만 백제 건국 직후에 해당 지역까지 진출하였는지의 여부는 명확하지 않다. 다만 백제가 고대국가의 체계가 형성되어 가던 시기에 한강 북쪽에서 말갈이라고 언급된 세력 등으로부터 위협을 막기 위한 방어시설이 필요했을 것이다. 한강 이남에서는 백제가 마한 세력을 흡수하기 위한 거점이나 방어체계를 정비하기 시작했을 것이라는 정황을 유추할 수 있다.

이어서 3세기 전반 구수왕이 즉위한 이후에서 낙랑과 대방이 소멸하는 시점까지의 상황도 살펴볼 필요가 있는데, 『삼국사기』를 통해 확인되는 기록은 크게 다르지 않다.

〈표 2〉 구수왕~비류왕대(3세기 전반~4세기 전반) 전투와 관방시설 기록

연도	관방시설	주요사건	위치비정
구수왕 3(216)	적현성 / 사도성	말갈→백제(승)	
	사도성 옆 목책 2개소 적현성	백제 목책 설치 / 수비	
구수왕 5(218)	(신라 장산성)	백제→신라(패)	경산설
구수왕 9(222)	(신라 우두진)	백제(승)→신라	예천설/춘천설
구수왕 11(224)	봉산	신라→백제(승)	영주설
고이왕 16(229)	(우곡)	말갈→백제(승)	우곡성
고이왕 16(229)	(괴곡 서쪽)	백제(승)→신라	괴산설
	(신라 봉산성)	백제(패)→신라	
고이왕 45(278)	(신라 괴곡성)	백제→신라	괴사설
고이왕 50(283)	(신라 변경)		

6 『삼국사기』를 편찬하는 과정에서 지명에 일괄적으로 城을 붙이거나 후대의 지명으로 고쳐졌을 가능성도 있다.

연도	관방시설	주요사건	위치비정
고이왕 33(266)	(신라 봉산성)	백제(승)→신라	
책계왕 1(286)	**아차성/사성**	백제 수축	아차산성/풍납토성
분서왕 7(304)	(낙랑 서쪽 현)	백제(승)→낙랑	
비류왕 24(327)	**북한성**	백제 내란	미상

낙랑과 대방이 소멸하기 전인 분서왕 7년(304)에 백제는 낙랑과 충돌한 기사도 확인지만, 구수왕~고이왕대에는 말갈, 신라와의 전투 기사가 자주 등장한다. 그런데 이 시기 관방시설과 관련된 기사에서 아차성과 사성을 수축한 기사만 확인되고, 추가 축성 기사는 보이지 않는다.[7] 전투가 벌어진 장소도 대체로 신라의 장산성, 봉산성, 괴곡성, 우두진인데, 화령이나 조령을 중심으로 소백산맥 북서와 남동편으로 비정되기도 하였으나 정확한 위치를 특정하기는 어렵다.

이 시기에 백제가 신라와 충돌한 것에 대한 다양한 분석이 있지만, 마한과 진한의 소국간의 충돌이 이후 백제와 신라를 중심으로 정리되면서 주체가 부회되었을 가능성을 언급한 연구가 참고가 된다.[8]

한편 고구려의 남진으로 313년에 낙랑군이 멸망하고 이듬해 대방군도 소멸되면서,[9] 백제는 고구려와 경계를 접하게 되었다. 이러한 상황은 백제의 입

7 아차성은 《광개토왕비》의 아단성과 동일한 곳을 지칭하는 것으로 생각되며 아차산성에 비정되고 있다(김기섭, 2014, 「백제 한성도읍기의 도성체계와 아차산성」, 『史叢』 81; 윤성호, 2019, 「아차산성 출토 명문기와를 통해 본 新羅 下代의 北漢山城」, 『韓國史學報』 74). 사성은 풍납토성에 비정한 견해(李丙燾, 1939, 「廣州風納里土城과 百濟의 蛇城」, 『震檀學報』 10)가 많은 지지를 받고 있다.

8 申東河, 1979, 「新羅 骨品制의 形成過程」, 『韓國史論』 5, 21쪽. 사로국과 백제국이 진한과 마한의 소국의 영향권에 두면서 재지세력을 활용하여 외곽으로 팽창하는 노력의 충돌로 파악한 견해도 있다(박대재, 1999, 「『三國史記』 初期記事에 보이는 新羅와 百濟의 戰爭」, 『韓國史學報』 7, 39~40쪽).

9 『三國史記』 권17, 고구려본기5 미천왕 14·15년.

장에서 북방에 강력한 적대세력의 등장을 의미하는 것이다. 백제는 근초고왕대에 고구려와 본격적으로 충돌하기 시작하였고, 이러한 상황은 475년 고구려에게 한성이 함락되기 전까지 지속된다. 이와 관련된 내용은 [표3]과 같다.

〈표 3〉 근초고왕~개로왕대(4세기 중반~5세기 후반) 전투와 관방시설 기록

연도	관방시설	주요사건	위치비정
근초고왕 24(369)	(치양)	고구려↔백제(승)	황해 배천
	(패하)	고구려↔백제(승)	예성강
근초고왕 26(371)	(고구려 평양성)	백제(승)→고구려	평양
근초고왕 28(373)	청목령	백제 축성	황해 금천
	수곡성	고구려→백제(패)	황해 신계
근구수왕 1(375)	수곡성	백제—고구려(대치)	황해 신계
진사왕 2(386)	청목령, **팔곤성**(북계)	백제 관방설치	황해 금천/ 미상
진사왕 3(387)	관미령(관미성 인근)	말갈→백제	한강하류
진사왕 6(390)	**도곤성**	백제→고구려	미상
진사왕 7(391)	**적현성**	말갈→백제	미상
진사왕 8(392)	석현성 등 10성(한수북쪽)	고구려→백제	한수이북
	관미성	고구려→백제(패)	한강하류
아신왕 2(393)	관미성	백제→고구려(승)	한강하류
아신왕 3(394)	수곡성	백제→고구려(패)	황해 신계
	청목령	백제 주둔	한수이북
아신왕 7(398)	쌍현성	백제 축성	미상
전지왕 13(417)	사구성	백제 축성	미상
개로왕 15(469)	쌍현성 / 청목령	백제 수축 / 백제 목책설치	미상 / 한수이북

근초고왕 24년(369)에 고구려는 2만의 군대를 동원하여 치양(황해 배천)에서 백제와 전투를 벌이는데, 백제는 이를 막아내었다. 백제는 근초고왕 26년(371)에 3만의 군사로 고구려의 평양성을 공격하였고, 고구려 고국원왕을

전사하게 만든다.[10] 적대관계 속에서 양국은 수곡성, 팔곤성, 도곤성, 적현성, 석현성, 관미성을 중심으로 충돌하였으며, 이 과정에서 쌍현성과 사구성 등이 축성이 되기도 하였다.

이러한 관방시설 중 고구려의 매단홀이자 신라 하대의 수곡현성에 위치한 수곡성은 양국의 경계에 위치한 것으로 판단된다.[11] 그리고 관미성에서 충돌도 자주 발생한다. 관미성은 해안에 위치하였다는 점에서 강화 화개산성, 강화 하음산성, 파주 오두산성 혹은 예성강~한강하구에 위치한 산성에 비정한 견해가 있었다.[12] 그렇지만 지목된 산성에 대한 조사가 부족하여 수곡성과 관미성에 해당하는 관방시설을 특정하기 어렵다.

한편 고구려의 《광개토왕비》에서는 396년에 광개토왕이 백제를 친정하고, 58성 700촌을 획득한 것으로 기록되어 있다. 이러한 58성은 그 이전에 백제가 확보한 성을 의미하므로 『삼국사기』에 누락된 백제 한성기 관방시설이 더 많았다고 생각된다.[13]

《광개토왕비》에 언급된 백제의 관방시설 또는 행정구역의 판독을 정리하면 [표4]와 같다.[14] 기왕의 연구에서는 이러한 성의 배치는 무작위가 아닌 일

---

10 『三國史記』 권18, 고구려본기 고국원왕 41년.

11 서영일, 2006, 「고구려의 백제 공격로 고찰」, 『史學志』 38, 47-48쪽; 여호규, 2012, 「4세기 후반~5세기 초엽 고구려와 백제의 국경 변천」, 『역사와 현실』 84, 170-175쪽).

12 화개산성설(李丙燾, 1977, 『譯註 三國史記』, 乙酉文化社, 380쪽), 하음산성(윤명철, 2003, 『고구려해양사연구』, 사계절, 174쪽), 오두산성설(『大東地志』; 尹日寧, 1988, 「關彌城位置考」, 『北岳史論』 2 ; 여호규, 2012, 앞의 논문, 183~186쪽).

13 58성의 범위를 임진강과 한강 사이의 경기도 북부지역으로 보는 견해(李丙燾, 1976, 『韓國古代史研究』, 博英社, 382쪽), 충청도와 경기도 서해안 일대까지 확대하여 파악하는 견해(酒井改藏, 1955, 「好太王碑面の地名について」, 『朝鮮學報』 8, 54~60쪽), 강원도와 충청 내륙까지 확대하여 파악한 견해(이도학, 1988, 「永樂 6년 廣開土王의 南征과 國原城」, 『孫寶基博士停年紀念韓國史學論叢』, 知識產業社; 徐榮一, 1999, 「中原高句麗碑에 나타난 高句麗 城과 關防體系」, 『高句麗研究』 10, 502~503쪽)가 있다.

14 《광개토왕비》에 언급된 58성은 관방시설로서의 성과 행정단위로서의 성의 명칭이 혼재

정한 순서에 의해 설정된 것으로 이해하기도 하였다.

〈표 4〉 396년 고구려에게 빼앗긴 백제의 54성 판독표

(1) 영(일?)팔성, (2) 구모로성, (3) 각모로성, (4) 간저리성, (5) □□성(모수성), (6) **각미성**, (7) 모로성, (8) 미사성, (9) □사조성, (10) **아단성**, (11) 고리성, (12) □리성, (13) 잡진성, (14) 오리성, (15) 구모성, (16) 고모(수?)야라성, (17) 혈□□ (18) □□성(농매성), (19) □(분?)이야라성, (20) 전성, (21) 비리성, (22) □□성(취자성), (23) 두노성, (24) 비□□(□성) (25) 리성, (26) **미추성**, (27) 야리성, (28) 태산한성, (29) 소가성, (30) 돈발성, (31) □□□성, (32) (국)루매성, (33) 산라성, (34) 나단성, (35) 세성, (36) 모루성, (37) 우루성, (38) 소회성, (39) 연루성, (40) 석지리성, (41) 암문□□(민성), (42)임성, (43) 기성 (44)□□□□□리성, (45) 취추성, (46) □발성, (47) **고모루성**, (48) 윤노성, (49) 관노성, (50) 삼양성, (51) 증□성, (52) □□로성(고로성), (53) 구천성 (54) □□□□

이 중에서『삼국사기』에 언급된 성과 연결되는 것은 [표4-(6)] 각미성-관미성, [표4-(10)] 아단성-아단성(아차성)에 연결되며, [표4-(26)] 미추성은 미추홀과 연결한다면 인천 지역에 위치한 성으로 생각된다.[15]

이렇게 위치 비정이 가능한 성과《광개토왕비》수묘인연호의 국연과 간연을 기준으로 하여 5개의 그룹으로 구분한 연구도 있다. 여기서는 첫 번째 백제 아신왕 2년(393)에 고구려에게 빼앗긴 관미성에 해당하는 [표4-(6)] 각미성을 포함한 예성강~임진강 유역의 성을 한 그룹으로 파악하였다. 이어서 두 번째는 [표4-(10)] 아단성을 근거로 왕성 주변의 성으로 하나의 군을 묶었다. 다음으로 세 번째는 [표4-(26)] 미추성을 포함하여 서해안과 경기남부 지역의 파악하였다. 네 번째는 영서지역, 다섯 번째는 임진강 유역으로 파악하

되어 있을 가능성도 있다.

15 《광개토왕비》의 58성이 고구려가 편재한 지방통치 조직의 명칭으로 파악하기도 하였으나(李宇泰, 1981,「新羅의 村과 村主」,『韓國史論』7, 83쪽). 그렇지만 백제의 통치단위 명칭을 고구려가 그대로 사용한 것으로 생각된다(강종원, 2002,『4세기 백제사 연구』, 서경, 197쪽).

였다.[16] 54성의 표기에 일정한 순서가 있었을 가능성은 배제할 수 없다. 사료와 정합되어 위치 비정이 가능한 성을 중심으로 권역을 설정할수 있다면 많은 정보를 제공받을 수 있겠으나, 실제로 어떠한 기준에 따라서 성곽의 명칭 기술이 되었는지를 파악하기 어렵다.

한편《충주 고구려비》에서도 우벌성, 고모루성과 같은 관방시설과 관련된 기록이 확인된다.[17] 이중 고모루성은《광개토왕비》의 ([표4-(47)])에서도 확인된다. 고모루성은 고구려의 남진 방향과 신라와의 접촉 가능성에 주목하여 죽령으로 연결되는 지점에서 찾는 견해가 많았으며, 대체로 북한강 상류, 춘천-원주 지역에 비정하기도 하였다.[18] 그렇지만 구체적인 위치의 비정은 쉽지 않다.[19]

이와 같이 4세기 중반에서 475년 백제 한성기가 끝나는 시기까지 수곡성 남쪽에서 한강 유역 혹은 백제 한성기의 영역에 다수의 관방시설이 존재하였을 가능성은 유추할 수 있지만, 실제로 어떠한 관방시설에 정합하는 것은 한계가 있다.

또한 사료를 통하여 한성 이남 지역에서 관방시설의 운영 상황은 더욱 파악하기 어렵다. 이러한 점에서 실제로 학술조사를 통해서 확인된 백제 한성기의 관방시설을 검토할 필요가 있다.

---

16 朴鍾書, 2022,『高句麗 南進 硏究』, 檀國大學校 史學科 博士學位論文, 69~84쪽.

17 《충주 고구려비》의 건립 시기를 449년으로 파악한 견해(金貞培, 1979,「中原高句麗碑의 몇 가지 問題」,『史學志』13, 89~92쪽)가 제기된 이후 많은 지지를 받고 있다.

18 북한강 상류에 비정한 견해(徐榮一, 2000,「中原高句麗碑에 나타난 高句麗 城과 關防體系」,『高句麗硏究』10, 506~507쪽)와 원주에서 춘천에 위치한 것으로 파악한 견해(임기환. 2005,「광개토왕비에 보이는 백제관계 기사의 검토」,『한성백제사료연구』, 경기문화재단 기전문화재연구원, 145쪽)가 있다.

19 고모루성수사가 등장한다는 점에서 고구려의 거점에 해당할 것으로 판단하여, 임진강 유역의 전곡리 토성에 주목한 견해(朴鍾書, 2022, 앞의 책, 82~83쪽)도 있으나, 이를 입증하기도 쉽지 않다.

Ⅲ. 백제 한성기의 관방시설 조사 현황

군사적 요충지에 위치한 관방시설은 초축된 이후에 다른 점유세력에 의해 개축되는 과정이 반복된다. 이러한 과정을 거치면서 초축 유구와 관련 유물은 남아있기 어려워지기 때문에 백제 한성기 관방시설 관련 유구를 파악하는 것은 쉽지 않다. 또한 수개축된 성벽의 기저부를 확인하기 위해서는 절개조사가 필요하지만, 이러한 조사가 진행된 사례도 많지 않다.

따라서 백제 한성기에 초축된 것이 명확한 관방시설과 함께 성벽의 초축 양상은 명확하지 만 성 내부에서 주거지, 저장 수혈 등의 유구와 백제 한성기로 편년되는 유물이 확인된 사례까지 포함하여 전체적인 분포 양상을 정리해 볼 필요가 있다([표5] [그림1]).

〈표 5〉 백제 한성기 관방시설 현황

연번	명 칭	위 치	세부 내용					조사 현황
			재질	형태	해발	규모	운영시기	
1	**풍납토성**	서울 송파 풍납동	토축	평지성	15m	3,470m	2C설, 3C후반설	발굴
2	**몽촌토성**	서울 송파 방이동	토축	포곡식	43m	2,700m	4C중후반 ~5C전반	발굴
3	**삼성동토성**	서울 강남 삼성동	토축	테뫼식	75m		(백제 한성기)	시굴
4	아차산성	서울 광진 광장동	석축	포곡식	205m	1,024m	(백제 한성기)	(유물)
5	**육계토성**	경기 파주 적성명	토축	평지성	20m	내성 85m 외성 1,858m	3C후반~4C전반	발굴

연번	명 칭	위 치	세부 내용					조사현황
			재질	형태	해발	규모	운영시기	
6	칠중성	경기 파주 적성면	토석	테뫼식	149m	800m	(백제 한성기)	(유물)
7	**고모리산성**	경기 포천 소흘읍	토축	포곡식	380m	내성 240m 외성 967m	3C중반~4C후반	발굴
8	반월산성	경기 포천 군내면	석축	테뫼식	285m	1,080m	4C후반~5C전반	발굴
9	**독바위보루(북봉)**	경기 양주 옥정동	토축	테뫼식	154m		4C	발굴
10	대모산성	경기 양주 백석면	석축	테뫼식	212m	1,400m	(백제 한성기)	(유물)
11	월롱산성	경기 파주 월롱면	토석	테뫼식	229m	1,315m	4C	(유물)
12	**멱절산토성**	경기 고양 일산서구	토축	테뫼식	30m	300m (추정)	4C후반	발굴
13	동성산성	경기 김포 하성면	토축	테뫼식	113m	남성 260m	(백제 한성기)	(유물)
14	계양산성	인천 계양 계산동	석축	포곡식	203m	1,180m	(백제 한성기)	(유물)
15	도덕산 2보루	경기 광명 광명동	토석	테뫼식	100m	159m	(백제 한성기)	(유물)
16	**모락산성**	경기 의왕 오전동	토석	테뫼식	385m	820m	4C후반~5C전반	지표
17	**황계동토성**	경기 화성 황계동	토축	테뫼식	132m	1,000m (추정)	4C후반~5C전반	발굴
18	**길성리토성**	경기 화성 향남면	토축	포곡식	112m	2,311m	4C전반	발굴
19	**소근산성**	경기 화성 양감면	토축	테뫼식	100m	629m	4C중반	발굴
20	운평리성	경기 화성 우정읍	토축	평지성	30m	1,185m	(백제 한성기)	(유물)
21	한각리성	경기 화성 우정읍	토축	평지성	38m	551m	(백제 한성기)	(유물)
22	남한산성	경기 광주, 성남, 하남	석축	포곡식	480m	7,500m	(백제 한성기)	(유물)
23	파사성	경기 여주 대신면	석축	포곡식	231m	936m	4C후반~5C전반	(유물)
24	**설봉산성**	경기 이천 사음동	석축	테뫼식	325m	1,079m	4C후반~5C전반	발굴
25	**효양산성**	경기 이천 부발읍	토축	테뫼식	188m	1,500m	4C중반~5C	발굴
26	**설성산성**	경기 이천 장호원읍	석축	포곡식	291m	1,095m	4C후반~5C전반	발굴
27	**도기동산성**	경기 안성 도기동	토축	테뫼식	78m		4C후반~5C전반	발굴
28	비봉산성	경기 안성 명륜동	토석	테뫼식	186m	내성 714m 중성 694m 외성 1,656m	(백제 한성기)	(유물)
29	진사리산성	경기 안성 공도읍	토축	테뫼식	58m	300m	(백제 한성기)	(유물)
30	지제동산성	경기 평택 지제동	토축	테뫼식	31m	231m	(백제 한성기)	(유물)
31	무성산성	경기 평택 청북면	토축	테뫼식	105m	547m	(백제 한성기)	시굴
32	백봉리산성	경기 평택 청북면	토축	테뫼식	62m	220m	(백제 한성기)	(유물)
33	자미산성	경기 평택 안중면	토축	테뫼식	111m	582m	(백제 한성기)	시굴
34	기산리산성	경기 평택 진위면	토축	테뫼식	83m	250m	(백제 한성기)	(유물)

연번	명칭	위치	세부 내용					조사 현황
			재질	형태	해발	규모	운영시기	
35	동성산성	충남 천안 동남구	토축	테뫼식	238m	918m	4C중반~5C전반	시굴
36	장미산성	충북 충주 가금면	석축	테뫼식	336m	2,940m	(백제 한성기)	(유물)
37	**탄금대토성**	충북 충주 칠금동	토축	테뫼식	108m	420m	4C중반	발굴
38	서부리토성	충북 괴산 괴산읍	토축	테뫼식	257m	남성 669m	(백제 한성기)	(유물)
39	**망이산성**	경기 안성 일죽면	토축	테뫼식	472m	내성 350m	4C후반~5C전반	발굴
40	대모산성	충북 진천 진천읍	토축	테뫼식	101m	857m	(백제 한성기)	(유물)
41	장군봉산성	충북 진천 백곡면	토축	테뫼식	481m	320m	(백제 한성기)	(유물)
42	**추성산성**	충북 증평 도안면	토축	〈남성〉 포곡식 〈북성〉 테뫼식	〈남성〉 242m 〈북성〉 259m	〈남성〉 내성 741m 외성 1,052m 〈북성〉 429m	〈남성〉 4C중반 〈북성〉 4C후반	발굴
43	**정북동토성**	충북 청주 정북동	토축	평지성	30m	685m	5C중반	(유물)
44	부모산성	충북 청주 비하동	석축	포곡식	231m	1,135m	(백제 한성기)	(유물)
45	낭성산성	충북 청주 미원면	석축	포곡식	347m	575m	(백제 한성기)	(유물)
46	**남성골산성**	세종 부강면	토축	테뫼식	106m	270 ~360m	5C중반	발굴
47	테뫼산성	세종 부강면	토축	테뫼식	63m	791.5m	(백제 한성기)	(유물)
48	**나성리토성**	세종 나성동	토축	테뫼식	43m	310m (잔존)	4C후반~5C전반	발굴
49	**성산리산성**	충남 당진 석문면	토축	테뫼식	67m	239m	4C전반~5C전반	발굴
50	신금성	충남 홍성 결성면	토축	평지성	209m	645m	5C전반	발굴
51	**배매산성**	전북 완주 봉동읍	토축	테뫼식	122m	526m	5C중반	발굴
52	구억리산성	전북 완주 용진면	토축	테뫼식	93m	984m	5C중반	(유물)
53	**와정토성**	전북 진안 용담면	토축	테뫼식	300m	312m	5C중반	발굴

고대 관방시설의 배치는 교통로와 관련된 수계권과 연결해 볼 수 있다. 이러한 점에서 아래와 같이 백제의 관방시설이 확인된 지점을 수계를 중심으로 살펴보겠다.

수계권의 구분은 첫째, 한강 이북지역(임진강-한탄강, 중랑천), 둘째, 서해안과 한강 하류역(서해안, 한강 하류-안양천), 셋째, 안성천 유역(안성천-황구지천, 오산천, 진위천), 넷째 남한강-금강 유역(남한강-경안천, 달천, 금강-미호천), 다섯째 아산만 이남지역이다.

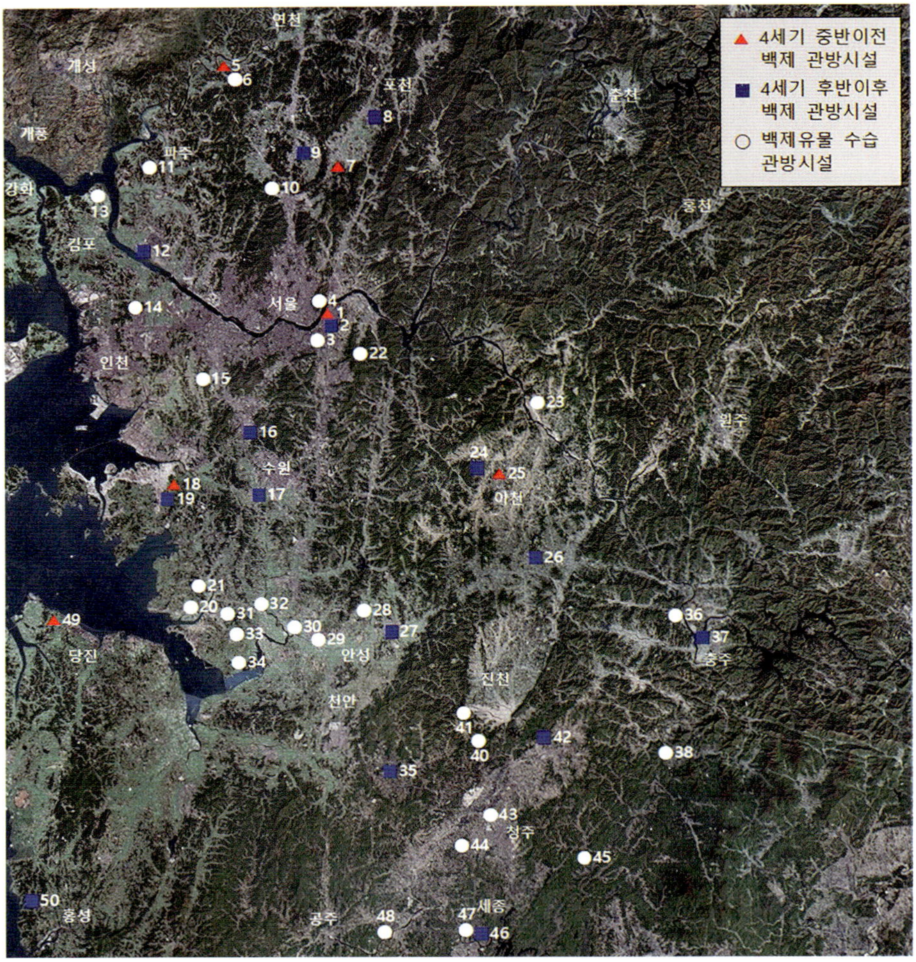

〈그림 1〉 백제 한성기 관방시설 분포도

1. 한강 이북지역의 관방시설

사료를 통하여 백제가 처음 외부로부터 공격을 받고 관방시설을 운영한 곳은 왕경의 북쪽 지역이다. 백제 한성기 유물이 확인된 가장 북쪽 지역은 황주 토성리이다. 이곳에서 출토된 것으로 전하는 고배, 장란형토기가 서울대학교박물관에 수장되어 있는데, 이러한 백제 한성기 토기를 통하여 백제 근초고왕이 고구려를 공격한 4세기 중후반에 대동강 남안까지 백제가 진출하였음을 유추해 볼 수 있다.[20] 다만 이 유물이 관방시설에서 출토된 것인지는 알 수 없다. 남북 분단의 현실에서 백제 한성기의 관방시설을 확인할 수 있는 곳은 임진강-한탄강 남안에 국한된다.

파주 육계토성([표5-5])은 임진강 남안의 평지에 위치한 토성으로 한강 남안에 위치한 풍납토성과 유사한 입지이다. 최근 내성 동성벽에 대한 절개조사를 통하여 다양한 축조기법이 확인되는 토성임이 확인하였다. 육계토성의 성토구간에서 적갈색 격자타날문토기가 출토되었는데, 이를 근거로 육계토성은 타 관방시설에 비해서 비교적 이른 시기인 3세기 중후반~4세기 전반에 축조된 것으로 보고되었다.[21] 육계토성과 인접한 파주 칠중성([표5-6])은 중성산(해발 149m)에 테뫼식으로 축조된 석축산성이다. 지표조사를 통하여 수습된 유물은 7세기 전반 이후 신라유물 일색이지만, 회백색연질 백제 토기편과 심발형토기편이 고구려 토기편과 함께 수습되기도 하였다.[22] 이러한 점에서 칠중성은 육계토성과 함께 백제에 의해 초축되었을 가능성도 배제할 수 없다.

한탄강의 지류인 영평천-포천천에 연결되는 포천 지역에서 벅제 한성기 산성으로 포천 고모리산성([표5-7])이 주목된다. 고모리산성은 고모산(해발 386.5m) 정상부에서 8~9부 능선을 둘러싼 둘레 967m의 테뫼식 산성이다. 고모리산성은 포천에서 남양주로 연결되는 비득재를 통제하는 위치이다. 고

---

20 崔鍾澤, 1990,「黃州 出土 百濟 土器例」,『韓國上古史學報』4, 330~334쪽.

21 국립문화재연구원, 2022,『파주 육계토성(현장설명회 자료)』. 기왕에 진행된 성내부의 주거지에서 출토 유물이 4세기대를 중심으로 하는 것과 상통한다(백종오, 2006,「百濟 漢城期 六溪土城에 대하여」,『國立公州博物館紀要』5, 58~63쪽).

22 陸軍博物館, 1994,『京畿道 坡州郡 軍事遺蹟 地表調査報告書』, 42~43쪽; 단국대학교 매장문화재연구소, 2001,『파주 칠중성 지표조사 보고서』, 255~256쪽.

모리산성에는 토축, 토석혼축, 석축이 다양하게 확인되는데, 동벽에 해당하는 석축성도 토축에서 개축된 것으로 보인다. 백제 한성기의 석축성 중 가장 초기적인 형태로 출토된 토기를 통하여 육계토성과 유사한 3세기 후반에서 4세기대에 초축된 것으로 판단된다.[23]

포천 반월산성([표5-8])은 포천 분지와 추가령 방면의 교통로를 통제할 수 있는 청성산(해발 285.1m) 7~9부 능선에 축조된 둘레 1,080m의 테뫼식 석축 산성이다. 반월산성의 중심이 되는 석축 성벽을 백제가 초축한 것인지에 대한 이론이 있으나,[24] 성벽 기저부와 성 내부에서 건물지 등 백제 유구가 확인되었다. 또한 출토된 장란형토기, 심발형토기, 고배 등을 통하여 반월산성은 고모리산성보다 늦은 4세기 후반에서 5세기 전반에 백제가 초축한 것으로 판단된다.[25]

한탄강에서 신천 수계를 따라서 양주 분지 중앙의 독립된 구릉에 위치한 독바위 보루([표5-9]) 남봉(해발 181.2m)의 관방시설은 고구려의 보루임이 확인되었다. 그런데 북봉(해발 153.8m)에는 백제 한성기의 판축토루가 확인되었다. 북봉 내부에서 수혈유구와 주거지가 확인되는데, 고지성 취락으로 군사가 주둔한 흔적일 가능성이 있다. 북봉은 남봉과 다르게 백제 한성기의 삼족기를 포함한 타날문토기편이 수습되었는데,[26] 대체로 4세기대 유물로

---

23 한백문화재연구원, 2019, 『포천 고모리산성』Ⅰ, 111~120쪽.

24 포천 반월산성을 포함하여 이천 설봉산성, 설성산성의 초축 주체가 백제라는 견해(서영일, 2005, 「漢城百濟時代 石築山城의 築造 背景 硏究」, 『文化史學』23; 백종오, 2004, 「百濟 漢城期 山城의 現況과 特徵」, 『백산학회』69; 김호준, 2018, 「漢城期 百濟 石築山城에 대한 再論議」, 『문화사학』49)와 신라(심광주, 2002, 「서울·경기지역의 삼국시대 연구현황과 과제」, 『고고학』1, 김영, 2011, 「백제초축설이 있는 경기지역 일부산성의 재검토」, 『영남고고학』58)로 파악한 견해로 나누어진다.

25 단국대학교 매장문화재연구소, 2004, 『포천 반월산성 -종합보고서(Ⅰ)-』, 511~513쪽; 한백문화재연구원, 2019, 『포천 반월성 남벽』, 144~145쪽.

26 이명수 외, 2021, 「양주 독바위 보루 유적」, 『2021년 중부고고학회 유적조사발표회(자료

판단된다.

양주분지의 남쪽 입구에 해당하는 지점인 대모산(해발 212m) 정상부에는 둘레 726m의 테뫼식 석축산성인 대모산성([표5-10])이 위치한다. 대모산성은 신라가 초축한 석축산성으로 파악되지만, 북문지 외곽 원형수혈과 성 내부에서 장란형토기, 단경호, 심발형토기 등 백제 한성기 유물이 출토되었다. 이러한 점에서 석축산성 이전에 목책 등의 어떠한 백제 관방 시설이 위치하였을 가능성이 높다.[27]

양주 대모산성에서 중랑천 수계를 따라서 한강 북안에서는 사료에 언급된 백제 아단성이 위치하였을 것이다. 아단성은 현재 서울 아차산성으로 비정된다. 아차산성([표5-4])은 아차산에서 동남쪽 능선으로 연결된 구릉(해발 203.4m)을 중심으로 포곡식으로 축조된 둘레 1,043m의 석축산성이다. 그런데 현재까지 아차산성에 대한 발굴조사에서 신라의 유구만 확인되었다.[28] 신라 진출 이전의 전한대 동경과 같은 선대 유물이나 백제 사비기 고배를 포함한 백제계 토기편도 수습되었지만, 명확하게 백제의 점유 흔적은 확인되지 않았다. 이러한 상황은 북한강 유역에 해당하는 경기 동부와 강원 지역에서도 동일한 상황이다.

2. 서해안과 한강 하류역의 관방시설

백제의 왕경과 수로로 연결되는 한강 하류에서도 백제의 관방시설들이 조사되었다. 한성의 서쪽으로는 서울 삼성동 토성은 한강 수계에서 왕경으로

집)』, 221~228쪽.

27 심재연, 2013,「양주 대모산성 출토 삼국·통일신라시대 토기 검토」,『楊州 大母山城의 再照明』, 한림대학교 출판부, 212~217쪽.

28 한국고고환경연구소, 2020,『아차산성 -남벽 및 배수구-』; 한강문화재연구원, 2020,『아차산성』.

진입하는 마지막 외곽 방어시설의 기능을 수행하였다.

서울 삼성동 토성([표5-3])은 한강과 탄천의 합류지점에 위치하는데, 훼손이 심하여 전체적인 규모를 확인하기는 어렵다. 다만 부분적인 시굴조사를 통하여 백제 한성기에 축조된 토성의 흔적과 유물을 확인한바 있다. 출토된 유물이 잔편에 불과하여 구체적인 초축 시기를 확인하기는 어렵다.[29]

한강 북쪽의 강안에 위치한 백제의 관방시설로는 고양 멱절산토성이 있고, 임진강이 합류하는 지점에는 파주 원룡산성이 있다.

고양 멱절산토성([표5-12])은 한강 북안에 접한 해발 30m의 구릉에 위치한 테뫼식 토성으로 성벽과 내부 수혈에서 삼족기, 고배, 개배, 심발형 토기 등의 백제 한성기 유물들이 확인되었다. 이러한 점에서 4세기 중반을 전후하여 축조된 백제의 관방시설로 파악되고 있다.[30]

파주 원룡산성([표5-11])은 임진강 하류에서 내륙지역에 위치하는데, 양주-적성을 거처 임진강을 도하하여 장단-개성을 연결하는 교통의 요충지에 위치한다. 원룡산성은 원룡산(해발 229m) 정상부의 9부 능선에 테뫼식으로 축조된 산성이다. 지표조사를 통해서 성 내부에서는 4~5세기의 백제 한성기 토기만 수습되었다.[31] 이러한 점에서 임진강을 감시하면서 교통로를 통제하기 위해 축조한 중요한 관방시설임을 유추해 볼 수 있다.

서해안으로부터 한강하류에도 백제 한성기의 관방유적들이 배치되어 있었을 것이다. 강화 교동의 화개산성은 예성강과 서해안이 합류하는 지점의 남쪽에 위치한다는 점에서 백제 관미성과 관련될 것이라는 견해가 있었지

29 한성백제박물관, 2018,『三成洞土城』.

30 경기도박물관, 2005,『고양 멱절산유적』; 중앙문화재연구원, 2014,『고양 멱절산유적(1차)』.

31 경기도박물관, 2004,『월롱산성』.

만, 이를 입증할 학술조사가 진행되지 못했다.[32] 강화도에서는 강화산성 북장대지 발굴조사에서 북문과 동문 사이의 석축유구 중 석축3 내부토에서 백제 한성기 토기편이 확인되기도 하였다. 이 토기들은 삼국시대의 석축이 축조과정에서 선대유구를 파괴하면서 혼입된 것으로 보인다.[33] 명확한 유구는 확인하지 못했으나 입지를 통해서 서해안 도서 지역인 교동이나 강화도에서도 백제 한성기의 관방시설이 존재하였을 가능성도 열어둘 필요가 있다.

김포 동성산성([표5-13])은 훼손된 북성과 소규모 남성으로 구성되어 있다.[34] 동성산 남쪽 구릉(해발 113m)에 둘레 441m의 남성에서 한성백제 토기편들이 지표에서 수습된바 있다.[35] 한강과 임진강이 합류하는 지점을 통제하는 입지와 출토 유물을 통해서 백제 한성기에 처음 관방시설이 구축되었을 가능성도 높다.

인천 계양산성([표5-14])은 계양산(해발 203m)에 포곡식으로 축조된 둘레 1,160m의 석축산성이다. 현재 조사된 성벽은 6세기 중반 이후에 신라 북진기에 초축한 것으로 판단되지만, 제1집수정 뻘 다짐층에서 4세기 원저단경호와 같은 백제토기가 수습된바 있다.[36] 비록 한성 백제의 성벽은 확인하지 못한 상태이나 출토된 유물을 통하여 백제가 관방유적으로 운영하였던 것으로 판단된다.

또한 광명 도덕산 보루도 주목된다. 도덕산 보루([표5-15])는 도덕산(해발

32 교동 화개산 아래 대룡리 유적에서 백제 유물이 수습된 것과 관련하여(인천광역시립박물관, 2004,『喬桐 大龍里 遺蹟』) 화개산성의 축조 주체가 백제와 관련될 가능성도 배제할 수는 없다.

33 국립문화재연구소, 2012,『강화 북장대지 발굴조사 보고서』, 154~155쪽.

34 윤성호, 2021,「『朝鮮城址實測圖』를 활용한 삼국시대 성곽 연구」,『한국사학보』 83, 150~152쪽.

35 京畿道博物館, 2002,『도서해안지역 종합학술조사』III -김포시 해안지역-, 316쪽.

36 선문대학교 고고연구소, 2008,『계양산성 발굴조사보고서』.

100m) 정상부 일대에 3개소의 보루로 구성되어 있다. 이 중 둘레가 159m인 도덕산 2보루에서 백제 한성기 사족기와 타날문 토기편들이 지표에서 수습되었는데,[37] 서해안에서 안양천 방면으로 연결되는 육상 교통로를 통제하는 목적으로 축조한 백제의 관방시설임을 추정해 볼 수 있다.

안양천의 통제와 관련하여 가장 주목되는 관방시설은 의왕 모락산성([표 5-16])이다. 모락산성은 모락산(해발 385m) 정상을 중심으로 테뫼식으로 축조된 둘레 800m의 석축산성이다. 성의 일부 구간에서는 토석혼축도 확인된다. 모락산성 내부에 대한 지표조사에서 4세기 후반~5세기 중후반의 심발형토기, 장란형토기, 호, 옹 등의 저장용기가 수습되어, 백제가 운영하고 이후 다른 세력이 재사용하지 아니한 석축산성임이 밝혀졌다.[38] 그리고 모락산성은 한성에서 발안천을 통하여 서해로 연결되는 동서축 교통로와 황구지천으로 연결되는 남북축 교통로의 결절점에 위치한다.[39]

한편 모락산성과 길성리 토성을 연결하는 교통로에 위치한 오산 독산성 주변 지역에서 화성 황계동토성이 최근에 조사되었다. 황계동토성([표5-17])은 성황산(해발 132m) 정상과 동쪽 봉우리에 축조된 둘레 1,000m로 추정되는 토성이다. 황계동토성은 출토된 토기를 통해 4세기 후반에서 5세기 중반

---

37 백종오·한준영, 2008, 「광명시의 관방유적」, 『광명시의 역사와 문화유적』, 세종대학교 박물관, 384~394쪽.

38 하문식·백종오·김병희, 2003, 「百濟 漢城期 慕洛山城에 관한 연구」, 『先史와 古代』 18; 세종대학교박물관, 2006, 『의왕 모락산성』.

39 의왕 모락산성에서 화성 일대로 연결하는 교통로에 화성 태봉산성과 대중국교통로의 출발점인 당성과 인접한 화성 백곡리토성, 청명산성을 백제 한성기의 관방시설로 파악하는 견해도 있다(김길식, 2019, 「산성·주변유적의 관계와 지방지배 -화성지역 백제산성과 주변유적 사례를 통하여-」, 『백제의 산성』, 한성백제박물관, 242~249쪽) 화성 마하리고분군-태봉산성, 화성 백곡리고분군-백곡리토성·청명산성의 관계를 통해 백제가 초축하였을 가능성도 있지만, 지표수습 토기를 백제유물로 파악할 수 있는지 명확하지 않기 때문에 추후 조사를 통한 보완이 필요하다.

에 축조된 것으로 보고되었고, 이웃한 성황산성과 함께 4㎞ 이격된 오산 독산성의 보조성으로 관방체계가 이루어졌을 가능성도 제기되었다.[40]

황계동 토성의 남쪽 발안천 일대의 백제 한성기 관방시설은 길성리 토성과 소근산성이 있다. 화성 길성리 토성([표5-18])은 해발 111.6m의 봉우리를 중심으로 축조된 둘레 2,311m의 대규모 토성이다. 성 내부에서는 다량의 4세기 전반의 백제 토기가 출토되었고,[41] 인근 요리유적에서는 백제 금동관이 출토되어 백제의 지방지배와 관련된 많은 자료를 제공해 주었다. 또한 길성리토성은 백제 진출 이전의 재지세력의 치소가 백제 한성기에 사용된 것으로 이해되기도 한다.

소근산성([표5-19])은 길성리 토성에서 4㎞이격된 지점인 소근산(해발 100m) 정상을 중심으로 테뫼식으로 축조된 둘레 629m의 토성이다. 성 내부에서는 길성리 토성보다 늦은 5세기대 백제 한성기의 토기들이 수습되었는데, 이 지역의 치소가 4세기대 길성리 토성에서 5세기대에 이동하였을 가능성도 있다.

3. 안성천 유역의 관방시설

서해안의 아산만와 아산만으로 유입되는 안성천과 안성천의 지류인 황구지천-진위천 일대에는 백제 관방시설이 가장 조밀하게 분포되어 있다.

화성 운평리성([표5-20])은 서해안에 인접한 구릉(해발 30.1m)에 테뫼식

40 中部考古學硏究所, 2021, 『華城 淸溪洞 遺蹟』, 64~73쪽. 오산 독산성은 신라가 초축한 것으로 알려져 있는데, 세마대지 주변에서 토루가 확인되고 백제 유물이 수습되어(중부고고학연구소, 2019, 『오산 독산성과 새마대지 3차 정밀발굴조사 용역 약식보고서』), 백제 한성기로 초축시기가 소급될 여지가 있다.

41 한신대학교박물관, 2003, 『華城 吉城里土城』 I; 忠北大學校博物館, 2011, 『華城 吉城里土城』 II; 中部考古學硏究所, 2013, 『華城 吉城里土城』.

으로 축조된 둘레 1,185m의 토성이다. 한각리성([표5-21])도 서해안에 인접한 구릉(해발 38.1m)에 테뫼식으로 축조된 둘레 551m의 토성이다. 두 토성은 상호 조망이 가능한 거리에 위치하며, 지표조사를 통하여 내부에서 백제 한성기 토기편이 수습된바 있다.[42]

서해안에 인접한 안성천 하구에는 평택 무성산성, 자미산성, 기산리산성이 위치한다. 무성산성([표5-31])은 무성산(해발 104.7m) 정상부에 테뫼식으로 축조된 둘레 547m의 토성이다. 지표조사와 시굴조사에서 백제 한성기의 토기편이 수습된바 있다.[43] 자미산성([표5-33])은 자미산(해발 110.8m)을 중심으로 내성, 외성, 부성의 3중성으로 축조되었는데, 전체 둘레는 582m이다. 백제가 초축한 성벽은 확인하지 못했으나 성내부에서 저장 수혈이 조사되었는데 고배, 삼족기, 장란형토기 등 5세기경의 백제 한성기 토기가 출토되었다.[44] 기산리 산성([표5-34])은 옥녀봉(해발 83m) 정상을 중심으로 테뫼식으로 축조된 둘레 약 250m의 토성이다. 지표조사를 통하여 백제 한성기 타날문토기편이 수습되었다.[45]

안성천 본류에는 안성 도기동산성, 비봉산성, 진사리산성이 위치하고 있다.

도기동산성([표5-27])은 안성천 남쪽에 접한 구릉(해발 78m) 일대에 백제 한성기의 토루와 목책성, 고구려가 점유한 이후에 개축한 석축성으로 구성된 관방시설이다. 출토된 유물을 통하여 백제의 관방시설은 4세기 후반에서

---

42 경기도박물관, 2000, 『도서해안지역 종합학술조사』 I -화성군 해안지역-, 258~280쪽.

43 단국대학교 매장문화재연구소, 2004, 『평택 서부 관방산성 시·발굴조사 보고서』, 41~42쪽.

44 단국대학교 매장문화재연구소, 2004, 앞의 책, 105쪽.

45 경기도박물관, 2003, 『경기도 3대하천유역 종합학술조사III 안성천 Vol.2 문화유적(1)』, 872쪽.

5세기 전반에 축조된 것으로 보고되었다.[46]

비봉산성([표5-28])은 비봉산(해발 136m) 일대에 축조된 테뫼식과 포곡식이 결합된 복합식 산성으로 내성-외성-중성으로 구성되어 있다. 토축인 내성의 둘레는 714m이고 외성의 둘레는1,656m이다. 석축의 중성은 테뫼식으로 둘레가 694m이다. 신라 유물이 다수 확인되지만 일부 백제 한성기 타날문 토기가 수습되고 있다.[47]

진사리 산성([표5-29])은 퇴미산(해발 57.4m)에 축조된 둘레 약 300m정도의 테뫼식 토성이었으나 현재 소멸되었다. 진사리산성에서는 4세기 후반~5세기대 백제 한성기 심발형 토기와 타날문 토기편이 지표에서 수습되었다.[48]

황구지천-진위천의 동안 평야 지역에 평택 백봉리산성, 지제동산성이 위치하는데, 서해안-안성천 일대의 관방시설이 조망권에 들어온다. 백봉리산성([표5-32])은 육자봉(해발 61.5m) 정상부에 테뫼식으로 축조된 둘레 220m의 토성이다. 지재동산성([표5-30])도 해발 56.1m의 독립된 구릉에 테뫼식으로 축조된 둘레 220m의 토성이다. 두 산성은 유사한 입지의 소규모 관방시설로 지표조사를 통하여 성내부에서 백제 한성기 타발문 토기편이 수습되었다.[49]

4. 남한강-금강 유역의 관방시설

백제 왕경의 동쪽편으로 은고개를 넘어서 남한강을 따라 교통로가 발달하였는데, 남한강 하류역과 경안천, 북하천 등의 지류에서 여주 파사성, 이천

46 한양문화재연구원, 2021,『安城 道基洞 山城』, 212~234쪽.

47 경기도박물관, 2003, 위의 책, 409~426쪽.

48 白種伍, 1988, 앞의 논문; 경기도박물관, 2003, 앞의 책, 506~507쪽.

49 경기도박물관, 2003, 앞의 책, 556~569쪽.

설봉산성·설성산성·효양산성이 백제 한성기 관방시설임이 확인되었다.

신라가 672년에 나당전쟁에 대비하여 축조한 주장성은 고려시대에 광주성, 조선시대에 남한산성([표5-22])으로 수개축되며 운영된 것으로 알려졌다. 그런데 행궁지 일대에서 수혈유구와 백제 한성기의 개배, 단경호, 장란형토기편 등의 유물이 수습된바 있다.[50] 백제가 관방시설을 축조한 흔적은 확인하지 못했지만 어떠한 관련 시설이 존재할 가능성은 확인한 것이다. 그리고 하남 이성산성도 백제 왕성을 동쪽 외곽에서 방어하는 관방시설로 인식되었지만, 아직 명확한 백제의 유구나 유물이 확인된바 없다는 점에서 아차산성의 상황과 유사하다.

이와 달리 여주 파사성([표5-23])의 경우는 현재 확인되는 성벽은 신라가 초축한 것으로 파악되지만, 성 내부에서 백제 한성기 토기가 일부 확인되었다. 장란형 토기, 심발형 토기편 등은 4세기 후반에서 5세기 전반으로 편년되어, 신라 점유 이전에 백제가 관방시설로 활용하였을 가능성도 생각해 볼 수 있다.[51]

한편 명확하게 다량의 백제 유물이 확인되면서 석축 성벽의 초축이 백제 한성기인지의 논란이 있는 두 성은 이천 설봉산성과 설성산성이다.

설봉산성([표5-24])은 신라 북진 이후 남천주의 주치소에 해당하는 중요한 거점에 위치한다. 설봉산성은 설봉산(해발 394.3m) 정상부 7~9부 능선을 중심으로 축조된 둘레 1,079m의 테뫼식 석축산성이다. 성 내부의 수혈에서 다량의 4세기 후반~5세기 전반의 백제토기가 수습된바 있다.[52] 이러한 점에서

---

50 한국토지공사 토지박물관, 2003,『南漢行宮址 -第4·5次 發掘調査 報告書-』, 50~77쪽.

51 京畿文化財團 畿甸文化財研究院, 2007,『驪州 婆娑城』I , 243~244쪽.

52 단국대학교 중앙박물관, 1999,『이천 설봉산성 1차 발굴조사 보고서』; 단국대학교 매장문화재연구소, 2001,『이천 설봉산성 2차 발굴조사 보고서』; 2002,『이천 설봉산성 3차 발굴조사 보고서』.

설봉산성이 백제 한성기의 관방시설로 사용되었음을 부인할 수는 없겠다.

설성산성([표5-26])도 초축성벽 주체에 대한 논란이 있다. 설성산성은 북하천 유역의 설성산(해발 290.4m)정상의 7~8부 능선과 계곡을 감싸는 포곡식 석축산성으로 안성-이천-여주의 동서축과 한성-은고개-광주-이천-여주-음성-충주의 남북축의 교통로가 교차하는 결절점에 위치한다. 둘레 1,122m의 석축성벽 내에서 건물지와 수혈이 조사되었고, 설봉산성과 유사한 4세기 후반~5세기 전반의 백제토기가 출토되었다. 이러한 점에서 설봉산성과 함께 4세기 후반에 백제가 석축산성을 축조하기 시작하였을 가능성을 높여주고 있다.[53]

이천 효양산성([표5-25])은 효양산(해발 188m)의 정상부를 중심으로 축조된 테뫼식 토성이다. 부분적인 조사에서 백제 주거지와 수혈 등이 조사되었고, 4세기 중반 이후의 백제 한성기 토기가 수습되어 백제 토성으로 축조된 것이 확인된바 있다.[54]

남한강 수계와 달천 유역은 계립령을 통하여 소백산맥을 넘은 교통의 요충지이자 철산지와 연계된 물류의 중심지로 중요한 지역에 해당한다. 이곳의 백제의 관방시설로 충주 장미산성, 탄금대토성과 괴산 서부리토성, 청주 낭성산성이 위치한다.

축조 주체에 논란이 많은 충주 장미산성([표5-36])은 남한강 남안의 장미산(해발 336,9m)에 축조된 테뫼식 석축산성이다. 장미산성에서 백제가 축조한 성벽의 흔적은 명확하지 않지만, 성 내부에서 4세기 후반~5세기 후반의

---

53 단국대학교 매장문화재연구소, 2000, 『이천설성산성지표·시굴조사보고서』; 2002, 『이천 설성산성 1차 발굴조사 보고서』; 2004, 『이천 설성산성2·3차 발굴조사 보고서』; 2006, 『이천 설성산성 4차 발굴조사 보고서』.

54 湖巖美術館, 1995, 『利川 孝養山城 발굴조사 보고서』.

고배, 개배, 호 등의 백제 토기가 다량 수습되었다.[55] 이러한 점에서 백제 한성기에 관방시설로 활용되었을 가능성은 배제할 수 없다.

남한강과 달천이 합류하는 지점에 탄금대 토성([표5-37])이 위치한다. 탄금대토성은 대문산(해발 106m) 정상에 테뫼식으로 축조된 둘레 417m의 토성이다. 성 내에서는 장란형토기 등 4세기 중후반으로 편년되는 백제 한성기 토기가 수습되었다.

달천 유역에 위치한 괴산 서부리토성([표5-38])은 해발 256.5m의 봉우리를 감싼 남성과 여기서 북쪽에 위치한 봉우리를 감싼 북성으로 구성되어 있는데, 지표조사를 통하여 횡선부가평행선문과 격자문 토기편 등이 수습되었다. 횡선부가평행선문이 타날된 토기편을 4세기 후엽에 등장하는 것으로 보아 백제 한성기에 초축된 토성일 가능성을 생각해 볼 수 있다.

달천의 남쪽에서 청주-괴산 방면에서 보은으로 연결되는 교통로에 청주 낭성산성([표5-45])이 위치한다. 낭성산성은 해발 346.4m의 터뫼 정상부에 테뫼식으로 축조된 석축산성으로 둘레는 575m이다. 산성 내에서는 신라 유물이 주류를 이루지만 백제 한성기 토기편이 확인되고 있다.[56] 낭성산성은 보은 방면에는 백제 한성기에 소백산맥을 넘어 신라가 진출하여 축조한 보은 삼년산성-매곡산성과 대치하는 지점에 해당한다는 점에서 중요한 의미가 있다.

금강과 지류인 미호천 유역에서도 음성 망이산성, 진천 대모산성, 증평 추성산성, 청주 정북동토성·부모산성과 같은 백제 한성기 관방시설이 확인되었다.

---

55 박중균, 2014, 「薔薇山城 출토 土器의 양상과 성격」, 『東亞世亞歷史文化論叢』, 서경문화사, 298~308쪽.

56 忠北大學校 中原文化硏究所, 1998, 『報恩 昧谷山城 地表調査 報告書』, 124~125쪽.

미호천의 발원지인 마이산(해발 472.5m)에 위치한 음성 망이산성([표5-39])은 내성과 외성으로 구성되어 있는데 이 중에서 정상부를 둘러싼 둘레 350m의 내성은 토성으로 백제 한성기에 초축되었다. 성 내에서는 고배, 개배, 호, 시루 등 4세기 후반~5세기 후반으로 편년되는 토기가 다량으로 출토되었다.[57]

다음으로 남쪽으로 진천 대모산성([표5-40])이 위치한다. 대모산성은 해발 101m의 낮은 구릉에 내성, 외성, 자성의 3중 구조의 토성으로 전체 둘레는 857m이다. 진천 장군봉토성([표5-41])은 비교적 고지대인 해발 481m의 봉우리를 감싼 테뫼식 토성으로 둘레는 약 320m이다. 두 성은 지표조사를 통하여 회청색 경질의 백제 한성기 호와 옹편이 수습된바 있다.[58]

증평 추성산성([표5-42])도 남성과 북성의 두 성으로 구성되어 있다. 이중 남성 내성 동벽 바닥부에서 격자타날된 심발형토기가 확인되었는데, 4세기 전반~중반,[59] 혹은 4세기 중엽 늦은 시점~후엽 이른 시점으로 파악한 연구가 있다.[60] 이러한 점에서 추성산성은 대체로 4세기 중반 이후에 초축된 것으로 볼 수 있다.[61] 한편 마한의 재지세력이 초축하고 이후 백제의 중심 세력의 영향을 받아 개축되었을 가능성도 언급된바 있다.[62]

청주 정북동 토성([표5-43])은 미호천변 해발 30m 지점의 평지성인데, 초축 시기를 주변 백제 유적과 해자 내부에서 수습된 4세기 중후엽의 원저단

---

57 단국대학교 박물관, 1996,『망이산성 발굴 보고서(1)』; 1999,『안성 망이산성 2차 발굴조사 보고서』.

58 忠北大學校 湖西文化研究所, 1996,『鎭川 大母山城 地表調査報告書』; 忠北大學校博物館, 1998,『鎭川郡 文化遺蹟 地表調查 報告書』; 박중균, 2019, 앞의 논문, 241쪽.

59 성정용, 2012,「증평 이성산성 출토 토기양상과 그 성격」,『호서고고학』27.

60 박중균, 2014,「증평 이성산성 출토 토기 및 주거지의 성격과 편년」,『한국성곽학보』25.

61 中原文化財研究院, 2017,『曾坪 杻城山城 -6次(南城 4次) 發掘調查-』, 68~69쪽.

62 양기석, 2012,「三國의 曾坪地域 進出과 二城山城」,『중원문화연구』18·19.

경호를 근거로 고구려 남진 이전인 백제 한성기에 축조되었을 가능성이 제기되고 있다.[63] 평지성인 정북동 토성과 연관된 산성으로 부모산성이 주목된다. 부모산성은 부모산(해발 231m) 정상과 계곡을 감싸는 포곡식 석축산성으로 둘레가 1,135m이다. 부모산성과 부모산성 서쪽으로 120m 이격된 지점의 부모산성 1보루에서는 6세기 후반 신라토기가 주류를 이루지만, 백제 한성기 후반~웅진기 초반의 토기가 수습되고 있으며, 사비기 유물도 수습되고 있다.[64] 이러한 점에서 부모산성은 백제가 초축하였으나 6세기 후반에 신라가 차지하여 개축하였고, 7세기대에 다시 백제가 차지한 군사적 충돌이 빈번한 곳임을 알 수 있다.

금강 유역에서도 세종 부강면 일대는 천안-조치원-세종 부강-대전의 남북축과 공주-세종 부강-청주-증평-괴산-충주의 동서축이 교차하는 지점에 해당한다. 특히 5세기 중반 고구려의 남진으로 이 방면의 교통로는 중요한 의미가 있었다.

세종 남성골산성([표5-46])의 경우 고구려가 남진한 후 축조한 관방시설로 주목을 받고 있다. 남성골 산성은 해발 106m의 정상부를 중심으로 내외 2중 목책으로 구성된 관방시설로 다량의 고구려 유물이 확인되었다. 그렇지만 개배, 고배 등 백제 한성기 토기편도 확인되어, 안성 도기동산성과 같이 백제의 관방시설을 고구려가 재사용한 것으로 파악된다.[65]

---

63 박중균, 2019.「정북동토성의 성벽 축조기법과 축조시기 검토」,『백제학보』27, 147~149쪽.

64 박중균, 2013,「父母山城 出土 土器의 樣相과 性格」,『한국성곽학보』24; 노병식, 2019,「清州地域 古代 築城에서 父母山城의 位相」,『청주의 산성과 부모산성(한국성곽학회 2019년도 춘계학술대회 자료집)』, 210~212쪽.

65 忠北大學校博物館, 2004,『清原 南城谷 高句麗遺蹟』; 中原文化財研究院, 2008,『清原 IC~芙蓉面 道路工事區間內 清原 南城谷 高句麗遺蹟 -2006年度 追加 發掘調査』. 세종 남성골산성과 성재산성, 복두산성이 능선상 연결되어 상호 연계 운영되었을 가능성이 있

세종 테뫼산성([표5-47])도 금강변의 강안 해발 63m 지점을 중심으로 축조된 둘레 791.5m의 토성이다. 지표조사를 통하여 출토된 유물은 대체로 4세기대로 편년되고 있다.[66]

세종 나성리토성([표5-48])은 해발 43m의 구릉 정상부를 포함하여 축조된 잔존 길이 310m의 토성이다. 성내외의 유구와 유물을 통하여 4세기 후반에서 5세기 전반에 초축되었으며, 금강변 평지의 낮은 구릉에 위치한다는 점에서 군사적인 성격과 함께 지방지배의 거점으로 활용되었을 것으로 생각된다.[67]

5. 아산만 이남의 관방시설

아산만 이남 지역에서도 최근 백제 한성기 말기에 초축된 것으로 파악되는 산성이 확인되었다.

서해안에 인접한 당진 성산리 산성([표5-49])은 해발 67m의 야산 정상부에 위치한 둘레 239m의 소규모 토성인데, 비교적 이른 시기인 4세기 전반에 축조되어 5세기 후반까지 운영된 토성임이 확인되었다. 백제 한성기의 마한 지역의 지배 강화와 함께 고구려 남진에 대비하여 해안 방어를 위해 축조하였을 가능성도 제기되었다.[68]

아산만 이남의 내륙지역에 위치한 천안 동성산성([표5-35])은 동성산(해발 238m) 정상부를 중심으로 축조된 둘레 917.9m의 토성이다. 타 수계권과 다르게 병천천 일대를 통제하는 목적으로 조성된 것으로 추정되는데, 성 내에

다는 점에서 백제 한성기에 초축되었을 것으로 파악한 견해도 있다(박중균, 2019, 앞의 논문, 214쪽).

66 중원문화재연구원, 2005, 『청원 부용면지역 산성 지표조사 보고서』, 27~45쪽 ; 박중균, 2015, 「충북지역 백제 초기 산성의 유형」, 『한국성곽학보』 26.

67 中央文化財硏究院, 2016, 『燕岐 羅城里 遺蹟』, 356~359쪽.

68 금강문화유산연구원, 2019, 『당진 성산리 산성』, 122~124쪽.

서 출토된 심발형 토기, 호, 옹 등을 통하여 4세기 중반~5세기 전반에 운영된 산성으로 파악된다.[69]

두 산성보다 남쪽에서도 백제 한성기에 운영된 산성이 존재한다.[70] 홍성 신금성([표5-50]) 해발 209m의 구릉부의 말단부에 위치한 평지성에 가까운 토성인데,내외성 2중구조에 전체 둘레는 645m이다. 성내에서는 고배, 삼족기, 직구호 등의 백제 한성기에서 웅진기의 토기가 수습되어 5세기 전반에 초축된 것으로 알려져 있다.[71]

완주 배매산성([표5-51])은 평야 가운데 독립된 해발 121.6m 야산 정상부를 감싸는 둘레 122m의 소규모 토성이다. 산성에서는 백제 웅진기인 5세기 후반~6세기 전반 유물이 주로 출토되었지만 중부지역 토성의 기법이 확인되고 풍납-몽촌토성 출토품과 유사한 삼족기와 고배와 같은 백제 한성기 중앙 양식의 토기가 수습되어 5세기 중반 이전에 초축되었을 가능성이 제기되고 있다. 주변에 완주 구억리산성([표5-52])도 유사한 시기에 축조된 것으로 파악된다.[72]

금강과 섬진강을 연결하는 교통의 결절지에 진안 와정토성([표5-53])이 위치한다. 와정토성은 해발 300m 구릉에 축조된 둘레 312m의 토성이다.[73] 기왕에 축조 시기에 대한 이견이 많았으나, 축성방식과 출토 유물에 대한 검토를 통하여 5세기 중반에 초축된 것으로 파악하는 견해가 주목된다.[74]

---

69 가경고고학연구소, 2016,『천안 동성산성 시굴조사』, 120~121쪽.

70 서천 봉선리 유적은 백제 한성기 말기에서 웅진기에 축조된 제사유적을 보호하는 시설로 파악된바 있는데(충청남도역사문화연구원, 2019,『서천 봉선리유적』Ⅱ), 토축부를 토성으로 파악하는 견해도 있다(박중균, 2019, 앞의 논문, 273쪽).

71 이혁희, 2017,「홍성 신금성의 구조와 성격 재검토」,『야외고고학』30, 136~137쪽.

72 전라북도문화유산연구원, 2020,『완주 배매산성』Ⅱ, 87~93쪽.

73 군산대학교박물관·전북대학교박물관, 2001,『臥亭遺蹟』.

74 李奕熙, 2014,「鎭安 臥亭土城의 構造와 性格 再檢討」,『湖西考古學』31, 120~123쪽.

금강 이남 지역의 관방시설의 경우 대체로 백제 한성기 말엽에 초축된 것으로 판단되므로, 왕경과의 거리만큼이나 늦은 시기에 축조되었다는 공통점을 가진다.[75]

75 한성에서 가장 남쪽에 위치한 백제 한성기 관방시설로 고창 예지리 토성이 보고되었는데, 백제 한성기에서 웅진기에 걸친 시기의 토성으로 파악된다(이혁희, 2022, 「백제 한성기 토성의 축조기술」, 『문화재지』 55, 169쪽). 향후 조사를 통하여 백제 한성기에 초축된 관방시설의 분포가 넓어질 가능성도 열어둘 필요가 있다.

Ⅳ. 백제 한성기의 관방 체계 검토

1. 교통로 중심으로 백제의 진출과 관방체계 구축

백제 한성기 관방체계는 기본적으로 왕경을 방어하기 위해서 풍납토성에 연결되는 각 방향의 교통로를 중심으로 구성되었다. 일반적으로 전근대 교통로는 수계를 이용하였다. 이러한 점에서 한강과 지천을 중심으로 사방으로 교통로가 연결되었을 것이다.

풍납토성을 중심으로 동쪽-이성산성, 남쪽-몽촌토성, 서쪽-삼성동토성, 북쪽-아차산성이 최종적인 외곽 방어선이자 사방으로 뻗어가는 교통로의 시발로 파악하고, 백제 사비기의 부소산성을 둘러싼 석성산성, 성흥산성, 증산성, 청마산성과 비교한 견해가 있었다.[76] 그런데 현재까지의 조사 성과로는 아차산성과 이성산성을 한성기에 운영하였는지 명확하지 않다는 점에서 사방 관방체계가 방사상으로 연결되는 것으로 도식화하기는 어렵다.

한편 외적으로부터 왕경을 방어하고, 효과적인 영역 확장을 위한 전초기지의 설치를 위해서 백제는 왕경 외곽에 일정한 관방체계를 구축하기 시작하였을 것이다. 이러한 곳은 결국 주요교통로 통제하는 지점과 무관하지 않다.

---

76 오강석, 2007, 앞의 논문, 204~205쪽.

한성과 북쪽으로 연결되는 교통로는 조선시대 지리지와 신경준의 『도로고道路考』, 『대동여지도大東輿地圖』와 같은 고지도 등을 참고하고 관통하는 주요 고개를 기준으로 4개의 경로를 설정할 수 있다.[77]

① 자비령로(서울-양주-파주-적성-장단-개성-금천-평산-서흥-황주-평양)는 전근대의 대표적인 간선로이며, 예성강·재령강·대동강 유역의 평야지대를 연결한다.

② 방원령로 (서울-양주-연천-삭녕-토산-신계-수안-연산-대동-평양)는 재령강을 거치지 않고 임진강에서 대동강으로 직접 연결되는 교통로인데, 전근대에 가장 활용도가 높았다.

③ 재령로 (서울-파주-개성-해주-신원-재령)는 완만하게 예성강과 임진강 하구를 통과하여 해주만을 거점으로 사용하기 위한 교통로이므로, 수군과 관련된 보급로 성격을 가진다.

④ 추가령로 (서울-양주-연천·포천-철원-평강-안변)는 추가령구조곡을 따라서 동해안까지 연결되는 유일한 교통로이다. 포천을 기준으로 한다면 한탄강에 연결되지만 포천천을 따라서 양주분지를 동쪽으로 우회하여 한강 수계에 최단거리로 연결된다. 포천천을 중심으로 형성된 추가령 방면으로 연결되는 교통로는 포천천로라고 명명할 수도 있겠다.[78]

이러한 주요 교통로에 위치한 관방시설을 살펴보면, 자비령로에는 아차산성-양주 대모산성-파주 칠중성-육계토성, 방원령로에는 아차산성-양주 대모산성-독바위 보루(북봉), 포천천로에는 아차산성-포천 고모리산성-반월산성

77 서영일, 2006, 「고구려의 백제 교통로 고찰」, 『史學志』 38, 43~45쪽; 2015, 앞의 논문, 252~253쪽; 윤성호, 2021, 「삼국시대 비열홀 지역 관방시설 연구」, 『백산학보』 121, 254~255쪽.

78 백종오·신영문, 2005, 『高句麗遺蹟의 寶庫 京畿道』, 京畿道博物館, 240~242쪽.

이 위치한다. 여러 방향의 교통로는 양주 대모산성 주변에서 합류하여 중랑천 수계를 따라서 풍납토성으로 연결된다.

이 중에서 파주 육계토성과 포천 고모리산성의 경우 3세기 중후반 초축된 관방시설로 풍납토성과 더불어 가장 이른시기에 축조된 관방시설에 해당한다. 또한 다른 지역에서는 이 시기에 백제 한성기 관방시설이 확인되지 않는다는 점에서,『삼국사기』기록에서 백제가 낙랑과 말갈 세력과 충돌한 사실과 연결된다. 즉, 백제의 성장과 더불어 가장 이른 시기에 관방체계가 구성된 것은 한성의 북쪽으로 방원령로와 추가령-삼방곡로 방면인 것이다. 이 시기의 방어형태는 한성으로 진입하는 교통로의 고개와 도하처를 막아내는 일종의 점선 형태의 초기 관방체계가 형성되었을 것이다.[79] 그렇지만 백제는 고구려와 충돌이 심화되면서 이러한 교통로 상에 포천 반월산성, 양주 대모산성에 관방시설을 운영하고, 양주 분지의 중앙에 교통로 감시를 위한 소규모 관방시설인 태봉산 보루(북봉)를 4세기대에 보강하여 보다 조밀한 관방체계를 갖추게 된다.

다음으로 백제의 왕성인 풍납토성의 입지가 한강을 이용한 물류의 집산과 이동이 가능한 지점이라는 점에서 한성의 서쪽에 해당하는 한강 하류를 통해 서해안과 연결되는 수로와 교통로를 주목할 필요가 있다.

백제 왕성을 서쪽에서 방어하면서 탄천이 한강에 합류하는 지점의 서쪽 구릉에 위치한 삼성동토성을 시작으로 멱절산토성이 한강 북안에 위치한다. 또한 임진강이 한강에 합류하는 지점의 동안에 오두산성과 원릉산성이 위치한다. 한강 하류의 남안으로는 계양산성과 동성산성이 위치하고 있다.

한강하구에 해당하는 강화도와 교동에서는 백제 한성기에 관방시설이 축

79 서영일, 2015, 앞의 논문, 262쪽.

조되었을 가능이 높다. 강화산성의 북장대지에서 수습된 백제토기는 이러한 가능성을 높여주고 있다. 이러한 관방시설은 사료에서 확인되는 관미성의 후보지로 언급되는 곳인데, 고구려의 수군이 진입하는 것을 막기 위한 목적으로 구축된 관방시설로 파악해 볼 수 있겠다. 파주 원릉산성의 경우 지표수습된 유물을 통해서 비교적 이른 시기인 4세기경에 초축된 것으로 이해되고 있다는 점에서 한강 하류의 중요성을 인식할 수 있다.[80]

한편 한강과 연결된 안양천 수계에 위치한 모락산성과 연결된 교통로를 살펴보자. 황구지천의 상류인 오산, 수원 방면을 연결하는 남북축의 교통로는 백제가 성장하던 시기에 중시된 곳이다. 화성 기안리 제철유적의 존재와 같이 철생산을 통한 경제력의 확보는 백제의 성장에 중요한 의미가 있었다.[81] 모락산성은 남북축 교통로의 결절점이자 관악산 서편을 통해 남태령을 넘어서 삼성동 토성과 한강변으로 연결되는 요충지에 해당한다. 대체로 이 지역의 관방시설은 4세기 후반 이후에 고구려와의 충돌이 격화되는 시기에 조성되었다.

그리고 기왕에 주목하지 않은 서해안에서 동서축으로 안양천 일대에 연결되는 관방체계도 중요한 의미가 있다. 모락산성과 도덕산 2보루에서는 백제 한성기 토기가 수습되었다. 백제 한성기 이후에 고구려군이 주둔한 고상가옥과 수혈 유구가 인천 선학동 유적에서 조사된바 있다.[82] 이러한 유적의 존재는 인천 방면의 서해안에서 소래산 남쪽으로 도덕산과 안양천까지 동서축

---

80 경기도박물관, 2004, 『원릉산성』, 471~472쪽.

81 김길식, 2019, 「산성·주변유적의 관계와 지방지배-화성지역 백제 산성과 주변유적 사례를 통하여-」, 『백제의 산성』, 한성백제박물관, 254쪽.

82 수도문물연구원, 2022, 『인천 선학동 58-2번지 유적 -인천 선학동(58-2번지) 장애인 복지시설 건립부지-』, 176~186쪽.

의 교통로의 중요성을 말해준다.[83]

한성의 동쪽방향으로 연결되는 교통로는 남한강 수계를 따라 형성되어 있다. 한성에서 하남-은고개를 경유하여 광주-이천-여주-장호원-음성-충주로 이어지는데, 조선시대의 영남대로에 해당한다. 주요고개를 기준으로 한다면 이천-장호원-진천-청주-보은의 추풍령로와 추풍령로의 지선으로 장호원-음성-충주로 분기되는 교통로는 계립령로라고 명명할 수 있다.[84] 영남대로는 계립령을 넘어 한강유역으로 북진한 신라의 진출 경로와도 일치한다. 남한강 유역과 지류인 달천 일대에도 다수의 백제 한성기 관방시설이 확인된다.

이 중에서 이천 효양산성, 충주 탄금대토성, 증평 추성산성(남성)은 4세기 중반 이전에 초축된 것으로 보고되었다. 발안천 유역의 철자원 확보의 중요성과 마찬가지로 남한강을 통한 물류와 충주 일대의 철자원의 확보를 위하여 마한 소국세력들을 점령하면서 관방시설을 집중적으로 축조되기 시작하였다.[85] 앞서 3세기대에 백제와 신라의 충돌 기록이 자주 등장하는 것을 확인하였다. 실제로 이 시기에 백제와 신라의 중앙세력의 충돌을 신뢰하기는 어렵지만, 이미 관방시설을 구축하기 이전에 남한강 유역과 계립령으로 연결되는 교통로의 중요성을 인지하고 있었다는 것을 유추하는 것은 어렵지 않다.

4세기 후반에도 남한강 유역과 미호천 유역에 집중적으로 관방시설이 구축된다. 남한강 유역에서는 이천 설봉산성, 설성산성, 충주 장미산성, 미호천 유역에서 안성 망이산성, 증평 추성산성(북성)이 초축되는데, 교통로를 연결하는 관방체계가 보다 강화되는 것을 알 수 있다.

---

83 한강서부횡단로(서해-인천-광명-안양천)와 한강서남로(경기남부-안양천-한강) 2개의 동서축의 교통로를 상정한 연구가 있다(박종서, 2022, 앞의 책, 113~120쪽).

84 서영일, 2015, 앞의 논문, 254쪽.

85 오욱진, 2012,「백제의 중원지역 진출 시기와 성격」,『중원문화연구』18·19, 43~56쪽.

한편 이 지역에서 5세기 중반 이후에 다수의 관방시설이 축조된다. 고구려가 남진함에 따라 국원(충주)의 경영과 달천을 통하여 미호천과 금강 유역으로 세력을 확장하고자 하였다. 그리고 이 시기에 고구려의 남진에 대항하여 나제동맹을 체결한 신라는 백제와 함께 고구려에 대항하면서, 신라는 470년에 보은 삼년산성을 축성하고 486년 이전에 굴산성(옥천 이성산성)을 축조한 것처럼 소백산맥을 넘어 축성을 진행하였다.[86] 이에 5세기 후반은 삼국이 금강 일대에서 모두 경계를 접하는 상황이 발생하면서 세종 남성골산성을 비롯한 주변 관방시설과 정북동토성 등 미호천 유역의 방어시설을 확충한 것으로 이해된다.

다음으로 왕경의 남쪽 방향의 교통로와 안성천 유역의 관방체계를 살펴보자. 왕경의 남쪽으로 연결되는 교통로는 몽촌토성을 기준으로 동남쪽으로는 남한강 수계로 연결되는 교통로와 서남쪽으로 탄천 유역을 통해서 용인-오산-평택-안성-천안으로 연결되는 교통로가 상정된다. 그런데 아직 탄천으로 연결되는 교통로상에서 용인 지역에 백제의 관방시설이 확인되지 않는다. 그렇다면 앞서 살펴본 것처럼 모락산성을 통하여 황구지천 방면으로 연결되는 교통로가 더 중시되었을 가능성이 있다.[87] 황구지천은 안성천에 합류하며 안성천은 아산만을 통해 서해로 연결된다.

안성천 유역에서는 가장 많은 수의 백제 관방시설들이 밀집되어 있다. 다만, 화성 길성리토성, 소근산성, 안성 도기동 산성을 제외하면 발굴조사를 통

86 윤성호, 2019, 「5세기 중후반 신라의 소백산맥 이서 지역 진출」, 『전북사학』 26, 39~48쪽.

87 한성-과천-안양-의왕-수원에서 오산-평택-안성-천안으로 연결되는 현재 국도1호선은 조선시대의 삼남대로로 설정할 수 있다(오강석, 2007, 앞의 논문, 204~205쪽). 주요 고개를 기준으로 천안에서 차령을 넘어 공주-전주-영산강 유역으로 연결되는 노령로와 전주에서 남원으로 분기하여 팔령치를 통해 가야지역에 도달하는 노령로의 지선으로 설정하기도 한다(서영일, 2015, 앞의 논문, 254~255쪽).

하여 유구의 성격이나 유물의 명확한 편년이 이루어지지 못한 상황이다.

화성 길성리 토성은 4세기 전반에 초축된 것으로 판단되는데, 주변 요리 고분군의 금동관모 등의 위세품을 통하여 백제가 마한의 재지세력을 통제하고, 그 치소을 관방시설로 운영한 것으로 이해하는 견해가 있다. 이웃한 소근산성은 4세기 중반에 축조된 것으로 판단되는데 방어의 중심축과 치소로서의 거점이 이동한 것으로 파악하기도 한다. 안성 도기동산성은 4세기 후반에 안성천 유역에 조성된 최대 규모의 관방시설로 생각되는데, 주변에는 축조시기가 명확하지 않은 비봉산성을 제외하면 대체로 200~500m의 소규모 토성들리 배치되어 있다. 안성천 유역의 관방시설은 백제가 마한 세력을 장악하는 남진의 거점으로 관방시설이 구축되기 시작하였고, 4세기 후반에 고구려와 충돌 과정에서 고구려 수군이 서해안 지역으로 상륙을 방어하기 위하여 치밀하게 관방체계를 구축한 것으로 생각된다.

특히 4세기 후반 백제가 고구려부터 해상 교통로의 요충지인 관미성을 상실한 것은 백제의 주요한 해상로의 출발점이 차단되었음을 의미한다. 백제는 한성에서 한강을 통해 서해의 해상항로를 이용하던 방식을 유지할 수 없었으므로, 이후 남양만 일대를 주요 항구로 사용하게 되었다.[88] 이러한 점에서 서해안과 안성천 유역의 관방체계가 타 지역에 비해 치밀한 것은 필연적이었던 것이다.

마지막으로 아산만 이남 지역의 교통로와 관방체계를 검토해 볼 필요가 있다. 아산만 이남에서 당진 성산리산성의 경우 4세기 중반 이전에 초축된 것으로 편년되고 있는데 백제 한성기 전체 관방시설 중에서도 이른 시기에 속한다. 아산만 이남 지역에서 백제 중앙의 영향이 보이는 관방시설이 축조

88 임동민, 2022,『백제 한성기 해양 네트워크 연구』, 高麗大學校 韓國史學科 博士學位論文, 90~93쪽.

된 것은 백제의 마한지역 지배와 더불어 서해안 일대에서 고구려에 대한 방어선의 구축이 목적일 가능성도 높다. 기타 아산만 이남의 관방 시설은 홍성 신금성이 5세기 전반, 완주 배매산성-구억리산성, 진안 와정토성은 5세기 중반 백제 한성기 말기에 초축된 것으로 판단된다. 아산만 이남 지역의 관방시설은 조사 사례가 부족하여 교통로와 관방체계의 연결이 쉽지 않지만, 진안 와정토성은 금강을 통해 소백산맥을 넘어서 가야 지역과 연결되는 교통로에 위치한다는 점에서 5세기 중반 경에는 백제가 영산강 이북 지역에서 전방위로 확장해 나갔던 상황을 유추해 볼 수 있다.

요컨대 교통로를 중심으로 백제 관방체계를 검토해 보면, 왕경을 중심으로 북방(임진강-한탄강 수계), 서방(서해안, 안양천-안성천 수계), 동방(남한강, 금강-미호천 수계)으로 크게 구분된다. 서방과 동방의 관방체계는 지천을 통한 동서축-남북축의 교통로가 상호 연결되며, 아산만 이남의 남방의 관방체계는 안성천 수계와 금강 수계에서 연결되어 백제가 진출하는 방향으로 설정되어 있음을 알 수 있다. 시기적으로는 백제가 성장하는 3세기 이전에는 북방에서 낙랑, 마한세력에 대응하여 구축되었고, 4세기 전반에는 주로 마한 소국을 장악하기 위해 동방과 서방으로 확장되었다. 4세기 중반에는 고구려와 전면적으로 충돌하면서 모든 지점에 관방체계가 보강되었으며, 백제 한성기가 종식되는 4세기 후반에는 고구려의 남진 거점인 충주 일대의 금강-미호천 유역과 아산만 이남에 관방체계가 확장되었다.

2. 거점성과 보조성으로 구성된 관방체계

앞서 살펴본 백제 한성기 관방시설 중에서 4세기 이전에 초축된 것은 파주 육계토성과 포천 고모리산성이다. 4세기 중반에는 화성 길성리토성, 이천 효양산성, 충주 탄금대토성, 증평 추성산성(남성), 당진 성산리토성이 존재한 것으로 생각된다. 그런데 대다수의 관방시설은 4세기 후반 근초고왕대의 고구려와 충돌 무렵에 집중적으로 축조되었다.

4세기 이전의 백제 관방시설은 왕성을 제외하면 외부 세력의 침입을 막기 위한 요충지에 축조된 군사적 성격의 방어시설이었다. 반면에 4세기 후반에 고구려의 남진에 대한 방어와 동시에 대외팽창이 이루어지고, 교통로가 정비된다. 이와 동시에 지방세력에 대한 지배도 강화되는 것으로 생각된다. 즉, 군사적 요충지이고 교통로의 결절지이면서, 인구가 밀집된 지역에 관방시설의 축조가 집중되는데 이를 거점산성으로 지칭하기도 한다.[89] 이러한 거점성은 대체로 둘레 1,000m이상으로 규모가 커지고 포천 반월산성, 이천 설봉산성, 설성산성, 의왕 모락산성과 같이 토축에서 석축으로 구조적인 변화가 발생한다. 이러한 축성은 백제 중앙의 통제하에 가능한 것으로 보인다. 국가적인 동원은 축성 기술을 보유한 장인 계층과 노동력을 제공할 역역동원과 수취체계가 정비되면서 국가적인 성장이 담보되어야 한다.[90]

백제의 거점성이 축조되면서 주변에 보조성을 배치하여 주변 통제의 기능을 보완하기도 하였다. 특히 서해안에 인접한 지역과 안성천 유역에는 둘레 200~500m의 소규모 토성이 가시권 내에서 집중적으로 축조되어 있는 것이 확인되었다. 여기서 주요 교통로 중심으로 관방체계가 방사형으로 설정되면서 간선로의 통제를 위한 관방체계의 존재도 상정해 볼 수 있다.[91]

---

89 서영일, 2005, 앞의 논문, 11~12쪽.

90 신라가 한강유역을 확보한 이후에 대부분의 백제 거점성을 신라가 개축하여 사용하게 된다. 그리고 군사적인 목적이 감소하는 신라하대에는 주나 군현의 행정치소로 활용된다. 이러한 상황은 거점성의 활용 목적을 이해하는데 도움이 된다.

91 한반도의 지형이 백두대간의 남북축을 중심으로 서쪽으로 산맥이 뻗어가며, 수계도 산세의 방향과 같이 한다는 점에서 전근대에는 거미줄과 같은 교통로가 설정이 어렵다는 점에서 기본적으로 종선을 중심으로 방어체계가 구성되었다는 견해가 있다(강형웅, 2007, 앞의 논문, 88쪽). 반대로 방사상의 교통로에 동심원형의 교통로가 분기하는 것으로 보아 풍납토성을 중심으로 그물망처럼 관방체계가 구축된 것으로 파악한 견해도 있다(오강석, 2007, 앞의 논문, 207쪽).

물론 한강 유역을 점령한 신라의 경우 3~5㎞ 내외의 거리에서 수계와 교통로를 감지하는 구릉에 촘촘하게 축성된 상황과는 차이가 있다. 관방시설의 조밀함은 대치하는 적대세력과의 군사력의 차이와 깊은 관련이 있다. 신라는 5세기 후반부터 소백산맥을 넘어서 한강유역으로 진출하여 방어선이 길어졌고, 상대적으로 군사력이 강력한 고구려와 백제의 틈에 있는 상황에서 관방체계의 밀도가 높았다. 마찬가지로 6세기대 낙동강 서안과 남강 일대에 설치된 가야의 관방체계도 신라와 유사한 경향을 보인다. 반면에 백제 한성기와 고구려 남진기에 확인되는 관방시설의 밀도는 상대적으로 낮다.

한편 성벽을 갖춘 관방시설만 백제의 관방체계를 구성한 것으로 파악하는 것이 적절한지 의문도 생긴다. 앞서 『삼국사기』 초기기사부터 다수의 책이 설치된 기록을 살펴보았다. 이러한 (목)책은 백제 웅진기인 501년에 신라의 진출에 대비하여 탄현에 세운 책, 526년에 웅진성을 수리하고 축조한 사정책, 660년 백제부흥운동 중 웅진강에 두 개의 책을 세운 것과 같이 지속적으로 등장한다.[92] 목책 내지는 목책성을 안성 도기동산성이나 세종 남성골산성과 같이 고구려가 점유하여 개축한 관방시설을 생각하기 쉽지만, 고고학적으로 흔적이 남지 않은 보조성의 성격을 가진 (목)책도 다수 존재하였을 것이다.[93]

특히 고양 멱절산토성이나 양주 독바위보루(북봉)의 경우 성토된 토루가 전체를 감싸고 있지 않다는 점에서 토루는 대지조성을 위한 부분적인 유구이고, 군사적 성격의 고지성 취락으로 파악할 수도 있다는 점도 참고가 된다.

---

92 『三國史記』 권26, 백제본기4 동성왕 23년; 성왕 4년; 권28, 백제본기6 의자왕 20년.

93 백제의 관방시설이 목책과 토성이 주류를 이루었을 수도 있는데, 목책은 상부가 유실되어 흔적이 확인되지 않는 것이 다수 존재할 것이다(박성현, 2012, 「백제·신라 성곽의 발전」, 『한국군사사』 14-성곽, 육군본부, 208쪽).

한편 이천 설봉산성에는 남서쪽으로 연결된 능선에 부성으로 분류한 2개소의 관방시설이 확인되었고,[94] 청주 부모산성에도 사방으로 연결되는 능선에 4개소의 소규모 관방시설이 확인되었다.[95] 이러한 거점성 인근에 소규모 관방시설을 설치하여 가시권을 확보하는 방식은 최근 화성 황계동토성의 조사에서도 주목되고 있다. 황계동 토성의 인근에 위치한 오산 독산성 상단부의 토루가 백제 한성기에 축조된 것이라면,[96] 거점성과 소규모 보루의 조합으로 볼 여지가 있기 때문에 향후 조사 성과를 주목해야 할 것이다.

그리고 백제 한성기 이후의 상황이지만 대전지역을 중심으로 다수의 소형 관방시설이 조밀하게 배치된 것이 확인된다. 대전 동남쪽의 거점성인 계족산성을 중심으로 계족산 북쪽 능선에 질현성 1~6보루가 배치되어 있다. 식장산 일대에도 국사봉 2보루, 꾀꼬리봉 보루, 독수리봉 보루, 곤륜산 보루가 군집을 이루고 있다.[97] 그리고 보루군의 남쪽으로도 식장산 능선을 따라서 계현성, 마달산성, 황골산 보루가 위치한다. 계현성과 마달산성의 경우도 규모는 다소 크지만 같은 성격의 관방시설이며, 발굴조사가 진행된 황골산 보루의 경우 백제 유물이 수습되었다.[98] 대전지역의 남쪽에 해당하고 옥천 지역의 북쪽에 해당하는 환산 일대 환산 1~6보루가 군집을 이루고 배치되어

---

94 설봉산성의 부성 I (둘레 532m), 부성 II (둘레 312m)는 석축구조이며, 설봉산성 축조시기와 유사한 것으로 보고되었다(단국대학교 매장문화재연구소, 2002, 『이천 설봉산성 3차 발굴조사 보고서』, 446~448쪽).

95 부모산성의 외곽으로 제1보루(둘레 255m), 제2보루(둘레 100m), 제3보루(둘레 100m), 학천산성(둘레 325m)의 조합으로 구성되어 있다(조순흠, 2019, 「청주 부모산성의 조사 연구 성과」, 『청주의 산성과 부모산성(한국성곽학회 2019년도 춘계학술대회 자료집)』, 8~9쪽.

96 中部考古學硏究所, 2021, 앞의 책, 71~73쪽.

97 백제문화재연구원, 2012, 『대전의 산성 분포조사』, 254~256쪽.

98 백제문화재연구원, 2014, 『대전 황골산 보루 유적』, 22~27쪽.

있다.[99] 이러한 대전 일대의 보루군은 중심 방어시설을 보완하고자 주요 능선상에 소규모 관방시설을 배치하여 6세기 이후 신라의 공세에 대비하는 목적으로 구축된 것인데 백제 한성기 관방체계의 연장선에 있는 것이다.

또한 이와 같은 소규모 보루의 연원을 고구려가 남진한 이후에 축조한 보루와 관련이 있을 수 있지만, 백제 한성기의 관방체계가 고구려 관방체계와 일정한 영향을 주고 받았을 가능성도 생각해 볼 수 있다.

99 忠北大學校 中原文化硏究所, 2003,『新羅 百濟激戰地(管山城) 地表調査報告書』.

Ⅴ. 결론

백제 한성기의 관방시설에 대한 조사 성과가 축적되면서 점으로 분포한 관방시설을 종합하여 구조화한 관방체계의 검토가 진행되고 있다. 관방체계는 단순히 국방과 관련된 자료의 종합이 아니라 백제의 대외팽창과 지방통치, 그리고 이러한 노력의 결정체인 국가의 성장을 이해할 수 있는 중요한 지표가 된다. 이러한 점에서 기왕의 연구를 검토하고, 새롭게 추가된 관방시설 자료를 분석하여 백제 한성기의 관방체계를 살펴보았다. 이하에서는 본문의 내용을 요약하며 본고를 마무리하고자 한다.

『삼국사기』 등 사료를 통해서 백제 건국 초부터 축성과 전쟁 기사들이 확인된다. 초기기사의 신뢰 문제를 차치하고, 백제가 마한의 소국을 점령하면서 성장하고, 북방에서는 낙랑과 말갈과 같은 세력으로부터 공격을 막아내기 위한 시도가 비교적 이른시기부터 진행되었다는 흐름을 이해하는 것은 어렵지 않다. 그리고 백제가 고대국가의 기틀을 확립하는 고이왕대에 해당하는 3세기 전반에서 4세기 전반에도 비슷한 양상이 지속된다. 그렇지만 313년 낙랑과 대방의 소멸은 고구려와 경계를 접하게 되었고, 근초고왕대 이후에는 양국간에 대규모 전쟁이 발생하면서 다수의 관방시설이 구축되었다. 이러한 관방시설은 《광개토왕비》의 58성에 대한 기록을 통해서도 보완이 가능하다. 그렇지만 사료와 금석문에 언급된 관방시설들은 백제 한성기에 축조된 관방시설과 연결하는 것이 쉽지 않다.

이러한 점에서 대체적인 흐름을 바탕으로 구체적으로 학술조사를 통하여 확인된 백제 한성기의 관방시설을 정리해 보았다. 풍납토성을 제외하고 지방의 관방시설 중 가장 이른시기에 축조된 포천 고모리산성을 포함하여 5세기 후반까지 축조되거나 운영된 것으로 판단되는 관방시설은 53개소에 해당한다. 현실적으로 조사가 어려운 임진강 이북 지역을 제외하고 임진강-한탄강 유역, 한강 유역, 서해안 지역에 관방시설이 집중되어 있으며, 남쪽으로는 진안 고원일대까지 백제 중앙의 영향을 받은 관방시설이 축조되었다.

이러한 사료와 고고학적인 조사 성과를 바탕으로 관방체계를 분석해 보았다. 백제 한성기의 관방체계는 왕경을 중심으로 북방(임진강-한탄강 수계), 서방(서해안, 안양천-안성천 수계), 동방(남한강, 금강-미호천 수계)으로 크게 구분되며, 수계간에도 상호 연계된 관방시설이 운영된 것으로 추정된다. 시기적으로는 3세기 이전에는 북쪽의 낙랑과 말갈, 남쪽의 마한세력에 대응하여 구축되었고, 4세기 전반에는 주로 마한 소국을 장악하기 위해 동방과 서방으로 확장되었다. 고구려와 본격적으로 충돌하는 4세기 중반부터 모든 방면에서 관방체계가 보강되면서, 백제 한성기가 종식되는 무렵에는 금강-미호천 유역과 아산만 이남에 이르게 되었다.

이러한 시기적인 변화상과 관련하여 4세기 전반 이전에는 방어를 위한 거점에 관방시설이 축조되었다면, 4세기 후반부터 교통로를 통제하면서 지방지배가 가능한 거점성이 축조된다. 이러한 거점성이 설치되는 시기에 관방시설은 중앙의 통제하에 일정한 규모와 발전된 토목기술이 적용되었다. 다만 백제 한성기의 거점성은 신라나 가야에 비해 밀도가 높지는 않다는 점에서 차이를 보인다.

한편 거점성과 주변의 소형 보조성으로 구성된 관방체계가 4세기 후반에 갖추어짐과 동시에 거점성 주변에 가시권을 확보하기 위한 소형 관방시설

(보루)이 배치된 사례의 조사 성과가 증가하고 있다. 이러한 관방체계의 구축은 고구려가 남진한 이후에 한강 유역 이남에서 거점성없이 보루를 일정한 군으로 편제한 관방체계의 기원 문제와 연계하여 검토할 필요가 있다.

참고문헌

姜炯雄, 2007,「4世紀 漢城百濟의 關防體系 硏究」, 檀國大學校 史學科 碩士學位論文.

김기섭, 2014,「백제 한성도읍기의 도성체계와 아차산성」,『史叢』81.

김병희 외, 2004,『城郭길라잡이』1, 전국문화원연합회 경기도지회.

白種伍, 1988,「京畿南部地域의 百濟山城Ⅰ」,『京畿道博物館年報』2

백종오, 2002,「臨津江流域의 高句麗 關防體系」,『臨津江流域의 古代社會』, 인하대학교박물관.

백종오, 2003,「백제성곽」,『경기도의 성곽』, 경기문화재단.

백종오, 2004,「百濟 漢城期 山城의 現況과 特徵」,『백산학회』69.

백종오·신영문, 2005,『高句麗遺蹟의 寶庫 京畿道』, 京畿道博物館.

徐榮一, 1997,「抱川地域 山城의 配置와 營屬관계」,『文化史學』6·7.

徐榮一, 2004,「漢城 百濟時代 山城과 地方統治」,『文化史學』24.

서영일, 2006,「고구려의 백제 공격로 고찰」,『史學志』38.

서영일, 2015,「군사제도와 외곽방어체계」,『서울 2천년사-④ 한성백제의 도성과 지배체제-』, 서울역사편찬원.

서영일, 2019,「한성 백제의 산성과 교통로」,『백제의 산성』, 한성백제박물관.

심광주, 2002,「서울·경기지역의 삼국시대 연구현황과 과제」,『고고학』1.

朴鐘書, 2022,『高句麗 南進 硏究』, 檀國大學校 史學科 博士學位論文.

박중균, 2019,「한성기의 백제산성」,『백제의 산성』, 한성백제박물관.

박중균, 2015,「충북지역 백제 초기 산성의 유형」,『한국성곽학보』26.

박중균, 2014,「薔薇山城 출토 土器의 양상과 성격」,『東亞世亞歷史文化論叢』, 서경문화사.

여호규, 2012,「4세기 후반~5세기 초엽 고구려와 백제의 국경 변천」,『역사와 현실』84.

吳康錫, 2007,「百濟 漢城期 關防體系 檢討」,『先史와 古代』26.
윤성호, 2019,「5세기 중후반 신라의 소백산맥 이서 지역 진출」,『전북사학』 26.
윤성호, 2021,「『朝鮮城址實測圖』를 활용한 삼국시대 성곽 연구」,『한국사학보』83.
윤성호, 2021,「삼국시대 비열홀 지역 관방시설 연구」,『백산학보』121.
이혁희, 2014,「진안와정토성의 구조와 성격 재검토」,『호서고고학』31.
이혁희, 2022,「백제 한성기 토성의 축조기술」,『문화재지』55.
임동민, 2022,『백제 한성기 해양 네트워크 연구』, 高麗大學校 韓國史學科 博士學位論文.

종합토론

한성백제의 도성과 지방성

좌장 여호규(한국외국어대학교)

토론 이보람(국립강화문화재연구소)

이혁희(한성백제박물관)

윤성호(한성대학교)

양시은(충북대학교)

이재명(경남연구원)

장기명(국립경주문화재연구소)

최관호(한국선사문화연구원)

토론 자료 :
한성 백제와 삼국의 도성·지방성에 대한 비교 검토

여호규(한국외국어대학교)

1. 도성의 개념을 어떻게 정의하고, 삼국의 도성 성립 시점을 언제로 볼 수 있을까?
2. 삼국의 도성 입지와 구성(평지거점·평지성과 방어성 등)에 있어서 공통점과 차이점은?
3. 삼국의 도성 주요 시설과 공간구획에 있어서 공통점과 차이점은?
4. 고분군과 주변 취락을 포함한 각국 도성 경관의 공통점과 차이점은?
5. 삼국의 지방성 축조 시점과 지방제도 시행의 연관성은?
6. 삼국의 지방성 축조 주체와 축조 기술의 상호 연관성은?
7. 삼국 지방성의 입지와 유형에 있어서 공통점과 차이점은?
8. 삼국 지방성의 주요 시설과 구성에 있어서 공통점과 차이점은?
9. 삼국 도성·지방성의 분포양상(관계망)과 방어체계에 있어서 공통점과 차이점은?
10. 지방성을 통해본 삼국의 지방지배 양상과 재지사회(취락)의 변화 양상은?

「한성백제의 도성과 지방성」 토론문

장기명(국립경주문화재연구소)

'백제 개로왕 시기 도성의 경관 변화' 발표문은 한성백제 시기의 도성 경관을 살펴보기 위해, 한성기 도성의 구성 요소, 범위를 설정하고 그 변화 양상을 분석하여, 개로왕 시기에 완성된 도성 경관에 대해 설명하고 관련 쟁점을 부각시켰다. '백제 한성기 地方城에 대하여' 발표문은 한성백제 도성을 제외한 지방성 전체를 대상으로 입지, 현황, 축조 기술 등을 검토한 후, 논란 중인 쟁점을 짚어보고 지방성과 결부된 사례별 영역화 과정을 접근하고자 하였다. '백제 한성기의 관방체계 검토' 발표문은 한성백제 시기의 축성 기사, 50건 이상의 관방 유적을 망라하여 다루면서 시기별, 유형별로 관방체계를 거시적으로 설명하였다. 토론자는 한성백제 성곽에 대해 문외한이라 심층적인 질문은 할 수 없고, 추가 설명이 필요한 부분이나 논리 전개상에서 이해가 어려운 내용을 중심으로 질의하고자 한다.

Ⅰ. 종합토론 1부 : 주제발표에 대한 개별 토론 사항

「백제 개로왕 시기 도성의 경관 변화」에 관한 토론문

1.

한성백제 시기의 도성 범위를 "풍납토성과 몽촌토성을 중심으로 동으로는 하남 검단산 혹은 고덕동 일대, 서로는 삼성동토성, 남으로는 우면산-남한산 이북으로 추정된다"라고 설정하였다. 도성 범위는 동쪽 방면으로 견해 차이가 확인된다고 보았는데, 감일동고분군 등을 포함해 2~3개소의 고분군이 존재하기도 하고 물리적 거리로도 상당히 넓은 공간이 유동성을 가진다. 비교적 관점에서 8~9세기 도시 구획된 신라 왕경이 남북 약 6km, 동서 약 5.5km

임을 감안하면 한성백제의 초기 도성이 훨씬 넓은 범위에 구축되었다고 볼 수도 있다. 이에 발표자가 판단하는 한성백제의 도성 범위에 대해, 도성 안에 중심 고분군을 제외한 여러 고분군(동쪽 방면 위주)의 존재, 고지형 조건이나 가용 면적과의 연동 가능성 등을 고려하여 추가 설명해주셨으면 한다.

2.

발표문에 도성의 개념을 정리한 대로 격자형 가로구획은 도시 구조에서 중요한 요소이지만, 삼국의 초기 도성에서는 확인되지 않다가 단계별로 도로가 부설되어 확장된다. 한성백제의 도성에서도 비슷한 양상으로 판단되는데, 가로구획의 개시 시점부터 개로왕 시기의 구획 경관까지를 시기별로 설명 가능한지 궁금하다. 아울러 도시 구획에 따른 의례 중심지, 중요 물품 생산지, 대형 저장고의 분리나 취락의 위계적 분포가 확인되는지도 알고 싶다.

3.

한산불사의 부재를 언급하는 대목에서 불교의 도입에 의해 적석총과 과시적 매장의례가 불필요해진 상황이라 추정한 점은 흥미로운 견해라고 생각한다. 어쩌면 신라, 가야에 비해 석실묘가 일찍이 도입되면서 고총이 이른 시점에 쇠퇴하고 경쟁적으로 증가하지 않는 현상을 설명해줄지도 모르겠다. 그렇다면 이런 관점에서 연접식 적석총의 매장의례부에서 확인된 화장 장법도 불교 도입과 연관시켜 설명할 수 있는지 질문을 드리고 싶다. 또 불교가 도입된 이후 왕릉급 분묘에 동반되는 원찰이 확인된 사례가 있는지 설명해주셨으면 한다.

「백제 한성기 地方城에 대하여」에 관한 토론문

1.

한성백제 시기 석축산성 논쟁에 대해 포천 고모리산성, 의왕 모락산성의 축조 기술을 제시하면서 최정점 수준에 이른 성벽 형태와는 차이가 있음을 간접적으로 피력하였다. 발표문에서는 아직 논쟁 중인 쟁점 거리에 대해 간접적으로 의견을 제시했다고 판단되는데, 좀 더 직접적으로 포천 반월산성, 이천 설봉산성, 설성산성 등에 대한 발표자의 입장을 듣고 싶고, 왜 그러한 입장인지 뒷받침되는 근거와 비교할 만한 사례를 추가적으로 설명해주셨으면 한다.

2.

"길성리토성은 3c 후반~4c 전엽 경 축조되고 4c 중엽에 성벽이 폐기된다"라고 서술하여 성벽의 축조, 폐기 연대를 밝히고 있다. 그런데 토론자가 생각하기에, 축조 연대는 상당히 이르고 폐기 연대는 계속 운용되는 성채치고는 너무 급박하게 폐기되는 것으로 보여 추가 설명을 요청드린다. 참고로 최근에 발굴된 파주 육계토성 또한 3세기 후엽~4세기 전엽이란 축조 연대를 공개한 바 있는데, 그러한 연대 근거를 보면 성벽 내부의 유물이나 성벽 아래쪽(기저부 근처?)에서 수습된 시료 2점에 기반할 뿐이라서 좀 더 관련된 자료 확보가 필요하다고 본다. 길성리토성도 위와 같은 축조 연대라면 풍납토성과 동 시기 혹은 좀 더 이른 시점이 될 수도 있다고 판단되므로, 한성백제 중앙과 지방에서 토성이 동시다발적으로 축조되었다고 보는지 궁금하다.

3.

위의 길성리토성 폐기 연대와도 연결된 질문인데, 백제 금동관모가 출토된 요리고분군은 인접한 거리에 길성리토성이 존재하여 두 유적을 토성-고분군 관계로 설정함이 맞다고 본다. 양자 간의 관계를 전제하고 본다면, 요리고분군에서 4세기 후엽에 백제 중앙의 지원 아래 금공 위세품을 과시할 때 길성리토성은 그 시기를 전후하여 폐기되어서 변화 양상을 설명하기 어려워진다. 이 문제가 합리적으로 해결된다면 소근산성이 5세기 이후에 축조됨에 따라 새로운 재편이 일어나는 과정을 좀 더 유기적으로 해석할 수 있으리라 판단된다. 이런 내용에 대해 추가적으로 설명을 부탁드린다.

「백제 한성기의 관방체계 검토」에 관한 토론문

1.

50건 이상의 관방 유적을 전체적으로 다루는 가운데 지표조사나 부분적인 조사도 상당수 포함되어 아직 실체가 분명하지 않는 것도 존재한다. 성벽 축조 시점, 운용 주체를 확실히 알 수 있는 관방 유적에 한해 한성백제 시기의 전쟁, 축성 기록과 연결해본다면 어떤 유적들을 제시할 수 있고 어떤 분포 특징을 지니는지 추가 설명을 부탁드린다.

2.

한성백제 시기의 관방체계를 폭넓게 제시하고 시기별로 변화하는 양상을 전반적으로 정리하였다. 토론자는 세부적 측면에서 시기별로 관방체계의 분포 밀집도 변화가 간취되는지 질문을 드리고 싶다. 가령, 신라-가야의 경우, 낙동강 양안을 경계로 그 어느 지점보다 성곽 밀집도가 집중적으로 분포하는데, 대가야의 중심지인 고령 지역이 낙동강에서 그리 멀지 않는데다 양국 간의 최전선 경계가 낙동강 유로에 맞춰 전개되었기 때문이라 여겨진다. 이처럼 한성백제 시기의 관방체계에서도 군사적 대치선, 물류 유통, 지방 재편 등 여러 사정에 따라 일정 기간에 집중적으로 성곽이 배치되는 사례가 있는지 질문을 드린다.

Ⅱ. 종합토론 2부 : 한성 백제와 삼국의 도성・지방성에 대한 비교 검토

1. 도성의 개념을 어떻게 정의하고, 삼국의 도성 성립 시점을 언제로 볼 수 있을까?

고구려, 백제, 신라를 대상으로 고대국가 진입 단계부터 도성의 개념을 엄격하게 적용하긴 힘들 거 같음. 대체로 토성, 고분군을 필두로 해서 단계별로 궁성 영역의 확장, 민가 분리가 나타나고 도로 구획이 설계되는 양상을 보임. 고구려, 백제는 특정 시점마다 천도를 했고 신라는 천도를 한 적이 없어 단계별로 동일한 기준을 적용하기도 쉽지 않음. 가야도 도성의 어떤 단계를 적용할 수 있는지 고민해 보아야 함. 어쨌든 도성의 개념을 폭넓게 적용하여 초기 도성을 설정할 수도 있고 국가별로 중심지 여건에 맞춰 달리 적용해야 할 수도 있음.

2. 삼국의 도성 입지와 구성(평지거점·평지성과 방어성 등)에 있어서 공통점과 차이점은?

평지, 구릉에 입지한 평지성은 넓은 내부 면적을 전제로 해서 구축한 경우가 많아서 대체로 규모가 크고 궁성, 거점 용도로 활용되는 듯함. 삼국 중에서도 고구려 초기 사례를 제외하면 대체로 공통점을 보인다고 할 수 있음. 다만, 삼국 도성이 기반한 자연 조건이 달랐고 형성 과정이 차이를 보이므로, 도성을 둘러싼 나성의 존재 유무도 다르고 기반 조건을 활용, 개발하는 방식도 조금씩 차이를 보임.

3. 삼국의 도성 주요 시설과 공간구획에 있어서 공통점과 차이점은?

삼국은 모두 성채, 고분군이 초기에 중심을 이루다가 사찰, 물류 저장고, 고급 공방, 의례 중심지 등이 두각을 드러내고 공간 구획도 단계별로 변화를 보임. 수도 천도를 계기로 계획된 도시 설계 하에 도성이 개발되기도 하므로, 삼국 간의 도성 형성 과정에서 획기적 차이를 보임. 또 불교 수용, 율령 반포 등이 일정 정도 도성의 건축물에도 반영이 되는데, 삼국 간의 시기적 차이가 상정되어 도성의 구성 요소가 단계별로 상이함.

4. 고분군과 주변 취락을 포함한 각국 도성 경관의 공통점과 차이점은?

공통적으로 고분군은 초기 도성 경관에서 중요한 요소로 구축되다가 점차 선대 묘역의 상징적 장소로 변화됨. 신라의 경우, 왕경의 개발부지 확보를 위해 왕경 주변으로 이전되고 점차 왕경 바깥으로 멀어지기도 함. 주변 취락은 궁성 구역과 민가의 구분이나 도성 주변의 배후지(주변 도시)의 차원에서 중요한데, 관련 자료가 부분적으로 확보되었고 토론자의 역량 부족으로 그 실체가 아직 가늠되지 않음.

5. 삼국의 지방성 축조 시점과 지방제도 시행의 연관성은?

중심지에서 축조된 시점과 차이가 있는지, 중앙의 핵심 기술이 적용되었는지 등이 먼저 선결되어야 함. 만약 중심지와 지방이 동시다발적으로 축조되었다면 지방 주체, 적극적 수용성도 함께 고려되어야 함. 지방제도는 어디까지나 중앙과 지방의 관계를 전제로 설정되므로, 이에 대한 중심지의 영향력 정도, 지방의 수준과 향후 획기적 변화 등이 고려되어야 함.

6. 삼국의 지방성 축조 주체와 축조 기술의 상호 연관성은?

중심지와 지방이 동일한 토목 기술로 축조된다면 토목 기술이 기술 집단, 신정보, 재료 수급, 행정 시스템 등이 동반되는 만큼 중앙의 영향력이 강했다고 볼 수 있음. 하지만 지방 조건에 맞추어 재지 기술로 축조된다면 중앙과 지방의 피드백을 함께 고려하여야 함.

7. 삼국 지방성의 입지와 유형에 있어서 공통점과 차이점은?

공통점은 1번 질문과 유사하게 생각해볼 수 있음. 다만, 지방성이 거점으로 설립되면서 지방 중심지가 이전되는 경우, 지방지배의 재편이 예상되므로 대대적인 변화가 수반될 수도 있음. 또 군사 경계선의 경우, 집중적인 성곽 분포를 보여 용도별로 특수성이 인정됨.

8. 삼국 지방성의 주요 시설과 구성에 있어서 공통점과 차이점은?

삼국 중심지의 양상을 최대한 모방하려는 경향이 강하며, 초기에는 성채, 고분군이 역시 중심을 이루나 지방 재편에 따라 유형별로 상이한 양상으로 전개됨.

9. 삼국 도성·지방성의 분포양상(관계망)과 방어체계에 있어서 공통점과 차이점은?

거시적으로 교통망, 지방 거점 등을 중시해 관계망이 형성되고 방어체계는 도성을 기준으로 외곽으로 넓혀가는 여러 차선의 방어망이 존재함. 관계망과 방어체계가 대체로 일치를 보이기도 하지만 접경 영역, 군사 대치선과 같은 특수한 상황이라면 지점별로 집중적인 분포를 보일 수도 있음. 삼국의 차이점에 대해서는 개별적으로 제시할 능력이 없음.

10. 지방성 통해 본 삼국의 지방지배 양상과 재지사회(취락)의 변화 양상은?

5, 6, 7번 질문을 종합하여 상정해 볼 수 있음. 같은 답변이 반복될 거 같으므로 생략하기로 함. 가장 중요한 건 이전 중심지의 이동 혹은 재편이 확인되느냐가 관건임.

「한성백제의 도성과 지방성」토론문

양시은(충북대학교 고고미술사학과)

「백제 개로왕 시기 도성의 경관 변화」에 대한 토론문

1.

발표자는 한성기 도성의 공간적 범위를 대체로 개로왕대 대규모 토목공사가 이루어진 제방의 축조 범위, 취락과 묘역의 분포 양상을 토대로 동서는 삼성동토성에서 하남 검단산 내지는 고덕동까지로, 남쪽은 우면산-남한산 이북으로 추정하고 있는 것으로 이해된다.

사실 도성의 공간적 범위를 설정하기 위해서는 도성을 구성하고 있는 주요 유적의 분포 외에도 이동과 경관에 지대한 영향을 주는 자연지형을 고려하지 않을 수 없다. 자연지세로 볼 때 한성은 북으로는 한강, 서로는 탄천, 남과 동으로는 남한산을 경계로 한다. 이는 도성의 핵심권역인 풍납토성과 몽촌토성의 배치, 그리고 석촌동과 감일동 고분군 등의 분포 양상을 보더라도 그러하다.

그렇다고 하더라도 한강 북쪽은 도성의 범위에는 포함되지 않는 것인지, 또 삼성동토성이 백제의 성곽이라고 한다면 도성의 범위를 좀 더 확장할만한데도 서쪽 경계로 판단한 이유는 무엇인지, 그리고 동쪽 경계를 하남 미사리유적과 광암동고분군으로 보는 것인지, 또 남쪽의 경우 감일동고분군을 넘어서지 않는 것인지 등 발표자가 생각하는 한성기 도성 유적의 범위에 대한 보완 설명을 부탁드린다.

2.

발표자는 서울 암사동유적과 하남 미사리유적 등의 한강변 취락유적을 풍납토성 1단계(3세기 중후반~4세기 초)~2단계(4세기 전반~4세기 후반, 성벽 축조 시기)로 보면서도, 도성 배후 지역에서 도성의 비자급자족성을 충족시켜 줄 수 있는 대규모 생산단지이며 도성과의 긴밀한 유통망이 형성되었을 것으로 추정하였다. 특히 미사리유적은 농업생산, 야철지, 유리공방, 토기공방 등이 존재하고 있어 대규모 종합생산단지의 가능성을 염두해 두었다.

그런데 이들 유적이 도성을 지원하는 대규모 생산유적이라고 한다면, 한성이 본격적으로 자리잡은 5세기대에 더욱 활성화되어야 할 이곳에서 운영양상이 더 이상 확인되지 않는지에 대해 발표자의 의견을 듣고 싶다.

3.

발표자는 한성기 도성의 구성 요소를 왕궁시설, 성곽시설, 군사시설, 제사 및 종교시설, 취락, 묘역 등으로 구분할 수 있다고 하면서도, 경관의 변화양상을 확인할 수 있는 요소는 취락과 묘역으로 한정된다고 하였다. 그런데 본문에서는 개로왕대 있었다는 제방공사가 큰 비중을 차지하고 있는데, 이러한 기반 시설을 제외시킨 이유가 있는지 궁금하다. 그리고 도성의 구성 요소로 제시한 성곽시설과 군사시설은 무엇을 지칭하는지에 대해서도 의견을 듣고 싶다.

본 발표가 백제 개로왕 시기 도성의 경관 변화로 주제가 한정되어 있기는 하지만, 간략하게라도 시기별 한성기 도성의 경관 변화를 주요 도성 유적의 분포 및 범위를 표시한 단계별 도면을 참고자료로 제시해준다면 한성 도성에 대한 전체적인 이해에 효과적일 수 있다. 이후 원고에 보완을 부탁드린다.

「백제 한성기 地方城에 대하여」에 대한 토론문

1.

백제 한성기 성의 비정 문제는 여전히 논란이 많은 주제이다. 본문에서도 지적하고 있다시피 한성기 백제 토기가 출토되는 포천 반월산성, 이천 설봉산성, 설성산성을 위시한 여러 석축 산성이 논란의 핵심이다. 현재 남아있는 석축 성벽은 전체적인 구조나 축조기법 등으로 보건데 분명 신라가 축성한 것이지만, 산성 내에서 출토된 백제 토기로 인해 한성기 석축 산성에 대한 논란이 생겨났다.

광개토왕릉비에 따르면 광개토왕이 396년 백제의 한성을 공략하여 아신왕의 항복을 받아내었을 때 공취한 백제의 성은 58개이다. 그런데 58개의 성이 한성기 백제 성 전체가 아닌 일부라는 점과 현재까지 알려진 한성기 백제 성의 수 역시 이보다 부족하다는 점에서 우리는 한성기 백제 성의 실체를 여전히 잘 모르고 있는 셈이다.

발표자는 백제 한성기 지방성의 축성기법에 대해 자세히 논의하고 있다. 그렇지만 유적의 전체 분포도를 보면 개별 유적에 대한 사실 관계 확인이 필요하거나 분포 양상에 있어서 이해가 되지 않는 부분들이 있다. 한성기 백제 산성에 대한 논란이 많은 만큼, 가장 기본적인 유적의 선정에 있어서도 신중해야할 필요가 있다. 유적 선정 기준에 대해서는 별도의 설명 없이 본문에서 관련 논의를 진행시킨 관계로, 이에 대한 보충 설명을 부탁드린다. 그리고 이후 원고에는 대상 유적의 선정 기준과 함께 기본 내용이 담긴 현황표가 제시되었으면 한다.

2.

최근 삼국시대 토성에서 보고되는 목책흔에 대해서는 그 구조에 대한 정밀한 검토가 필요하다. 특히 토루 외측 사면이 아니라 정상부에서 확인되는 목주열의 경우 목책으로 볼 수 있을 것인지 의문이다. 석성의 경우에도 여장이 체성벽 상단의 가장 바깥쪽에 설치되는 것이 일반적인데, 토루 상면 중앙부에서 확인되는 목주열이 목책벽으로 기능한다면 그 효과가 떨어질 수밖에 없기 때문이다. 토루에서 확인되는 목주열에 대한 발표자의 견해를 듣고 싶다.

3.

발표자는 한성기 석축산성의 대표 사례로 포천 고모리산성과 의왕 모락산성을 들고 있다. 그런데 고모리산성의 경우 토축 대부분이지만 일부 구간에서만 석축과 토석혼축의 양상을 보인다. 물론 조사가 충분히 이루어지지 않은 상태에서 논의를 진행한다는 것이 바람직하지는 않지만, 일부 구간에만 존재하는 석축성벽을 근거로 고모리산성을 한성기 석축산성으로 볼 수 있을 것인지는 의문이다. 이는 모락산성의 경우에도 마찬가지이다. 석축, 토축, 토석혼축이 모두 확인되는 양상에서 이를 한성기 석축산성으로 파악하는 것이 맞는지 의문이다.

토론자 역시 과거에 고구려 대형 산성의 경우 성벽의 잔존 양상을 근거로 지형과 주변의 지질환경에 따라 토축과 석축 성벽이 혼재할 수 있을 것이라고 생각한 바 있다. 그런데 최근에 조사가 이루어진 개주 청석령산성(고려성산성)의 경우 토축 성벽이라고 생각했던 부분이 석축 성벽을 지탱하는 토축부가 노출된 것임이 밝혀지기도 하였다.

규모가 그리 크지 않은 산성에서 이처럼 다양한 재료의 성벽이 나타나는 것을 어떻게 생각하는지 발표자의 견해를 듣고 싶다.

4.

발표자는 고양 멱절산토성과 홍성 신금성의 경우 백제의 진출로 인해 물질문화상의 단절이 확인되는 사례로, 기존의 지역 공동체가 무너지면서 백제 중앙과 관련된 성곽이 축조됨을 지적하였다. 두 유적 모두 낮은 구릉에 위치한 토성으로, 각각 4세기 후반, 5세기 전반에 축조된 백제의 행정력이 강하게 미치는 지방 거점성으로 연결시켰다.

반면 4세기를 전후한 시점에 축조된 화성 길성리토성은 4세기 중엽이 되면 성벽이 폐기되면서 주변 취락의 확장과 함께 고분에서 백제의 금동관, 금동신발 등이 출토된다는 점에서 강력한 지방 세력이 존재하고 있음을 상정하였다. 다만 5세기가 되면 길성리토성 남쪽으로 화성 소근산성이 등장하면서 백제의 직접적인 행정력이 미치게 된 것으로 이해하였다.

이상의 논지 전개라면 길성리토성은 백제가 아닌 지방 세력이 축조한 성곽으로 봐야할 것인데, 이 경우 백제 성곽의 축성 기법에 대한 논의를 위한 근거 자료로서 활용되는 것이 적절한 것인가에 대한 문제가 발생하게 된다. 이와 관련한 발표자의 의견을 부탁드린다.

5.

한편, 성의 축조 목적은 기본적으로 방어이다. 지방 지배를 위한 거점성이라고 하더라도 외부의 침입을 막는 성벽을 갖추고 있기 때문에 방어성을 기본으로 하되, 지방 지배라는 또다른 목적이 강조되는 것으로 보는 것이 바람직하다. 이러한 관점에서 본다면 나성리토성을 사례로 '지방도시를 보호하는 지방성'이라는 수식적인 표현은 적절하지 않으며, 지방 거점성(치소성)으로 이해하면 될 것이다.

「백제 한성기의 관방체계 재검토」에 대한 토론문

백제 한성기 성에 대한 연구는 앞에서 언급한 바와 같이 논란이 많은 여전히 쉽지 않은 주제이다. 문헌에 등장하는 백제의 여러 성의 실체가 고고학적으로 아직까지 명확히 확인되고 있지 않기 때문이다. 그리고 『삼국사기』 초기 기록은 『삼국지』 위서 동이전 기록과의 상충으로 인해 신빙성 문제도 제기된다. 이러한 점에서 백제 한성기의 관방체계 검토는 쉽지 않은 작업이다.

고대 국가에서 관방체계는 기본적으로 도성과 영토의 방어가 핵심이다.

국경 지역과 도성으로 향하는 주요 교통로에 대한 경계와 방어가 목적이 될 수밖에 없다. 그러한 점에서 한성기 관방체계는 결국 풍납토성이 조영되는 시점 이후를 대상으로 고고학 기초 자료에 대한 정밀한 분석을 기본으로 논의할 수밖에 없다.

1.

한성기 백제 성에 대한 논란이 많은 만큼, 관방체계 논의를 위한 유적 선정이 가장 중요하다. 그렇지만 발표자가 제시한 백제 한성기 관방시설 현황표는 여전히 논란의 소지가 있다. 특히 지면의 한계라고 하더라도 조사 현황에서의 발굴과 운영시기에서의 연대 부분은 보완 설명이 필요해 보인다.

그리고 한성기 백제의 여러 관방유적에 대한 추론 역시 보다 신중할 필요가 있다. 개별 유적에 대한 정밀한 검토가 필요하다. 이와 관련하여 발표자가 첫 번째로 제시한 파주 육계토성과 칠중성을 사례로 삼고자 한다.

육계토성은 비교적 이른 시기인 3세기 중후반에서 4세기 전반에 축조된 것으로 알려져 있다. 성 내부 주거지에서는 4세기대를 중심으로 하는 유물이 주로 출토되며, 한성기 후기 유물은 발견되지 않는다. 이는 4세기 후반 혹은 5세기를 전후한 시점으로 편년되는 고구려 유물이 수습되는 것과도 맥을 같이 한다. 육계토성에서 출토되는 고구려 토기는 몽촌토성보다 이른 시기의 유물이고, 특히 중호문이 시문된 호는 357년에 조영된 안악 3호분 출토품과도 유사하다. 해당 유적은 396년 광개토왕의 남정 이후 임진강 유역이 고구려의 영향력 하에 놓였을 가능성을 보여준다. 그렇다면 육계토성의 운영 시기는 3세기 후반~4세기 전반이 아니라 3세기 후반 내지는 4세기 전반 ~ 4세기 후반까지여야 한다.

그리고 칠중성은 본격적인 조사가 이루어지지는 않았지만 문헌 기록을 비롯하여 7세기대 경기 북부 지역 신라 성곽의 분포 양상으로 보건데 기본적으로는 신라의 성이다. 그렇지만 본문에서 언급하고 있는 바와 같이 성 내에서 회백색 연질의 토기편과 심발형 토기편이 수습되었다고 한다. 그렇다고 하더라도 발굴조사가 이루어지지 않은 유적의 경우에는 일정량 이상의 백제 유물이 출토되거나 주거지를 비롯한 별도의 백제 유구가 확인되는 경우 등에 한하여 백제의 관방 유적으로 이해하는 것이 보다 정밀도를 높일 수 있는 길이라 생각한다.

물론 토론자 역시 한성기 백제 유물이 일정량 이상 수습되는 여러 석축 산성의 경우에는 한성기에 석성이 있었다고 판단하기 보다는 토루나 목책 등과 같은 다른 형태의 관방유적이었을 가능성이 오히려 다분하다고 생각된다. 음성 망이산성의 경우 신라의 석축 성벽과는 달리 토루 구간이 별도로 확인된다는 점에서도 그러하다.

이와 관련하여 발굴조사가 이루어지지 않았거나 발굴조사가 이루어졌어도 한성기 성벽이 명확하게 발견되지 않은 경우 어떠한 기준으로 한성기 백제 성으로 판단하였는지를 밝혀주길 바란다.

2.

발표자는 본문에서 그간 한성기 석축 산성에 대한 논란의 핵심이라고 할 수 있는 이천 설봉산성과 설성산성의 경우 성 내부에서 한성기 백제 토기가 다량으로 출토되었다는 점에서 4세기 후반 백제가 석축산성을 축조하였을 가능성이 있다고 하였다. 토론자는 이들 산성의 구조나 성벽의 축조 기법을 신라의 것으로 보고 있다. 물론 성 내부 수혈에서 백제 토기가 다량으로 출토되는 점에 대해서는 앞에서도 언급한 바와 같이 한성기에 석성이 아닌 다른 재료로 축조된 관방유적이 있었던 것으로 보는 것이 좀더 합리적이 아닐까 생각한다.

본문에서는 이들 산성을 한성기 백제 석축 산성으로 보는 근거에 대해서는 별다른 언급이 없는데, 이렇게 판단하게 된 이유에 대해 좀더 자세히 언급해주길 바란다. 그리고 이와 함께 한성기 백제 석축 산성의 축조 기법이나 양상에 대한 발표자의 견해를 밝혀주기 바란다.

3.

발표자는 한성기 백제의 관방체계를 논의함에 있어 고대 교통로와 문헌, 그리고 한성기 토기가 수습된 모든 관방유적을 대상으로 적극적인 해석을 펼치고 있다. 개별 유적의 발굴조사 결과에 따라 관방유적의 축조 및 운영시기, 그리고 운영 주체에 차이가 있을 가능성도 있는 상황에서 한성기 백제의 관방체계에 대한 적극적인 해석은 상당히 우려스러운 부분이 있다.

발표자는 4세기 후반 고구려 남진에 대한 방어 강화 및 지방세력에 대한 지배 강화가 이루어지면서 백제의 관방유적이 집중적으로 축조되는 것으로 이해하고 있다. 그리고 인구 밀집지역에 축조되는 관방유적을 거점성으로 보면서, 이들 거점성이 대체로 둘레가 1,000m 이상으로 규모가 커지고 또 포천 반월산성, 이천 설봉산성, 설성산성, 의왕 모락산성 등과 같이 토축에서 석축으로 구조적인 변화가 발생하는 것으로 판단하고 있다. 한성기 석축 산성에 대한 토론자의 견해는 앞에서 간략하게 언급하였지만, 그 외에도 이들 산성이 해발 300m가 넘거나 근접한 산 정상부와 계곡부를 아우르며 축조되었다는 점에서 과연 거점성의 역할을 할 수 있을지 의문이다. 그리 높지 않은 구릉에 축조된 백제 성의 경우에는 거점성으로서의 역할이 가능하지만, 접근이 어려운 높은 산 위에 축조된 성이라고 한다면 거점성 보다는 방어적인 측면이 강조된 것으로 이해하는 것이 합리적이라 생각한다. 발표자가 거점성과 주변의 보조성의 사례를 든 안성천의 경우 개별 성곽에 대한 판단은 제외하더라도 거점성으로 추정되는 안성 도기동산성 역시 그리 높지 않은 구릉에 위치하고 있다는 점에서 그러하다. 이에 대한 발표자의 의견을 듣고 싶다.

4.

또한 거점성과 소규모 관방시설 역시 논의의 여지가 있다. 청주 부모산성과 인근 능선에 분포하고 있는 4개소의 관방시설은 현재 남아있는 유적에서 확인되는 현상일 뿐, 한성기 백제에 그러하였다는 증거는 아직까지는 시기상조이다. 발표자가 참고 자료로 제시한 대전과 옥천 사이에 분포하고 있는 여러 보루 유적은 신라와 백제의 지속적인 항전에 따른 것으로, 부모산성의 상황과는 차이가 있기 때문이다.

「한성백제의 도성과 지방성」토론문

최관호(한국선사문화연구원)

Ⅰ. 종합토론 1부 : 주제발표에 대한 개별 토론 사항

「백제 개로왕 시기 도성의 경관 변화」에 대한 토론문

백제 개로왕의 재위기간(455~475년)은 당시 백제의 중심 공간인 도성이 당시 백제인에 의해 운영된 마지막 시기이다. 그러므로 개로왕 시기 도성의 경관은 한성백제 도성의 최종 모습이라 할 수 있다. 이러한 점에서 개로왕 시기 도성의 경관 변화에 대한 이해는 한성백제 도성의 완성된 구성을 복원하는데 매우 중요한 문제이다.

이 글은 먼저 도성의 개념을 정리하고 한성백제 도성의 구성 요소와 범위를 설정하였다. 그리고 도성의 경관을 구성하는 왕궁 · 방어 · 제사 · 주거(취락) · 묘역 등 제 요소 중 고고학적으로 그 변화양상을 파악할 수 있는 취락과 묘제 자료에 집중하여 한성백제 도성의 변화(성장) 과정을 자세히 설명하였다. 개로왕대 도성의 경관 변화에 대해서는 삼국사기에 기록된 성곽(성벽)과 수축, 궁궐 시설의 증축, 왕릉의 조성, 제방의 축조에 대해 이를 보여줄 수 있는 고고학적 자료(또는 현상)을 찾기 위한 세심한 노력을 기울였다.

이번 발표를 통해 한성백제 도성의 최종적 경관 형성에 대해 폭넓은 이해를 도모할 수 있었으며 발표자의 노고에 깊이 감사드린다. 다만 좀 더 구체적인 파악을 위해 몇 가지 궁금한 점을 여쭙고자 한다.

먼저 한성백제의 왕성(또는 궁성)으로 이해되는 풍납토성 내부의 공간구조와 관련한 부분이다. 풍납토성에 대한 고고학적 조사가 지극히 제한적이라는 한계가 있지만, 현재까지 조사된 성과를 토대로 백제 왕성으로 기능했을 때 풍납토성의 성내 경관의 최종적인 모습(개로왕 시기)이 어떻게 구성되었을지 왕성을 이루는 제 요소(궁실, 관청, 일반 주거, 제의, 생산 시설 등)의 배치 관계를 중심으로 보충 설명해 주시기를 부탁드린다.

다음으로 한성백제 도성의 경관에서 큰 비중을 차지하는 묘제(묘역)의 문제이다. 발표문에서는 도성 내에 조성된 석촌동, 가락동 고분군은 집단의 정체성을 과시하는 집단 묘역이자 왕릉으로, 도성 경계에 위치한 하남 감일동, 광암동, 판교동 고분군(석실분군)은 새로운 입지에 조성된 관료 또는 귀족집단의 무덤으로 파악하고 있다. 이 같은 묘역의 분화는 백제 중앙 정치체제의 정립 또는 고도화와 연결되는 현상으로 볼 수 있지 않을까 싶은데 이에 대한 발표자의 견해를 듣고 싶다.

끝으로 풍납토성과 몽촌토성의 관계에 대한 문제이다. 한성백제 도성의 경관 구성에서 풍납토성과 더불어 또 하나의 중심적 역할을 하는 것이 몽촌토성이다. 시기적 흐름에 따라 풍납토성과 몽촌토성 두 성이 담당한 기능과 역할의 변화, 그리고 상관관계에 대해 발표자께서 생각하시는 바가 있다면 설명해 주시기를 부탁드린다.

「백제 한성기 지방성의 축조」에 대한 토론문

고대국가의 축성을 이해함에 있어 단연 먼저 살펴지는 대상은 도성이다. 특히 국가가 발생하고 발전해 나가는 과정에서 위치의 이동 없이 중심지로 지속 기능하는 도성의 경우, 당대 최고의 기술력과 최대의 자원을 동원하여 조성하고 경영하기 때문이다. 지방성은 도성에 대비되는 개념으로 이해할 수 있으나 그것이 반드시 도성에 대한 지방성 축성의 비교열위를 의미하지는 않는다.

이 글은 지방성을 '도성을 구성하는 성곽을 제외한 지방에 설치된 성'으로 정의하고 논의를 전개하였다. 한성백제의 지방에서 확인된 성곽을 입지 및 현황을 정리하고 토축성곽과 석축성곽으로 나누어 축조기술을 세밀하게 분석하였다. 그리고 한성백제 지방성의 축성 목적과 성격을 중앙의 강력한 지배력이 관철된 성, 중앙의 지배력이 단계적으로 관철된 지방성, 그 외 지방도시 보호 · 교통로 감시 · 교류거점 등 다양한 관점에서 분류하여 설명하였다.

이번 발표를 통해 한성백제 지방성에 대해 더 넓게 이해할 수 있었으며, 특히 성의 성격을 구분한 발표자의 인식틀은 깊이 공감하고 다른 국가의 축성을 파악함에 매우 좋은 귀감이 될 것으로 생각한다. 발표자의 노력에 크게 감사드리며 몇 가지 부분에 대한 보충 설명을 부탁드린다.

먼저 흙을 주재료로 성벽을 축조한 토축성벽(또는 토성)의 축조기법은 크게 성토기법과 판축기법으로 나누어진다. 특히 발표자가 강조한 바와 같이 백제는 토성 축조에 가장 적극적인 모습을 보이며 세부적인 축조기법의 부분에서도 다른 국가보다 발전된 단계에 있는 것으로 판단된다. 이러한 한성백제의 토성 축조기법이 어떠한 배경에서 발생하고 발전하게 된 것인지에 대한 문제는 백제의 축성을 이해함에 중요한 부분이다. 이에 대해 발표자께서 평소 생각하신 바가 있다면 말씀해주시기 바란다.

다음으로 한 성에서 가장 빈번한 변화가 확인되는 부분은 성벽이다. 성벽의 조사를 통해 확인되는 변화 양상을 대개 수축과 개축 또는 증축 등의 용어로 설명하고 있다. 이는 경우에 따라 개념의 모호성으로 일반의 이해를 저해하기도 한다. 발표자께서도 이러한 문제의식으로 '개축'과 '수축 및 보수'로 나누어 서술한 것으로 생각된다. 성벽에서 확인되는 변화 양상을 설명하는 용어(또는 개념)로서 수축 및 보수, 개축, 증축 등에 대하여 발표자께서 인식하는 적합한 사용 방안을 조사를 통해 확인된 각 사례를 바탕으로 안내해주시기를 바란다.

끝으로 적어도 한성백제 중앙의 영향력 아래에서 축성된 지방성의 분포 한계선은 한성백제의 영역을 나타내주는 적극적인 근거로 볼 수 있다고 생각된다. 그리고 그것이 시기적으로 확장되는 모습을 보인다면 이는 백제의 성장에 따른 영역의 확대를 의미한다. 지방성의 분포를 통해 그려볼 수 있는 한성백제의 영역 변천 양상에 대한 추가적인 설명을 부탁드린다.

「백제 한성기의 관방체계 재검토」에 관한 토론문

성 또는 성곽은 기본적으로 축조 주체를 보호하기 위한 시설이다. 따라서 동일 주체에 의해 축성되고 사용된 동일 시기 성의 배치 양상을 통해 해당 세력(정치체)의 관방체계를 복원해 볼 수 있다. 이러한 작업은 해당 세력의 영역과 그 내부의 운영 양상을 파악하는데에도 유효한 부분이다.

이 글은 한성백제에 의해 축조된 것으로 파악할 수 있는 관방시설(한성기 초축 유적, 한성기 유물 출토 유적 포함)을 폭넓게 검토하여 수계권에 따라 구분하였다. 이를 바탕으로 한성백제의 관방체계를 교통로(육로와 수운)에 기초하여 검토하였다. 더불어 지방세력에 대한 지배도가 강화됨에 따라 중요 지점(군사적 요충지+교통로 결절지+인구 밀집지)에 축성되는 성을 거점성으로 인식하고 이와 연계한 보조성으로 구성된 관방체계를 구체적인 사례를 들어 설명하였다. 그리고 시기적 흐름에 따른 한성백제 관방체계의 변화 양상을 간결하게 정리하였다.

이번 발표를 통해 한성백제에 의해 축조된 성의 분포와 그에 기반한 광역적 관방체계, 그리고 한성백제의 성이 갖는 역사적 의미에 대한 이해를 심화할 수 있었다. 발표자의 노고에 깊이 감사드리며 몇 가지 보완 설명을 부탁드리고자 한다.

먼저 수계에 따른 산성의 묶음(그룹화)은 특히 교통로가 수계를 기초로 형성된다는 점에서 매우 중요한 접근으로 여겨진다. 발표에서는 한강 이북, 서해안과 한강 하류, 안성천 유역, 남한강-금강 유역으로 구분하여 설명하였다. 하나의 수계에 축성된 다수의 성이 축조기법 또는 입지 · 형태적 특징 등에서 일정한 동질성을 갖는지, 나아가 각 수계권별로 일정한 구분이 인지되는지에 대한 발표자의 보완 설명을 부탁드린다.

다음으로 관방시설(성)의 축조에는 한성백제 중앙의 의지와 영향력이 강하게 작동한 것으로 이해된다. 다만 축성 이후 각 성, 그리고 일정한 권역을 구성하는 관방체계의 운영과 유지는 또 다른 문제이다. 한성백제의 축성과 관방체계의 운영 과정에서 중앙세력이 지방 재지세력을 어떻게 관리하고 통제(또는 활용)하였을지에 대해 보충 설명을 부탁드린다.

끝으로 본 발표와 주제에서는 약간 벗어날 수 있지만, 성이 갖는 주요한 특징 중 하나는 그가 갖는 역사지리적 중요성이 상실되지 않는 한 지속적으로 사용된다는 점이다. 발표자께서는 백제는 물론 신라, 고구려의 축성과 영역 변천에 대해서도 폭넓은 연구를 지속하고 계신다. 때문에 한성백제의 관방체계가 고구려와 신라의 한강 유역 점유 이후 어떻게 (재)활용 되었는지의 문제에 대한 고견을 요청드린다.

Ⅱ. 종합토론 2부 : 한성 백제와 삼국의 도성 · 지방성에 대한 비교 검토

삼국의 도성 그리고 지방성의 종합적인 비교를 진행하기에는 토론자의 역량이 부족함을 자인할 수 밖에 없다. 여기에서는 신라의 축성에서 파악되는 내용을 중심으로 연관 항목에 대해 간략하게 기술한다. 부족한 부분은 이번 학술대회의 발표자, 다른 토론자분들의 고견으로 보완되기를 기대한다.

1. 신라의 도성 : 개념과 성립, 그리고 확장

도성은 간단하게 도읍을 둘러싼 성곽으로 풀이할 수 있다. 좀 더 구체적으로는 오늘 학술대회의 첫 번째 발표에서 검토된 것처럼 국가 단위 정치체의 중심으로 왕이 거주하는 궁성과 각종 관청, 일반의 거주 구역인 민리, 각종 주요시설(제례공간 등) 및 부속시설을 둘러싼 성으로 이해된다. 특히 전형적인 성곽은 안쪽에 지배자 집단의 구역을 에워싼 벽[內城]과 그 바깥으로 피지배자 집단의 거주 공간까지 두른 성벽[外郭]으로 구성된 이중 구조로 발전하였다. 다만 우리나라 삼국시대 도성에서 내성외곽의 구조는 확실하지 않다.

도성의 성립 시점은 적어도 국가 단위 정치체로의 성장이 전제된다. 따라서 신라 도성의 성립 시점은 고대국가로서 신라가 자리매김한 시점의 이해와 불가분의 관계이다. 고대국가의 개념을 엄격하게 설정하면 안정된 왕위세습과 강화된 중앙집권적 왕권의 확립, 율령의 반포와 관제의 정비, 통치 이념의 확립(불교 수용), 활발한 정복 활동을 통한 영토의 확장과 영역 국가로의 발전, 지방관 파견을 통한 지방통치체계의 수립 등의 요건이 충족되어야 할 것이다. 이 같은 인식에서 신라가 본격적인 고대국가로 진입하는 시기는 적어도 소위 마립간 시기 이후로 볼 수 있고, 신라의 도성이 성립되는 시점 또한 마찬가지이다. 이때 신라의 성장을 보여주는 대표적인 고고학적 지표는 거대 봉토를 갖는 왕릉과 그 묘역의 조성, 월성과 명활성 등 국가 단위의 대규모 축성 사업의 진행 등이 꼽힌다. 이들이 곧 신라 도성을 구성하는 주요 요소가 되는데 궁성(월성), 인근의 대규모 왕묘역(대릉원), 그리고 배후의 산성(명활성, 때로는 궁성의 기능을 수행)으로 구성된 신라 도성의 경관을 그려볼 수 있다.

신라 도성의 이해에서 또 하나 간과하지 말아야 할 부분은 경주 분지 일원이 신라의 수도로 신라 국가의 마지막까지 기능하였다는 점이다. 신라사의 진전에 따라 신라의 도성 또한 중단없이 확장되고 변화한 것으로 이해하여야 한다. 그러므로 신라 도성의 최종 범위와 그 경관은 현재의 월성 · 동궁과 월지 · 대릉원 · 황룡사 등 경주 분지 중심의 대표적 유적은 물론 좁게는 명활성 · 남산신성 · 서악동 고분군 등, 넓게는 북형산성 · 서형산성 · 분산성 · 관문성 등으로 둘러싸인 범위까지 확장하여 살펴야 할 것으로 생각한다.

2. 신라 지방성의 축성 단계와 변화 양상

두 번째 발표에서 정의한 지방성의 개념을 따라 신라의 지방성을 '신라 도성을 구성하는 성(곽)을 제외한 지방에 설치된 성'으로 설정하면, 신라의 지방성 역시 신라 국가의 발전 단계과 영역 변천에 따라 확장되는 양상으로 이해된다. 신라 초기의 축성은 경주 월성 · 경주 도당산 토성 · 경산 임당토성 · 대구 달성 · 양산 순지리 토성 · 상주 이부곡 토성 · 강릉 강문동 토성 등이 대표적이다. 이들 성은 일부 석재가 활용되는 경우가 있지만, 주재료로 흙을 이용하여 성벽을 쌓은 토성이다. 각각의 고고학적 조사가 충분하지 않아 축성 시기(특히 초축 시기), 축조 기법 등에 대해 여러 견해가 상충한다. 그러나 성의 위치와 대략적인 성벽 축조 기법, 출토 유물 등으로 보아 적어도 5세기 후반 이전에는 초축된 것으로 볼 수 있다.

축성 입지를 살펴보면, 넓은 평야 중심에 비교적 큰 하천을 주위에 두고 비고는 크지 않으나 상대적으로 높은 지점을 이루는 구릉 상에 위치한다. 따라서 성에서는 일원을 아우르는 조망이 탁월하고 성을 중심으로 넓게 펼쳐진 충적지를 관리하기에 유리하다. 성 주변의 충적지는 전통시대 이래로 경작지 또는 주거지로 활용되어 현재까지 이어지고 있다. 경주 월성을 제외하고는 성벽 둘레가 1~1.3㎞ 내외로 유사한 양상이다. 이러한 입지 선택과 축성 규모, 그리고 토축 성벽의 축조는 신라 초기의 보편적인 축성 양상으로 파악된다. 그리고 이 성들은 해당 지역을 방어하는 군사 거점임과 동시에 지배와 관리의 거점으로 기능한 것으로 여겨진다.

『삼국사기』의 축성기사를 신뢰하는 입장에서 신라 축성의 큰 변화 기점은 470년 보은 삼년산성으로 대표되는 대형 석축산성의 등장이다. 석축산성은 이전 시기와 비교하여 평지보다는 산에 의지한 산성의 축조가 주를 이룬다. 그렇지만 비고가 크게 높지 않으면서 주변의 조망이 탁월한 지역의 선호는 여전히 유지되고 성내에 곡부를 포함하도록 축성하였다. 성벽은 오직 석재

만을 이용하여 내외협축하였고, 성벽은 최고 높이가 14~15m 이상 경우에 따라서는 20m를 넘을 정도로 매우 높게 축조하였다. 높은 체성벽을 보강하기 위해 단면 삼각형의 보축성벽을 체성벽의 1/2 정도 높이까지 축조하였다. 성문은 체성벽의 중단부 이상에 현문 구조로 개설하였고 일정한 규모를 이룬다. 성벽의 회절부와 성문의 양쪽 등 구조적 · 방어적으로 보강이 필요한 부분에는 평면 반원형의 곡면치성을 축조하여 성벽의 견고성을 높였다.

보은 삼년산성과 유사한 구조는 문경 고모산성 · 영월 정양산성 · 경주 명활성 등에서 확인할 수 있다. 이들 산성이 축성된 지역은 5세기 후엽 무렵 삼국의 접경지 인근으로 신라 입장에서는 변경 방어와 교통의 중요 거점이다. 동시에 한강과 금강 유역으로 진출하는 교두보가 되는 요충지이다. 그리고 각 산성을 좁혀 보면 비록 산지에 위치하나 축성 지역 일원의 치소로 기능할 수 있는 입지를 갖추었다. 경주 명활성의 경우 궁성인 월성의 배후에 위치하여 이를 보완하며, 자체로도 경주 분지 일원을 동쪽 방향에서 아우른다.

이들 산성을 축성하는 과정에서 신라 석축산성의 축성 양식이 정립되었고, 이것이 다음 시기 신라 전역의 축성에 적용되었다고 판단된다. 그리고 다소 비약이 될 수 있지만, 자비 · 소지마립간 재위 기간인 이 시기의 축성은 이후 한강과 금강 유역으로의 본격적 팽창을 예비한 신라의 치밀한 의도와 계획에 따라 이루어진 것으로 생각된다.

6세기 이후, 주로 6세기 중엽 신라의 축성은 이전 단계에 매우 높은 성벽을 축조한 것에 대비하여 그 높이가 현격하게 낮아지는 것을 특징으로 한다. 그리고 좀 더 높은 산지에 축성되는 경우가 많아지고 성벽은 석축이 확실하게 주가 된다. 성문 · 치성 · 여장 · 집수 및 배수시설 등 제반 시설은 기본적인 구조를 유지하면서 여건에 따라 가감되는 양상으로 가히 이전 단계 산성의 축소판이라고 할 수 있다. 이러한 모습의 산성은 주로 영남지역에서 소백산맥을 넘어 한강 유역으로 이어지는 길목에서 다수 확인된다. 신라 북진 경로상의 요충지를 따라 확연히 많은 수의 산성이 축조되는데, 보은 삼년산성 등 앞 시기 산성을 배후 거점으로 하여 뻗어 나가는 양상이 그려진다.

6세기대 신라의 축성이 한강 유역과 낙동강 이서 지역으로의 진출을 따라 이를 중심으로 진행된 것은 분명하다. 그러나 안정화된 영역에서도 군사적 방어 및 행정적 운영 체계의 재편 등에 따른 축성이 진행되었을 것이다. 다만 접경지역과 비교하여 축성 규모는 작았고 그 빈도 또한 잦지 않았다고 이해된다. 특히 영남 내륙지역에서 6세기 중후엽 신라의 축성 양상을 구체적으로 확인할 수 있는 자료는 상대적으로 적다. 그러나 칠곡 관호산성의 내성, 안동 선성산성 등을 통해 더 많은 사례가 있었을 것으로 예상된다. 이 시기 영남 내륙지역의 축성은 신라 지방 통치체계의 변화, 북진과 서진을 뒷받침하는 내제적 역량의 제고 방식 등과 관련하여 중요한 부분이지만 아직 구체적인 논의를 진행하기에는 한계가 있다.

3. 신라 지방성의 축조 주체와 재지세력의 변화 양상

적어도 현재까지는 신라 지방성 중 신라 국가(중앙)의 영향력이 미치기 이전, 재지세력의 기층 문화에 기반하여 축성된 성이 구체적으로 살펴지지 않는다. 즉 신라 중앙의 필요와 의지에 비롯하여 지방성의 축성이 이루어진 것으로 이해된다. 그러나 각각의 축성에서 재지세력은 일정한 역할을 담당하였고 경우에 따라서는 이러한 축성사업을 기회로 오히려 재지세력이 성장한 모습이 확인된다.

신라 축성의 특징 중 하나로 일찍부터 언급되어 온 점이 성과 가까운 지역에 고분군이 조성된다는 것이다. 석축산성 인근에 대단위 고분군이 조성된 사례 중 양자의 시공간적 관계가 밀접하다고 인정할만한 경우로는 보은 삼년산성과 대야리 고분군, 문경 고모산성과 신현리 고분군, 대구 팔거산성과 구암동 고분군 등이 꼽힌다.

보은 대야리 고분군에서는 삼년산성의 축성 이후인 5세기 말~6세기 초엽의 빠른 단계에 고분군 내 고총 축조가 본격화된다. 고총 축조는 소요되는 인력과 재원을 충분히 동원할 수 있어야만 가능하므로 이 시기에 재지 수장층의 역량이 한층 강화되었고 그에는 삼년산성의 축성이 중요한 영향을 준 것으로 여겨진다. 즉 삼년산성을 축성하는 과정에서 신라 중앙 세력이 보은 지역 재지 수장층을 적극적으로 지원하여 이들의 지역 내 위상과 지배력이 더욱 강화되었고, 그 바탕에서 고총 축조가 본격화된 것으로 본다. 문경 신현리 고분군 또한 고모산성의 축성과 운영 과정에서 도약한 지역 재지 수장층에 의해 고총에 버금가는 대형 고분이 조영되는 과정을 보여준다. 이러한 상관관계는 팔거산성과 구암동 고분군에서도 유사했을 것이다.

신라의 축성은 해당 지역에 대한 지배력 강화를 의미하고 따라서 재지 수장층을 신라 중앙의 의도대로 일정 부분 통제할 수 있었음을 보여준다. 이러한 통제가 가능했던 배경으로는 읍락 내부의 변화로 어떤 불안을 느낀 재지 수장층(또는 유력세력)이 신라 중앙과의 적극적인 관계 속에서 자신들의 지위를 보장받기 위해 축성 사업에 협조했을 가능성을 생각해 볼 수 있다. 그리고 축성을 통하여 재지인 스스로의 안전을 보장받을 수 있다는 측면도 크게 작용했을 것이다. 다소 무리한 억측일 수 있으나, 지방 거점 또는 교통의 요충지에 축성한 웅장한 모습의 산성과 그 안에 주둔한 신라 중앙군의 존재는 일대에 강한 전쟁 억제력과 심리적 안정을 제공하였을 것이다. 이를 당시 해당 지역의 재지인은 자기 보호와 발전의 동력으로 삼았고, 이를 바탕으로 성장한 역량이 표출된 것이 고총의 축조라고 이해된다.

흥미로운 점은 이러한 신라 성과 대규모 고분군의 조합 관계가 6세기 중엽 이후 한강 유역과 금강 유역으로 진출 과정에서는 거의 확인되지 않는다는 점이다. 그나마 비교할 수 있는 사례로 충주 장미산성과 누암리 · 하구암리 고분군 정도를 들 수 있는데, 이는 전 시기의 양상과는 달리 산성과 고분군의 관계성(이격거리, 입지 등)이 차별된다. 그리고 또 주목되는 점은 앞서 언급한 보은 대야리 고분군 · 문경 신현리 고분군 · 대구 구암동 고분군 등 산성 인접 고분군의 조영이 6세기 중엽에 이르면 중단되는 양상을 보인다는 것이다. 각 고분군의 조사가 아직 미진한 상황으로 단언할 수는 없으나 지표에서 6세기 중엽 이후의 유물은 거의 확인되지 않으며, 고분의 묘제에서도 횡혈식 석실분의 존재는 구체적이지 않다. 이러한 고고자료의 변화는 신라 중앙의 직접지배 강화에 따라 지방 재지세력의 독자성(또는 자율성)이 점차 소거되는 과정을 반영하는 것으로 여겨진다.

4. 신라 축성 공역의 담당자와 축성기술의 파급

끝으로 신라의 축성에서 그 역을 수행한 실질적인 담당자에 대해 조금 더 구체적으로 살펴본다. 551년의 '명활성작성비'와 591년 '남산신성비'는 신라의 축성 과정에서 이루어진 역역동원을 토대로 지방지배체제를 이해하는 매우 중요한 자료이다. 특히 남산신성비에서는 역역의 동원 지역이 크게 확대된 모습이다. 1비의 아량촌阿良村과 노함촌奴含村은 경남 함안과 의령, 2비의 아대혜촌阿大兮村, 아차혜촌阿且兮村, 답대지촌答大支村, 구리성久利城, 사호성沙戶城 등은 지금의 충북 옥천과 경북 의성, 상주 지역으로 비정된다. 이를 통해 6세기 말 신라는 소백산맥 서록의 옥천 지역으로부터 낙동강 이서의 함안 지역에 이르기까지 확보한 영역의 인민을 왕도까지 이동시켜 축성 사업을 전개하였음을 알 수 있다.

바꾸어 보면 왕도에서의 축성역을 마친 인민들이 고향으로 돌아간 후 다시 해당 지역에서의 축성에 동원될 경우, 왕도에서 경험한 방식으로 성돌을 가공하고 성벽을 쌓았을 것으로 여겨진다. 7세기 말 9주 5소경제가 완비되면서 이러한 축성역 또한 한층 강화되었으며 따라서 왕도에서와 동일한 축성 기술이 각 지방에 쉽게 확산될 수 있다고 본다.

남산신성비에서 또 하나 주목되는 것은 면착상面捉上, 면석착상인面石捉上人, 문착상門捉上, 회석착인回石捉人, 소석착인小石捉人 등의 직명이다. 이는 축성 과정에서 세부적인 부분까지 작업 분야를 나누어 인력을 배치하였음을 알려준다. 일종의 분업화로 이해되는데 축성 효율을 높임과 동시에 각 분야 인력의 신속한 기술 습득을 유도하였을 것이다. 작업 공정의 분화 또한 축성 기술 확산의 요인으로 볼 수 있다.

남산신성비의 직명 중에는 '장척匠尺'이 보이는데 관등은 상간上干 또는 간干으로 신라 외위 6·7등이며, 경위로는 대사大舍(12등)와 사지舍知(13등)에 대응한다. 군사조직인 6정과 9서당에는 대장척당주大匠尺幢主와 대장척감大匠尺監의 군관명軍官名이 있다. 이들은 명칭으로 미루어보아 공병工兵일 가능성이 크다. 대장척감은 대장척당주를 보좌하는 직으로 여겨지는데 그 관등은 사지舍知~대나마大奈麻로 비의 장척과 비슷하다. 당시 군軍의 역할 중 축성이 큰 비중을 차지했다는 측면에서 일정한 관련이 있는 것으로 보인다. 축성이 군대의 주요 임무였음은 『삼국사기』에 전하는 이찬伊湌 실죽實竹을 장군將軍으로 임명한 후 삼년성(보은 삼년산성)과 굴산성(옥천 이성산성)을 고쳐 쌓은 기록, 그리고 승전으로 확보한 성을 바로 증축하는 다수의 사례 등을 통해 쉽게 알 수 있다.

「한성백제의 도성과 지방성」의 토론문

이재명(경남연구원 역사문화센터 조사연구위원)

Ⅰ. 종합토론 1부 : 주제발표에 대한 개별 토론 사항

「백제 개로왕 시기 도성의 경관 변화」에 대한 토론문

발표자는 한성기 도성의 의미와 구성요소, 경관 형성, 개로왕대 도성의 경관 변화 등을 여러 물질자료를 통해 천착해 주셨습니다. 한편 백제 한성기의 도성 경관과 변화양상을 보다 뚜렷하게 살펴보기 위해서는 한성기와 대비되는 웅진기와 사비기 도성의 경관 변화는 어떠하였는지 궁금점이 있습니다. 이를 통해 백제 도성 경관의 구성 또한 살펴볼 수 있을 것으로 생각됩니다. 발표자 선생님께서 평소 생각하시는 부분이 있으시면, 이에 대해 부연 설명을 부탁드립니다.

「백제 한성기 지방성의 축조」에 대한 토론문

첫째, 백제 한성기 석축산성에 대한 질의

발표자의 지적과 같이 한강 유역을 포함한 백제 고지에서 확인되는 '백제 석축산성'은 축성 주체에 대한 논란이 있습니다. 따라서 발표자는 운영 시기 및 축성 주체가 비교적 명확한 포천 고모리산성과 의왕 모락산성을 통해 한성기 석축산성의 특징과 축성기법을 설명하고 있습니다. 토축부 외곽에 석축을 덧대어 석성으로 개축하는 것을 백제 한성기 축성기법으로 이해할 경우, 논란이 있는 백제 석축산성의 원형과 발전과정을 규명할 수 있는 중요 유적에 해당할 것입니다.

한편 발표문에 제시된 석축성의 사진은 가공의 정연성이 매우 낮은 할석을 사용하여 허튼층쌓기로 벽석을 축조하였으며, 부분적으로는 수직 상의 통줄눈이 관찰됩니다. 이와 함께 상부로 벽석을 쌓아 올리기 위해, 면석 사이의 빈 곳을 보강하는 적극적인 쐐석끼움이 관찰되지 않고, 면석 간의 넓은 틈 사이에는 흙이 채워져 있는 양상입니다. 이러한 현상은 가야성곽 중 함안 안곡산성, 합천 전 초팔성, 합천 성산토성, 의령 유곡산성, 김해 봉황토성에서 확인되는 것과 같이, 토성 내부에 묻히는 석축 구조물의 축조양상과 유사합니다. 포천 고모리산성의 경우 대부분이 토성으로 구성되어 있으며 일부 구간에 한정하여, 석축 및 토석혼축이 적용되었는데, 풍납토성 서문지에서 확인된 외벽보강 내지 마감석축의 사례를 참조할 경우, 제시된 유적이 기본적으로 토성에 해당하는 체성부로서 추가적인 석축 보강이 이루어졌을 가능성은 없는지 발표자의 추가 설명을 부탁드립니다.

둘째, 책(柵)에 대한 질의

발표자는 화성 길성리토성, 안성 도기동산성, 충주 탄금대토성의 사례를 들어 토성에 부가되는 목책에 대하여 설명하고 있습니다. 발표자의 책성 또는 목책성 정의는 문헌 기록에서 확인되는 책이 아니라, 발굴조사에서 확인된 구조 및 형태적 특징을 기준 하는 것으로 보입니다. 한편 삼국사기는 백제 한성기의 성과 책을 구분하여 기술하고 있는데, 개별 구조물에 대한 의미부여는 입지, 규모 및 구조, 축조방식, 운영목적과 방식 등에서 차이가 있었을 가능성을 보여줍니다. 여기서 백제 한성기 석축산성 부정론에 근거하면, 책과 함께 기록된 성은 토성임이 의심의 여지가 없습니다.

이러한 현황을 통해 체면적, 높이, 안식각을 바탕으로 방어가 이루어지는 성城, 수직 높이로 내부와 외부공간이 차폐되는 책柵으로 백제 한성기 방어시설의 기능이 구분되었을 가능성은 없는지, 또 이 같은 관점에서 토성에서 목책의 설치비율이 낮은 것은 아닌지 궁금합니다. 나아가 목책이 부가된 3개소의 지방성이 지니는 공통점 또는 추가적인 특징이 있는지 보완 설명을 부탁드립니다.

셋째, 성토기법과 판축기법에 대한 질의

발표자는 한성기 토성에 남아있는 축성 흔적을 통해, 성토기법과 판축기법을 자세히 천착하고 이를 형식 분류하였습니다. 이중 성토기법 A식은 주로 지방성에서 축성되는 기법으로 모두 백제 한성기의 성곽에서만 확인되어, 이후의 B식 판축기법으로 대체되었음을 알 수 있습니다. B1식은 이동이 가능한 판축 틀에 의해 상하좌우 품자형으로 맞물리는 판축이 이루어지는 특징을 지닌 것으로 한성기의 중앙뿐만 아니라 지방성을 포함하여 사비기까지 이어지는 축성기법으로 토론자는 이해하였습니다. B2식은 고정된 목주에 판축구조물을 조립하여 아래에서부터 위로 한 번에 판축하는 축성기법으로 한성기 말의 진안 와정토성에서부터 축성사례가 확인되기 시작하여, 부여 부소산성 축성단계에서는 매우 발전한 것으로 파악하였습니다. 이러한 분류에 따르면 백제 토성은 크게 A식→B1식→B2식으로 변화하는 경향성을 확인할 수 있으나, B식의 경우 같은 시기 내에 양 형식이 혼재되는 특징을 보입니다.

축성이 대규모 토목공사를 진행할 수 있는 인력 동원 체제와 고대 토목기술의 집약체임을 고려하면, 지방에서 이루어지던 A식의 B식 대체는 백제 중앙의 지방 영역화와 관련하여 볼 수 있을 것입니다. 그렇다면 B1식과 B2식의 축성기술이 병행하는 현상은 기술 집단의 차이인지 동원된 지역 집단의 차이, 축성이 이뤄지는 입지의 차이, 축성 규모 및 목적 등에 따른 것인지 병행하는 이유가 궁금합니다. 그리고 발표자께서 평소 생각하는 B1식과 B2식 간의 대조되는 장단점, 예를 들어 축성시간의 단축, 내구성의 강화, 동시작업의 효율성 등의 요소가 있다면 부연 설명을 부탁드립니다.

넷째, 지방성 축성 목적과 성격에 대한 질의

오늘날 성곽연구는 축성기법 규명에 집중하는 경향을 지니는데, 이는 성곽연구가 축성시기와 축성주체에 대한 논란, 그리고 체성부에 남아있는 흔적을 수개축 또는 공정으로 파악할 것인가라는 논쟁을 벗어나기 쉽지 않고, 특히 기초학술자료의 축적이 어려운 한계가 있기 때문일 것입니다. 따라서 발표자가 축성기법을 벗어난 성곽 운영과 성격의 규명, 이를 통한 백제의 지역성 및 영역화 과정을 천착하는 것은 매우 큰 의의를 지닌 것으로 생각됩니다. 이중 발표자는 백제의 강력한 지배력이 관철된 성곽 축성사례로 고양 멱절산 토성과 홍성 신금성을 들고 있습니다. 즉 4세기 중엽을 획기로 급변하는 물질문화의 양상을 성곽의 축성과 연결함으로써, 백제의 지방재편 및 영역화를 방증하고 있습니다. 백제의 직접지배를 지역 집단의 극단적 와해 및 중심 취락 소멸의 원인으로 파악할 경우, 그 정점에 있는 축성 또한 지역 집단의 특징이 아닌 중앙과 직접 연결되는 축성기법의 도입을 상정할 수 있을 것입니다.

따라서 성곽의 유형화 가능성을 검토하기 위해, 멱절산 토성과 신금성에서 확인되는 축성기법의 특징은 무엇인지와 두 유적 간의 공통점이 있는지도 궁금합니다. 이에 대해 발표자의 부연 설명을 부탁드립니다.

「백제 한성기의 관방체계 재검토」에 관한 토론문

첫째, 책(柵)에 대한 질의

책에 대한 질의는 이혁희 선생님께 드린 둘째 질의와 동일합니다. 다만 윤성호 선생님의 경우, 문헌 기록에서 확인 가능한 책의 설치지역, 설치시점 등을 통해 가늠할 수 있는 책의 운영 및 관방시설로서 기능에 대하여 추가 의견이 있으시다면 보완 설명을 부탁드립니다.

둘째, 석축산성에 대한 질의

발표자는 남한강과 금강유적의 관방시설에서 석축성인 설봉산성과 설성산성에 대하여 4세기 전후반에서 5세기 전반의 백제토기가 출토되는 현황을 근거로 백제의 관방시설로 파악하고 있습니다. 나아가 백제 석축산성 논란의 여지가 있지만, 백제가 4세기 후반에 석축산성을 축조하기 시작하였을 가능성을 제기하고 있습니다. 설봉산성과 설성산성의 축성기법, 입지, 둘레 등 백제 석축산성 논란을 차지하더라도, 토성 축조가 중점적으로 이루어지는 4세기에 백제 석축산성의 축성이 시작되는 점이 주목됩니다.

한 예로 7세기 삼국 항쟁의 격전지로 백제의 주요 신라 공격 루트이자, 전시기 신라의 서진 경로에 해당하는 경남 함양군, 거창군居列州, 합천군大耶州, 창녕군下州로 이어지는 교통로 상에 신라 석축산성이 집중적으로 배치되어 중첩적인 방어체계를 이루고 있으나, 신라 9주 중 하나로 거열주의 주치가 옮겨진 경남 진주에서는 고대 석축산성의 흔적이 확인되지 않고 있습니다. 이는 석성 축성기술 확보 여부와 상관없이 공수 루트에서 벗어나 있는 안정적인 치소의 경우, 운영에 중점을 두어 석축성이 아닌 토성을 선호하는 것으로 이해할 수 있습니다. 물론 백제와 신라의 축성 교리 및 운영은 차이는 있다고 생각합니다.

이러한 관점에서 남한강 금강유역의 교통로 상에 백제 석성이 축성되는 양상은 백제가 토성 축성을 선호하지만, 특정 필요에 따라서는 석성을 축성한 것으로 이해할 수 있는 면입니다. 따라서 이와 관련 해 볼 수 있는 남한강 금강유역의 교통로가 지니는 특징, 예를 들어 입지, 방어, 대적상황 등의 차별된 특징이 있는지 발표자가 평소 생각하시는 부분이 있으면 추가 설명을 부탁드립니다.

Ⅱ. 종합토론 2부 : 한성 백제와 삼국의 도성 · 지방성에 대한 비교 검토

토론자는 가야의 고지인 경남지역에서 가야시기 성곽과 이후에 축성되는 신라 성곽의 조사 경험이 일부 있으나, 백제 및 신라의 도성과 지방성을 천착하기에는 역량에 무리가 있다. 특히 광역단위의 영역 국가로 발전한 백제, 신라, 고구려와 달리 가야는 약 40~50㎞ 정도의 범위를 경계하여 여러 소국이 맞닿아 있는 지역 단위에 머물고 있다. 대가야의 경우, 성곽 실체가 명확하지 않고 연조리유적과 주산성의 축성에서 논란이 있습니다. 따라서 종합토론에 제시된 중앙과 구분되는 지방성의 설정, 지방 지배체계, 취락 간의 관계 등을 자세히 논하기 어려워, 최근 조사사례가 증가하고 있는 가야성곽의 조사 성과를 바탕으로 종합토론 중, 답변이 가능한 문항을 중심으로 토론자의 의견을 보태고자 합니다.

1. 도성의 개념을 어떻게 정의하고 삼국(가야)의 도성성립 시점을 언제로 볼 수 있을까?

도성은 왕이 기거하는 성곽으로 왕이 정사를 다루는 전각과 기거공간, 관청건물, 구획된 도로, 시조묘 또는 최고 제사건물, 특수시설물의 존재를 전제하고, 이와 함께 관료 및 귀족층의 집주를 포함하는 개념으로 파악할 수 있습니다. 현재까지 가야의 왕성으로 파악된 유적은 4(5)개소로 김해 봉황토성(금관가야), 함안 가야리유적(아라가야), 합천 성산토성(다라국), 고령 연조리유적(대가야), 고성 만림산토성(소가야)입니다. 그러나 고령 연조리유적의 경우, 가야기와와 특수건물지로 파악되는 대벽건물지가 확인되었으나, 연조리 토성조사에서 통일신라 축성기법이 확인되는 등 아직 유적의 실체가 명확하지 않은 편입니다. 특히 가야 왕성에서는 앞서 말한 도성을 구성하는 구체적인 고고자료가 확인되지 않으므로 도성보다 하위의 개념으로 왕이 기거하는 왕성 또는 중심지배공간 용어가 제시되고 있습니다. 이는 도성의 구성요소가 확인되지 않더라도 대규모의 토성 축성을 통해 가늠할 수 있는 지배자의 정치력 및 행정력, 고도화된 토목기술의 구현, 위계에 의해 구분되는 내외공간, 대형 그리고 특수 건물지의 존재를 바탕으로 하는 판단입니다.

가야 왕성의 축성 시기는 중심 고분군에서 확인되는 왕묘의 출현 시점과는 차이가 있는데 체성부 기저부에서 출토되는 유물을 통해 함안 말이산고분군 M13호(아라가야), 합천 옥전고분군 M3호(다라국)와 같이 가야지역 최전성기 왕묘가 축조되는 5c 3/4분기~6c 1/4분기를 전후한 시점에 축성된 것으로 파악됩니다. 그러나 김해 봉황토성의 경우, 기저부 출토유물, 보강 석축과의 중복관계에 유구의 출토유물 편년을 통해 5세기 중엽을 전후한 시점에 축성된 것으로 파악되고 있습니다.

2. 삼국(가야)의 도성 입지와 구성에 있어서 공통점과 차이점은?

가야의 왕성은 해발 약 40~53m 전후의 낮은 독립구릉에 위치하며, 특히 상대고도가 평지에 해당하는 지점에서 축성이 시작되어 주변의 낮은 구릉 정상부를 둘러싸는 평산성의 입지라는 공통성이 있습니다. 평산성의 입지는 성곽의 방어력 강화보다 공간운영에 중점을 둔 입지 특징으로 왕성을 제외하면 대부분의 가야성곽이 산성인 점과 구분됩니다. 이와 함께 가야왕성의 입지와 구성 특징은 약 1.1~2.4㎞에 달하는 대형급 둘레, 말각방형의 평면형태, 주변 권역 전체가 한눈에 조망되는 곳에 위치하여 관망에 유리한 곳, 주변으로 제가야의 중심고분군을 배후에 두고 하천 내지 바다의 만이 연접하여 위치하는 점을 들 수 있습니다. 이러한 특징은 백제 지방성 중 거점성과 공통점을 찾을 수 있습니다.

3. 삼국(가야)의 도성 주요 시설과 공간구획에 있어서 공통점과 차이점은?

성곽의 공간운영 및 활용 양상은 유적의 전면적인 평면조사가 전제되어야 하므로 현재 검토의 제한이 있습니다. 한편 총 7차례의 학술조사가 이루어진 합천 성산토성의 경우, 유적 정상부가 'ㄱ'자상의 구릉을 이루고 구릉 아래로 민가가 조성되어 있습니다. 구릉 정상부에서 대벽건물지 6동이 확인되었는데, 가파른 경사면과 구상유구를 통해 대벽건물지군이 외부와 구분된 정황이 확인되었습니다. 가야지역에서 대벽건물지는 추정 대가야 왕궁지인 고령 연조리유적에서 가야기와와 함께 1동이 확인되어 특수 건물지로 파악되고 있습니다. 구상유구와 외측 경사면으로 이루어진 공간구획은 목책과 외측 경사면으로 구획한 공주 정지산 유적과 유사하므로 백제와의 관련성도 검토할 수 있습니다. 구릉 정상부에서는 대벽건물지를 제외한 뚜렷한 주거지가 확인되지 않으나, 동쪽 구릉 아래에 위치하는 민가에서는 가야시기 취락유적이 확인되므로 성산토성 내부공간이 구획되어 운영 및 활용 되었을 것으로 파악됩니다. 합천 성산토성 북동쪽 체성부에 연접하여, 다량의 목탄과 할석, 내부수혈을 포함하는 제사유구가 확인되었으며, 훼기된 것으로 보이는 기마인물형 토우가 확인되어 왕성에서 이루어진 의례행위를 추정할 수 있습니다.

4. 고분군과 주변 취락을 포함한 각국 도성 경관의 공통점과 차이점은?

김해 봉황토성의 경우, 내부의 대형 주거지 및 취락, 주변의 부원동 유적 등 왕성 주변에 조성된 민리를 상정할 수 있습니다. 합천 성산토성의 경우에도 학술조사가 이뤄지지 않았으나, 근대까지 낙동강 수계로 이어지던 성산나루터가 유적과 인접하여 위치하고 주변으로 넓은 논이 펼쳐져 있어 민리의 조성을 예상할 수 있습니다. 또한, 두 유적이 모두 배후의 중심 고분군에서 이어지는 구릉에 위치하여 왕성, 왕묘, 주변 취락의 경관을 이루었을 가능성이 있습니다. 그러나 학술조사의 미비로 추가 양상은 확인하기 어렵습니다. 이에 비해 아라가야 왕궁인 함안 가야리유적, 왕묘인 함안 말이산고분군의 경우, 독립 구릉 주변이 상습침수구역 및 저습지에 해당하여, 주변으로 취락이 조성되기 힘든 지역에 해당합니다. 이는 아라가야 왕성이 민리를 포함하는 형태가 아닌 위계를 지닌 엘리트가 거주하는 성으로 내외부공간이 확연히 구분된 경관을 지닌 것으로 파악됩니다.

4. 삼국(가야)의 지방성 축조 시점과 지방제도 시행의 연관성은?

가야 또한 중심고분군과 하위고분군의 존재를 통해 정치집단을 구분할 수 있으나, 현재 까지 확인된 가야성곽은 지방성의 형태가 아닌 왕성과 관방성으로 파악됩니다. 관방성은 왕성과 인접하여 수계 또는 국경에 배치되는 형태이며, 함안 안곡산성, 의령 유곡산성, 창녕 구진산성, 합천 전 초팔성 등이 있으며 모두 5세기 후엽에서 6세기 전엽 왕성축조와 함께 동시에 축성되는 관방유적으로 파악됩니다. 따라서 관방성의 축성과 관련하여 지방제도의 시행을 논할 수 없습니다.

5. 삼국(가야)의 지방성 축조 주체와 축조기술의 상호 연관성은?

백제권역 내에서 지방성의 축성기술이 유사성을 띠는 것과 같이, 제 가야의 축성기술도 다라국(합천 성산토성, 전 초팔성), 비화가야(창녕 구진산성), 아라가야(함안 안곡산성, 함안 칠원산성), 금관가야(김해 봉황토성), 소가야(고성 만림산 토성), 의령 유곡산성 및 호미산성 등 소국 단위의 유사성이 확인되고 있습니다. 따라서 가야 소국을 백제의 지방으로 치환할 경우, 제 가야의 기술적 교류 또는 계통성이 상호 연관된 것으로 추정됩니다.

6. 삼국(가야) 지방성의 입지와 유형에 있어서 공통점과 차이점은?

가야는 지방성을 설정할 수 없지만, 왕성과 대비되는 관방성을 지방성에 대입할 경우, 관방성은 해발 약 340~590m 내외에 입지하고, 탁월한 조망권, 교통요지 주변의 산 정상부 입지하며 평면형태는 능선을 세로로 감싸는 세장형 또는 타원형입니다. 둘레의 경우 약 1.2km의 세장형, 둘레 약 300~540m 내외의 타원형이 확인되며, 축성기법에서 다량의 할석을 포함하는 편축 형태의 토성 구조를 특징으로 합니다. 고 신라 산성의 입지 및 평면형태와는 일정한 차이를 지니고 있습니다.

7. 삼국 도성, 지방성의 분포양상(관계망)과 방어체계에 있어서 공통점과 차이점은?

합천, 창녕, 의령이 결절되는 낙동강 중상류역의 경우, 수계를 기점으로 낙동강 서안과 동안에 가야 산성이 대칭하여 축성되는 양상이 일부 확인됩니다. 그간 낙동강 서안의 성은 신라, 동안의 성은 가야라는 도식적인 대입이 학술조사를 통해 일부 수정되고 있습니다. 낙동강 수계를 기점으로 제 가야 성곽이 대칭 조성되는 점은 적대적 대치가 아닌 수계의 관할 등과 관련해 볼 수 있을 것입니다. 따라서 성곽에 대한 기초 학술자료가 부족한 상황에서 도식적인 가야 관방성의 분포양상 및 방어체계를 설정하기가 어렵습니다. 다만 최근 성곽유적에 대한 정밀지표조사된 김해지역의 경우, 김해 봉황토성을 중심으로 소형의 토성이 낙동강 동안 및 교통로를 따라 집중 배치된 양상이 확인되고 있습니다. 둘레 약 80m 내외의 김해 나전리 보루 조사에서 확인된 가야토성이 금관가야 교통로의 방어체계를 형성하고 있는 것으로 보이나, 추가적인 학술조사를 기대해야 합니다.

8. 지방성을 통해본 삼국의 지방지배 양상과 재지사회(취락)의 변화 양상은?

가야지역에서는 설정 및 규명하기 어려운 변화 양상으로 생각됩니다.

종합토론 1부

1. 개별토론

사회 박중균(한성백제박물관) : 지금부터 오후 종합토론을 시작하겠습니다.

종합토론은 1부와 2부로 나눠서 진행하겠습니다. 1부는 13시부터 15시까지, 2부는 20분간 휴식을 가진 다음에 15시 20분부터 17시 30분까지 진행하겠습니다.

오늘 종합토론의 좌장은 한국외국어대학교 여호규 교수님께서 맡아주셨습니다. 큰 박수 부탁드리겠습니다.

(장내 박수)

좌장 여호규(한국외국어대학교) : 안녕하십니까. 방금 소개받은 한국외대 사학과에 있는 여호규입니다. 인사드리겠습니다. 반갑습니다.

(장내 박수)

방금 백제학연구소 박중균 소장님께서 설명하신 것처럼 오후 종합토론은 크게 1부와 2부로 나눠서 진행하게 됩니다.

종합토론을 진행하기에 앞서서 간략하게 모두 말씀을 드리겠습니다. 오늘 아침에 유병하 관장님께서도 개회사에서 말씀하신 것처럼 쟁점백제사 학술회의가 이번에 21회를 맞습니다. 사람으로 친다면 진짜 성년이 된 학술회의가 되겠고요. 그래서 백제사학뿐만 아니라 한국고대사의 연구와 연구의 방향을 잡는 데 굉장히 중요한 학술회의로 자리를 잡은 것이 아닌가 하는 생각이 듭니다.

저도 그전에 이러저러한 박물관의 요청으로 2~3번 정도 발표나 토론회에 참여한 적이 있었는데요. 하여튼 이 쟁점백제사 학술회의는 발표자들의 발표와 더불어서 발표자와 토론자를 곤혹스럽게 할 정도로 장시간 토론하는 것으로 아주 유명한 학술회의입니다. 또 이를 통해서 현재 쟁점이 되고 있는 여러 가지 핵심적인 사항들을 점검하고 향후 연구방향을 잡아나가는 중요한 역할을 하고 있습니다.

그동안 한 20회 정도 진행되었던 학술회의의 주제를 크게 보면 세 가지 유형으로 나눌 수 있을 것 같아요. 한성백제박물관이 풍납토성과 몽촌토성, 석촌동 고분군을 중심으로 해서 한성시기 백제 도성의 발굴과 그에 관한 전시를 맡고 있기 때문에, 한성시기 백제 도성이나 웅진, 사비시기 도성과 관련된 학술회의 주제가 가장 많았던 것 같고요. 그를 바탕으로 해서 백제의 국제관계 문제, 지방으로 진출하는 과정의 문제 크게 이렇게 세 가지 유형의 학술회의가 진행되었습니다.

그런데 그동안 고고학적으로만 놓고 본다면 주로 한성이나 웅진, 사비시기의 도성과 관련된 고고 자료에 치중되었고요. 지방 고고 자료들을 본격적으로 다뤄온 학술회의는 없지 않았나. 그런 생각이 듭니다. 이번에 이 주제에서 보는 것처럼 '한성백제의 도성과 지방성'이라고 해서 지방과 관련된 고고자료들도 본격적으로 다루는 그런 학술회의로 발전하게 되었고요. 특히 조금 이따가 토론자 선생님들을 소개하겠지만 주안점을 백제 도성과 지방성 그 자체뿐 아니라 고구려나 신라, 가야와의 비교에 많은 중점을 두고 종합토론을 진행하려고 합니다. 그래서 한성백제 시기 도성과 지방성을 중심으로 해서 대략 한 3세기부터 5세기 중반까지 만주, 한반도 일대 전체를 아우르는 한국 고대의 도성과 지방 문제를 다루는 중요한 학술회의가 되지 않을까 그런 생각이 듭니다.
저는 사실 문헌사 연구자이기 때문에 백제사 전공자도 아니고 고고학도 잘 모릅니다. 중차대한 임무를 맡았는데 제대로 할 수 있을지 여러 모로 걱정이 됩니다. 하여튼 전통과 역사를 자랑하는 학술회의에 누가 되지 않도록 최선을 다하도록 노력하겠습니다.
통상 소개를 잘 안 하지만 오후에 유튜브에 들어오신 분도 있을 수 있기 때문에 오전에 발표하신 선생님들을 간단히 소개하고 토론자 선생님들을 소개하겠습니다.
제일 첫 번째 발표는 국립강화문화재연구소의 이보람 선생님께서 '백제 개로왕 시기 도성의 경관 변화'라는 주제로 발표해주셨습니다.

(장내 박수)

그리고 두 번째로는 한성백제박물관의 이혁희 선생님께서 '백제 한성기 지방성의 축조'라는 주제로 발표해주셨습니다.

(장내 박수)

세 번째로 한성대학교 윤성호 선생님께서 '백제 한성기 산성 방어 체계'라는 주제로 발표해주셨습니다.

이처럼 오전에는 주로 한성시기의 백제 도성의 경관, 지방성, 도성과 지방성을 아우르는 방어 체계를 발표해주셨는데요. 이에 대해서 오후에 토론을 맡아주실 선생님으로 모두 네 분의 선생님을 모셨습니다.
먼저 충북대학교의 양시은 선생님이십니다.

(장내 박수)

잘 아시는 것처럼 양시은 선생님은 '고구려 성'으로 박사학위를 하시고 이미 단행본으로 출간도 했습니다. 또 아차산 일대에 있는 보루를 비롯해서 남한 지역에 있는 고구려 유적을 활발하게 발굴하신 이 분야의 최고 전문가라고 할 수 있습니다.
그다음으로 한국선사문화연구원의 최관호 선생님을 모셨습니다.

(장내 박수)

잘 아시는 것처럼 최관호 선생님은 최근에 신라의 5세기 후반이나 6세기 대의 지방성들 특히 석축 쌓는 성의 축성법이라든지 이런 토목 기술과 관련해서 굉장히 중요한 연구 성과들을 최근에 활발하게 내고 계십니다.
그다음은 국립경주문화재연구소의 장기명 선생님 모셨습니다.

(장내 박수)

장기명 선생님은 여러 연구 성과를 갖고 계신데, 오늘 학술회의와 관련해서는 경주문화재연구소에 계시면서 월성과 월성 해자 발굴을 주도하시고 그와 관련해서 신라 왕경의 조성원리나 왕경의 경관과 관련한 중요한 연구 성과를 최근에 아주 활발하게 내고 계십니다.
그다음은 경남연구원의 이재명 선생님 모셨습니다.

(장내 박수)

이재명 선생님은 합천 성산토성을 비롯해서 가야의 성곽과 관련된 발굴을 진행하시면서, 관련 연구 성과들을 아주 활발하게 내고 계십니다. 방금 토론자 선생님들의 면면을 보신 것처럼 오늘은 방패가 백제라면 창은 고구려, 신라, 가야 삼국이 백제를 협공하는 형세가 되었는데요. 사실 쟁점백제사는 창과 방패의 관계라기보다 서로 잘 협조해서 연구의 방향을 잡아나가는 형태로 토론을 진행하고 있습니다.
전체적으로 소개 말씀을 드렸고요. 크게 1부와 2부로 진행되는데, 대체로 1부에서는 아무래도 오전에 세 분 선생님께서 굉장히 많은 준비를 하셔서 발표해 주셨기 때문에, 발표 내용들에 대해서 간략하게 검토하고요. 그리고 조금 휴식을 취한 후 2부에서는 오전 발표를 토대로 해서 한성시기의 백제 도성과 지방성을 포함해서 이 시기에 고구려나 신라나 가야의 도성 또는 왕성과 지방성을 어떻게 이해해야 할 것인가. 또 앞으로 어떤 방향으로 고고 발굴을 진행하고 연구 작업을 진행해야 할까. 이런 전망을 같이 해보는 시간을 갖겠습니다.

진행을 이렇게 하겠습니다. 시간 관리도 필요하고 해서요. 1부에 2시간이 주어져 있는데 13분 정도 지났고, 지금부터 대략 1시간 45분 정도 남아있는데요. 이보람 선생님, 이혁희 선생님, 윤성호 선생님 각각의 발표에 대해서 한 30분 정도 배정을 해서 일단 토론자 선생님들께서 제일 첫 번째 이보람 선생님의 발표에 대해서 질문, 검토를 해주시고요. 그러면 그것을 이보람 선생님께서 모아서 답변을 하시고, 그런 다음에 다시 질문하실 것이 있으면 질문하시고, 시간이 30분에서 조금 남으면 청중석에도 바로바로 질문의 기회를 드리겠습니다. 그렇게 하면 대략 1시간 30분 정도 쓰고 나면 10여분 정도 시간이 남을 텐데요. 그때 전체적으로 미진한 사항에 대해서 한 번 더 보충 발언할 수 있는 기회를 갖겠습니다.

1) 이보람 선생님에 대한 토론

각 선생님들의 발표문에 대한 검토는 자료집에 준비가 다 되어 있습니다. 그 자료집에 준비되어 있는 내용들 중에서 제일 처음으로 이보람 선생님의 발표에 대해서 질문 준비를 해주시기 바랍니다.

오전에 들으신 것처럼 이보람 선생님께서는 오늘 한성기 도성, 특히 개로왕 시기에 중점을 두어서 경관을 검토해주셨는데요. 굉장히 많은 중요한 문제들을 다뤄주셨습니다. 도성의 개념을 검토하고 도성의 구성요소, 도성의 공간범위를 검토하신 다음에 도성의 경관이 어떤 단계를 거쳐서 형성되었을까. 대략 3단계 정도를 설정하셨던 것 같은데요. 그러면서 도성경관에 오늘 아주 주목되는 점은 통상 그동안 풍납토성이나 몽촌토성 내부의 문제만 다뤘는데 인근에 취락이나 묘제까지 아울러서 도성경관의 형성 문제를 다뤄줬다는 점에서 굉장히 주목되는 발표라고 할 수 있겠습니다.

그리고 삼국사기 백제본기 개로왕조에 나오는 증토축성, 궁·누각·대사의 조영, 왕릉 조영, 사성에서 숭산까지 이르는 제방을 쌓았다는 기록. 이것이 갖고 있는 경관적 의미에 대해서 구체적으로 검토해주셨습니다.

그러면 양시은 선생님부터 시작하시겠습니다.

양시은 : 충북대학교 양시은입니다. 제가 먼저 백제 개로왕 시기 도성의 경관 변화에 대해서 질문을 드리겠습니다.

최근 들어 한성백제 도성과 관련한 고고학적인 양상들이 계속 추가되고 있는 상황에서 이야기를 드리기가 쉽지는 않을 것 같습니다만, 일단 크게 두 가지 질문을 드려볼까 합니다.

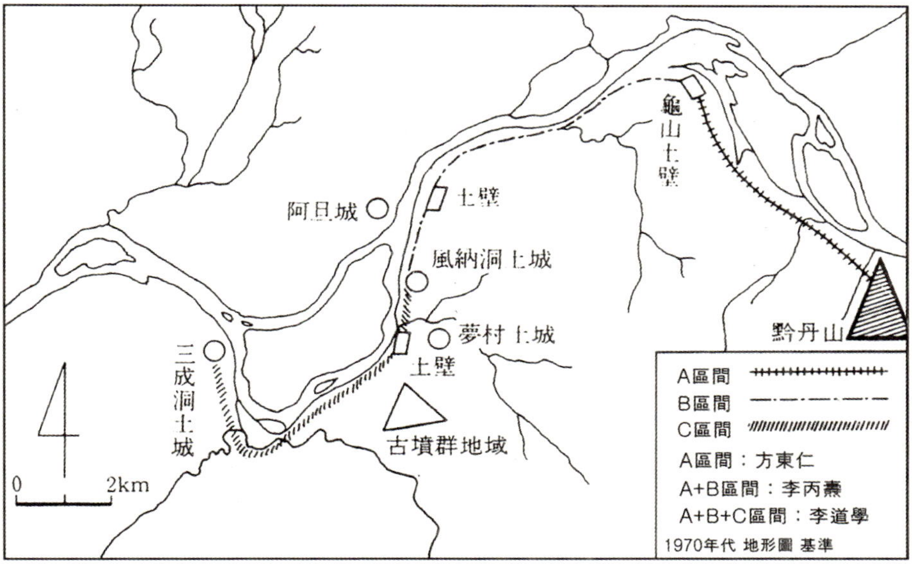

〈그림 1〉 사성(삼성동 토성)에서 숭산(검단산)까지 이르는 제방 추정도(이도학, 1992)

선생님께서는 문헌기록에 의거하여 개로왕 시기에 시행한 대규모 토목공사를 근거로 도성의 범위를 설정하셨습니다. 저는 우선 풍납토성과 몽촌토성을 기본으로 하는 도성의 범위에 대한 질문을 드려볼까 합니다. 선생님께서는 삼성동 토성의 토루에 대한 시굴조사를 근거로 이를 사성으로 비정하고 제방을 쌓았다는 기록에 따라 한강을 따라 서쪽부터 동쪽 구간을 설정하셨습니다.(〈그림 1〉 참조) 다만 북쪽에 대해서는 말씀을 안 하셨는데, 아마도 선생님께서는 한강을 경계로 해서 남쪽만을 도성의 영역으로 판단하고 계신 것이 아닌가 생각합니다. 그런데 현재 발굴조사 된 내용을 보면 감일동 고분군이나, 판교 고분군, 소위 한성기의 석실분들이 출토되는 남쪽 경계가 약간 모호할 수도 있지 않을까라는 생각이 듭니다. 우선 이와 관련하여 선생님께서 생각하시는 한성기 최종 완성된 형태의 도성의 범위에 대해 구체적인 보완 설명을 해주셨으면 좋겠습니다.

두 번째로 선생님께서는 도성의 동쪽 구역에 대해 서울 암사동 유적과 하남 미사리 유적의 사례를 들면서 약간 집중적인 취락의 모습보다는 미사리 유적을 근거로 도성의 거주민들의 삶을 뒷받침할 수 있는 대규모 생산시설에 대해서 언급해주셨습니다. 다만 제가 이해가 안 되는 부분은 한성기에 핵심지역이었던 풍납토성과 몽촌토성의 주변으로 취락이 확장되는 모습은 최근의 고고학 조사를 통해 확인이 되고 있는 반면, 하남 미사리 유적의 경우에는 한성기 후반으로 갈수록 오히려 규모가 줄어들고 있어서 그러한 주장의 근거가 부족하지 않나 하는 생각입니다. 풍납토성과 몽촌토성을 중심으로 한 도성의 확장이 있었다면, 당연히 수공업 생산시설도 조금 더 적극적으로 운영되었을텐데, 오히려 외곽에서 그러한 모습들이 사라지고 있는 부분에 대해서는 어떻게 생각하시는지 의견을 듣고 싶습니다.

좌장 여호규 : 그다음에 이어서 최관호 선생님.

최관호 : 안녕하십니까. 한국선사문화연구원의 최관호입니다.

백제 개로왕의 재위 기간은 당시 백제의 중심공간인 도성이 당시 백제인에 의해서 운영된 마지막 시기입니다. 따라서 개로왕 시기 도성의 경관은 한성백제 도성의 최종적인 모습을 보여준다고 할 수 있겠습니다. 이러한 점에서 개로왕 시기의 도성의 경관변화에 대한 이해는 한성백제 도성의 완성된 모습을 복원하는데 매우 중요한 문제입니다. 이번 이보람 선생님 발표를 통해서 한성백제 도성의 최종적인 경관 형성에 대해 넓은 이해를 할 수 있었습니다. 거듭 감사드리면서 구체적인 질문이라기보다는 이번 발표에서 조금 더 알고 싶은 부분을 발표하시면서 준비한 여러 자료들을 짧은 시간 안에 설명을 못 하셔서 아쉬우실 것이기 때문에 이번 토론 시간에 좀 더 보충 설명을 해주신다는 개념으로 접근해주셨으면 좋겠습니다.

두 가지 부분에 대해서 도움을 부탁드리고 싶은데요. 먼저 첫 번째는 거시적인 흐름들을 설명해주시는 데 중점을 두시고 큰 맥락을 잡아주셨기 때문에 세부적인 양상에 대해서 추가적인 설명을 부탁드립니다. 즉, 백제도성의 가장 중심은 누가 뭐라고 해도 풍납토성이라고 할 수 있겠습니다. 풍납토성 안에 시기적인 흐름에 따른 단계적인 변화 양상에 대한 언급과 설명이 있었습니다만 최종적으로 풍납토성 안에 갖춰졌던 백제 도성의 모습, 중심지의 모습은 앞서 발표에서도 도성의 개념에서 설명해주셨지만 이 시기에 궁실, 주요

건물인 관청, 일반주거, 당시에 굉장히 중요했던 제의시설, 생산시설 등 이러한 중요 핵심 시설들이 풍납토성 내에서 어떻게 구성됐고 물론 발굴조사 자료의 한계가 있다는 근본적인 난점이 있습니다만, 현재까지 분석하시고 종합하신 자료를 통해서 우리가 475년 가장 최종적인 단계의 풍납토성의 모습을 어떻게 그려볼 수 있을지 이에 대한 설명을 부탁드립니다.

하나 더는 백제 한성기 도성의 구성 중심축을 크게 두 곳, 풍납토성과 몽촌토성으로 세워볼 수 있을 것 같습니다. 한성백제의 역사적 흐름에 따른 풍납토성과 몽촌토성의 상관관계. 그리고 각 성이 담당했던 기능들이 혹시 어떤 역할들을 나눠서 두 성이 서로 간의 보완 관계를 갖고 있었는지, 아니면 시기의 흐름에 따라서 성의 운영 빈도 내지는 담당하는 영역이 달라졌을지, 두 성의 상관 관계를 특히 시간적 흐름에 따라서 생각하신 바를 알려주시면 감사하겠습니다. 이상입니다.

좌장 여호규 : 그다음에 장기명 선생님.

장기명 : 경주연구소 장기명입니다. 같은 연구소 식구이기 때문에 질문을 더 늘리지 않고 저는 앞에서 질문하신 분들과 겹치는 질문이 있기 때문에 이것을 위주로 보충하겠습니다. 일단 3번 질문은 제가 개인적으로 궁금한 것이어서 제외하고요.

1번 질문이 한성백제시기 도성 범위에 대한 질문이었는데 앞서서 양시은 선생님이 말씀하신 것과 겹치는 부분입니다. 다만 제가 추가적으로 여쭙고 싶은 것은, 예를 들어 신라를 봤을 때는 말씀하신 제시 안으로 보여준 도성의 범위가 훨씬 넓습니다. 예를 들어 신라 같은 경우에는 왕경이 8~9세기에 도시 구획된, 도로로 구획된 공간이긴 하지만 남북으로 6㎞, 동서로 5.5㎞ 이런 식으로 설정되어 있는데, 초기 도성이라고 하는 한성백제 도성이 모두 다 넓습니다. 그래서 이게 사실 한성백제 시기의 도성의 범위를 판별하는 요소가 지금 보면 나성이 둘러쳐 있지 않기 때문에 대개 가시적인 건축물로 판단하고 있어서 풍납토성, 몽촌토성을 중심으로 무덤군 그리고 제방까지 보고 있는데, 제가 판단하기에 과연 이런 것들을 포괄적으로 보게 되면 도성이라고 하는 것이 소비 중심지이자 정치·경제 중심지라는 그런 개념이어야 하고, 민이나 이런 것과 구분되어야 한다고 생각하는데, 초기 백제 도성의 범위가 넓어지지 않나, 여기에 대해서 묻고 싶고요.

만약에 이렇게 넓게 된다면 거기에 대한 보완 근거로 범람이나 가용 면적이 적어서 넓게 된다는 그런 고지형적인 문제 그리고 사실 감일동 고분군이나 이런 것이 관료의 고분군이기는 하지만, 도성 내에 이런 것이 있는 게 저는 도성의 개념과 조금 맞지 않다고 생각합니다. 그래서 이런 문제까지 결부해서 1번 질문을 추가로 드리고 싶고요.

2번 질문 같은 경우에는 역시 최관호 선생님이 말씀하신 의례 중심지, 중요 물품 생산지, 대형 저장고 이런 것이 배치가 어떻게 되어 있느냐. 이것에 대한 질문과 거의 동일한데, 저는 여기에 추가해서 그래도 한성백제 시기에도 도로구획이나 가로수 계획이 되고 있기 때문에 여기에 맞춰서 혹시 변화가 있는지, 그리고 아까 얘기한 것 중에 제일 중요한 것이 민가가 구분되는 취락의 위계적 분포가 적어도 확인되는지, 여기에 대해 보충설명을 해주셨으면 좋겠습니다. 이상입니다.

좌장 여호규 : 감사합니다. 마지막으로 이재명 선생님 토론 부탁드리겠습니다.

이재명 : 경남연구원의 이재명입니다.

앞서 선생님들께서 이보람 선생님께 중점적인 질문을 하셨기 때문에 저는 좀 더 논의의 확장을 위해서 한 가지 질문을 준비했습니다.

이보람 선생님은 한성기 도성의 의미와 구성 요소, 경관 형성, 개로왕대의 도성의 경관 변화 등을 여러 물질자료를 통해서 잘 설명해 주셨습니다. 한편 제가 궁금한 것은 백제 한성기 도성 경관의 변화 양상을 보다 뚜렷하게 차별적으로 하기 위해서는 시기적인 변화도 있고, 하지만 웅진·사비기에 그런 양상은 어땠는지. 더 나아가서 익산 천도와도 관련되어 있는 백제의 전체적인 흐름을 구분해 보는 것도 백제 한성기까지는 특징을 보다 뚜렷하게 나타낼 수 있는 부분이라고 생각하고 있습니다. 이를 통해서 백제 도성 경관의 구성 또한 살펴볼 수 있을 것이기 때문에, 선생님께서 평소 생각하시는 부분이 있으시면 이에 대해서 추가적인 설명을 해주시면 감사하겠습니다.

좌장 여호규 : 네 분의 선생님께서 굉장히 중요한 문제들을 제기하셨습니다.

그래서 전체적으로 보면 도성의 공간 범위를 어떻게 볼 것인가.

두 번째는 풍납토성 등 도성 중심부의 핵심 시설 또 핵심 시설의 구성 양상을 어떻게 볼 것이냐.

또 하나는 풍납토성하고 몽촌토성 두 개의 성으로 구성되어 있기 때문에 양자의 관계나 기능 또는 시기별 전개 양상을 어떻게 볼 것이냐.

그리고 혹시 이런 주요 시설들이 도로 구획이나 이런 것의 변화에 따라서 변화하는 양상들은 없을까. 공간 범위와 일정 정도 연관이 될 수도 있겠습니다만 가장 동쪽인 하남 미사리에서 확인되는 양상들을 보완 설명 부탁드리는 것.

그리고 또 하나는 웅진과 사비시기의 도성 양상에 비추어서 한성시기 도성의 여러 가지 경관이나 성격들을 보완 설명해주면 좋겠다. 그런 중요한 문제들이 짚어졌습니다. 이보람 선생님 답변 부탁드립니다.

이보람 : 답변드리도록 하겠습니다.

먼저 장기명 선생님과 양시은 선생님께서 말씀해주셨던 '명확한 도성의 범위가 어디인가?'라는 문제입니다. 실은 고고학적으로 도성의 범위를 파악하는 것은 굉장히 어려운 난제입니다. 그렇기 때문에 저 역시도 도성의 범위를 파악할 때 문헌자료부터 고고자료까지 열심히 찾아봤는데 한성기 도성의 범위를 명확하게 설정하기란 굉장히 어려운 일이기도 합니다. 그래서 여러 선생님들이 이제까지 고분군의 분포를 남쪽 경계로 하고 한강을 기점으로 해서 북쪽 경계를 삼은 다음에 동쪽과 서쪽의 경계를 설정해주셨는데요. 어떻게 보면 당시 이 사람들이 모든 영역을 도성으로 인식했는지 저는 근본적인 의문이 먼저 들었습니다. 실은 취락은 왕성 인근에 모두 모여 있고요. 고지형적으로 왕성 인근에 교통과 물류 시스템이 원활했기 때문에 거기에 몰려있을 수도 있지만, 아무래도 왕성과의 정부와 물자교환이 활발하게 이루어지는 위치를 먼저 선점했을 수도 있고, 구릉이나 산지에는 취락이 입지하기 어려웠기 때문에 취락이 왕성 인근에 있었던 게 아닌가 싶습니다. 이를 비춰보면 대부분의 취락은 한강변의 충적대지에 입지하고 있는 구조이고요.

고분군은 말씀드렸다시피 왕릉을 제외하고 모두 다 산지에 위치해 있습니다. 그래서 저 역시도 박순발 선생님 안보다는 제가 아까 지도로 제시했던 이혁희 선생님의 1안, 2안에 동의하는 바입니다. 그래서 한성기 도성의 범위는 서울 면목동 그리고 하남 감일동, 광암동 일대까지를 남쪽 경계로 하고, 물론 서쪽은 삼성동 토성으로 비정이 되고, 동쪽은 하남 미사리까지도 볼 수 있다고 저 역시도 그 안에 동의합니다. 그런데 제가 두 분에게 도성 범위에 대한 질문을 먼저 받고 시각차가 뚜렷했던 게, 역시 고구려 대국을 연구하신 양시은 선생님 같은 경우는 도성의 범위를 훨씬 더 넓게 볼 수 있다고 하셨고, 장기명 선생님 같은 경우는 명확한 도성의 범위는 조금 더 좁게 봐야 한다고 하셨는데, 한성기에 나타나는 대략적인 도성의 범위는 제가 방금 말씀드린 대로 발표문에 제시한 동서남북의 범위라고 봐주셨으면 합니다.

그리고 미사리 유적 생산 기지에 대한 질문입니다. 제가 도성에 대한 자료를 정리하면서 굉장히 의문스러웠던 것이 5세기 전반까지 주거지나 수혈, 도로가 활발하게 축조되다가 5세기 중후반에 들어와서는 해상도가 굉장히 낮아집니다. 특히나 미사리 유적도 마찬가지입니다. 그런데 저는 도성 배후에 위치하고 도성의 삶에 근간이 되는 생산 기지 자체가 5세기 중반 이후 도성 인근에 위치하지 않아도 되는 이유가 당시 백제의 지방 지배가 활발하게 이루어졌고 수취 체제가 확립되었기 때문에 이 지방 지배와 관련해서 살펴볼 수도 있지 않을까. 조용조와 관련하여 살펴볼 수 있지 않을까 생각합니다. 양시은 선생님 대답이 다 됐을까요?

양시은 : 네.

이보람 : 그리고 최관호 선생님 같은 경우는 풍납토성에서 나타나는 개로왕 시기의 최종적인 모습에 대한 질문을 주셨는데요. 어떻게 보면 풍납토성의 5세기 중후반에 해당하는 최종적인 모습은 미래마을 풍납동 197번지 유적에서 가장 명확하게 보인다고 할 수 있겠습니다. 미래마을 같은 경우는 도로의 구획이 계속해서 변하는데요. 이 도로 구획 변화에 따라서 도로변 양옆으로 장방형의 수혈이 밀집해 있다거나 또 도로로 구획된 마지구 같은 일정한 범위 안에서 기단식, 지상식 건물지들이 다수 축조가 됩니다. 그리고 일부 원래 주거지가 있었던 관아지구 같은 경우는 대형의 수혈이나 소형의 수혈이 다수 밀집해있는 양상을 보여줍니다. 그래서 당시 미래마을에서는 궁실 혹은 관청들이 대거 밀집해 있는 모습을 보이지 않을까 라고 추정해볼 수가 있겠습니다.

그리고 풍납토성과 몽촌토성 양성과의 관계는 어떻게 보면 아직까지도 연구자들 사이에 합의는 이루어지지 않은 상태입니다. 옆에 계신 여호규 선생님 역시도 몽촌토성을 방어성으로 보셨고요. 풍납토성은 왕성으로 보셨습니다. 그리고 양성이 왕성으로 기능을 하다가 왕궁이 몽촌토성으로 옮겨갔다는 설도 있습니다. 아직까지는 풍납토성과 몽촌토성 모두 조사가 진행되고 있는 단계이기 때문에 이 양성의 관계는 조금 더 조사가 진전된 후에 말씀드릴 수 있을 것 같습니다.

그리고 장기명 선생님은 도로 구획과 관련해서도 최관호 선생님과 양시은 선생님의 답과 일치하는 것으로 봐도 될까요?

그리고 이재명 선생님 웅진기, 사비기에는 웅진기, 사비기에 도성을 축조하는 양상이 일단은 웅진으로 천도해서 475년 외세(고구려)의 침입에 의해서 웅진으로 천도를 했고, 538년에는 국력을 회복하기 위해서 사비로 천도합니다. 양자의 천도 이유 자체가 극명하게 다르기 때문에, 도성의 입지나 구조에도 이러한 도성의 천도요인이 많이 작용했을 것으로 추정합니다. 웅진기에는 좁은 구릉성 산지 위에 웅진성이 있기 때문에, 가장 주요한 화두가 왕성이 어디에 위치해 있는가라고 볼 수 있겠습니다.

성내 확인 유구가 왕궁으로 보기 어려운데, 피난 온 입장에서 다른 왕궁시설을 건축하면서 거기에서 권력을 키워나갔다고 보기는 좀 어렵습니다. 60여년 동안 공산성을 사용하면서 동성왕 시점에 공주 시가지로 왕궁을 옮겨왔다는 설도 역시 있습니다. 그리고 기존에 대지를 조성하면서 좁은 대지로 왕성을 구축하였다는 것으로 추정해볼 수 있겠습니다. 사비기 같은 경우는 성숙된 도성에 경관이 사비기에서 나타난다고 볼 수도 있겠습니다. 격자형의 가로 구획이나 왕궁의 건설 그리고 도성 외곽의 축조가 바로 그것을 반영한다고 할 수 있겠는데요. 특히 아까 장기명 선생님이 질문을 주셨던 왕릉 옆에 있는, 묘역 옆에 있는 사역이나 그런 것도 사비기에서 확인됩니다.

좌장 여호규 : 제가 좀 질문을 너무 많이 모은 것 같습니다. 그래서 다음 이혁희 선생님 하실 때는 두 분씩 조를 짜서 진행하겠습니다. 역시 큰 학술회의 종합토론을 처음 해보니까 많이 미숙합니다. 잘 봐주시기 바랍니다.

이보람 선생님께서 네 분의 토론자 선생님들의 질문에 대해서 차근하면서 명료하게 답변을 해주셨는데요. 다만, 도성의 범위와 개념을 2부에서도 본격적으로 다룰 예정입니다만, 역시 도성의 개념을 어떻게 설정할 것인가가 가장 중요한 문제인 것 같아요. 아까 장기명 선생님이 역시 도성은 인구가 밀집되어있고 실제 국가운영과 관련된 제반 시설들이 집중되어있는 공간을 한정해서 도성으로 봐야 하는 것 아니냐, 그런 얘기이신 것 같고요. 그다음에 양시은 선생님은 명확하게 얘기는 안 하셨습니다만, 이보람 선생님 얘기를 수용한다면 그 외곽 범위까지도 일정 정도는 볼 수도 있겠다. 특히 이보람 선생님 같은 경우는 아까 오전에 발표를 들으신 것처럼 풍납토성, 몽촌토성을 중심으로 하는 성곽 내부 공간뿐만 아니라, 외부에 도성인들의 무덤 구역 그 사이에 있는 도성을 뒷받침하거나, 또는 도성의 성곽 내부에서만 많은 인구가 밀집해서 거주하기에는 공간이 협소하기 때문에 성곽 외부에 있는 취락까지도 어느 정도 도성의 범위에 넣어야 하지 않을까. 그래서 역시 이 부분은 도성의 개념을 어떻게 설정하느냐에 따라서 범위에 대한 인식들이 달라질 것 같고요. 우선 지금은 양시은 선생님이나 장기명 선생님이 질문하셨으니까 이보람 선생님 답변에는 만족하십니까. 조금 덧붙일 말씀이 있으신가요?

양시은 : 추가적으로 간단하게 여쭤보고 싶은 부분이 있습니다. 이보람 선생님께서는 하남 미사리 유적 축소에 대해 백제의 세력 확장으로 물자 수취나 이런 것이 원활해져서 지방의 물품이 한성으로 모여들었기 때문에 오히려 도성의 외곽의 생산 시설은 쇠퇴할 수 있다고 말씀하셨습니다. 그런데 저는 미사리 유적이 쇠퇴하는 양상은 고고학적으로 밝혀진 사실이니까, 오히려 몽촌토성이나 풍납토성 안에서 또는 인근에서 그런 수공업 생산이나 이런 것들이 이루어질 수도 있지 않을까 하고 생각하고 있습니다. 왜냐하면 몽촌토성에서도 아직 확실하게 밝혀지지는 않았지만 유리와 관련된 수공업 생산

도구가 발견되고 있고, 또 도성에서 중요한 유물을 생산하여 지방으로 내려보내는 등의 사여를 통한 지방 지배를 이야기하기도 합니다. 따라서 한성기에 지방에서 여러 물자를 받아들여 도성을 운영하기보다는 중요한 수공업 물자는 풍납토성과 몽촌토성 또는 그 주변에서 오히려 집중되는 양상을 보일 수도 있지 않을까 싶어서 여쭤본 거였습니다. 혹시 그럴 가능성은 없을까요? 앞으로 발견해주시면 제일 좋겠습니다만.

이보람 : 아까 제가 발표에서 잠깐 말씀드렸던 바와 같이 풍납토성 1단계 삼화지구 Ⅳ에서 그런 토제 범이랄지, 송풍관 등이 출토가 됩니다. 아무래도 왕성 내에서는 주요한 금공품이 생산됐을 것으로 추정되고, 이것도 선생님 말씀하셨던 대로 이것들을 지방에 사여하면서 지방 지배 체제를 구축했을 것으로 추정되는데요. 중요 물품은 도성에서 생산해내더라도 기와나 토기 그리고 농업생산품, 벼, 작물들 이런 것들은 아무래도 한정된 도성의 공간보다는 도성 외곽에서 생산하지 않았을까 추정합니다.

좌장 여호규 : 사실 이 문제가 공간을 다루는데 있어서 굉장히 중요한 문제인데요. 지리학에서는 그런 용어가 있다고 합니다. 행위 공간이라는 개념이 있는데요. 무엇인가 하면 불특정 다수가 일시적으로 점유하는 공간을 행위 공간이라고 한답니다. 가령 정류장이라든지, 기차역이라든지, 항구 시설이라든지. 그런데 권력의 집중도가 높아질수록 행위 공간들을 굉장히 좁은 장소로 얼마나 많이 집적하고 집중시키느냐. 이게 권력의 집중도에서 굉장히 중요한 것이라고 얘기하고요. 이런 지리학의 개념들을 빌려서, 조금 전에 양시은

선생님께서 질의하신 내용하고 연관시켜 본다면, 국가가 성립되는 초기 단계에는 각 지역에 있는 집단들을 최대한 활용하면서 국가의 건국기반들을 마련해 나가지만, 일정 정도 중앙 권력의 집중도가 강화되면 분산되어 있던 각종 생산 시설이나 핵심적인 행위 공간들은 도성이라고 하는 특정 공간을 중심으로 집중시키는 이런 일들이 일어나게 되고요. 그러면 오히려 의외의 현상이 발생할 수도 있다는 겁니다. 도성 개념이 성립되기 전에는 이른바 도성에 준하는 공간이 굉장히 광범위했는데 오히려 도성 경관이 성립되면서 그 공간의 범위가 축소되어나가는 그런 현상들도 벌어질 수 있고요. 이런 부분들을 앞으로 문헌사 연구자나, 고고학 연구자들이 면밀하게 검토해봐야 하지 않을까 그런 생각을 해봅니다.

장기명 선생님은 혹시 덧붙이실 말씀 있으실까요?

장기명 : 방금 사회자님이 말씀하신 것과 같이 저도 그런 측면에서 한성백제 초기 도성이라는 것을 무엇으로 개념을 정의해야 할지, 그 부분에서 의문이었습니다. 사실 제가 발표문을 읽으면서 정말 신라 도성 연구와 또 다른 맥락에서 어렵다고 생각한 것이 경주의 중앙 분지는 한군데에서 천도 없이 계속 이루어지니까 중복되고, 중첩되고, 확장되고 하면서 이것들을 하나의 공간에서 해결해야 하니까, 그런 것들이 어렵습니다. 만약에 한성백제 기준으로 치면 저희가 신라 도성에서 말이 꼬일 수 있는 게, 거대한 건축물로 예를 들면 초기에 월성, 도당산토성, 남산토성, 명활산성 이런 것들이 초기에 도성 범위로 크게 잡고 그다음에 그 안쪽 경계를 잡으면, 사실 자연 지형인 범위보다 훨씬 넓어집니다. 그리고 심지어 8~9세기 때의 것과 비슷하거나 더 넓은 규모가 됩니다. 그래서 처음에 넓었다가 중간에 도

시 계획이 되면서, 도로 구획이 되면서 좁았다, 이렇게 하면 말이 안 되니까 처음에는 초기 도성이라는 것을 포괄적으로 생각하고 있다가 어느 정도 도로 구획에 들어가고 격자형의 도시 설계가 들어갈 때 그때 개념을 적용해서 이런 식으로 나온 겁니다. 그런데 특히 한성기에는 어렵다고 생각한 이유가, 도성이 완성되고 있는 개발 단계에서 어쩔 수 없는 천도로 인해서 고구려 때문에 중단되어버리니까, 중단된 시점을 무슨 기준으로 적용해야 되냐, 이것이 어려운 겁니다. 그래서 지금 발표문을 읽다 보니까 도로 구획이 아예 없었냐 하면 그것도 아니에요. 도로 구획도 어느 정도 하고 있었고 그렇다고 거대한 도성으로 잡자니 사실 저는 자꾸 신라 쪽이랑 비교해서 죄송한데, 제가 신라 쪽 도성 개념 중에서도 이것은 너무 엄격하게 적용하면 안된다고 생각하는 게 경외 매장 개념입니다. 무조건 도성 밖에 무덤이 있어야 한다는 건데, 사실 그 기준으로 해서 무덤을 경계로 안쪽을 도성으로 그린 사람도 있습니다. 그런데 저 같은 경우에는 그게 어느 정도 경계지 안이 되던 밖이 되던 경계 어느 정도다, 그것을 너무 딱 찍어서 엄격하게 적용하면 안 된다. 이렇게 생각하는 개념조차도 사실 어떻게 보면 여기에서 포괄적으로 적용하려고 하다 보니까 제가 봤어도 답이 없는 겁니다. 엄격하게 적용하자니 도성 개발 단계이고, 그렇다고 포괄적으로 적용하자니 너무 넓어지니까. 저는 솔직히 감일동 고분군 같은 이런 관료의 고분군이 경주로 치면 중고기 때 장산 고분군 이런 것처럼 안에 도시 개발하면서 범위가 없으니까 서악동 고분군 그런 것처럼 밖으로 나가는 이런 고분군이라고 생각했습니다. 그런데 이게 오히려 초기 도성의 범위라고 하니까 이것은 사실 저의 도성 개념으로는 너무 혼란스러워서 그런 질문을 드렸습니다.

좌장 여호규 : 2부 토론이 심히 기대됩니다. 그리고 아까 도성 내의 핵심 시설 관련해서 최관호 선생님 질문에 대해서 이보람 선생님께서 미래마을을 중심으로 해서 궁실이나 관청이 집중되었을 것이라고 말씀드렸고, 실제 그동안 대체로 신희권 선생님이나 많은 선생님들이 풍납토성 같은 경우에 중앙부에 왕궁이나 또는 종묘와 같은 의례 시설이 있지 않았을까 이런 추정들을 하시기도 하고 그랬는데, 어떻게 여기에 대해서 최관호 선생님 덧붙이실 말씀 있으실까요? 없으십니까? 이보람 선생님은요?

이보람 : 저희가 강화연구소에서 풍납토성을 계속 조사하다 보니까, 실은 이전에 관청 같은 것은 풍납토성 중앙에 위치해 있을 것으로 보통 추정하고 있습니다만, 왕궁 같은 경우는 풍납토성의 고지형을 파악해 보았을 때 대부분 북쪽에 있을 것으로 추정을 하고 있습니다. 추후에 풍납토성 북쪽에 대해서 조사가 활발하게 이루어진다면 왕궁의 흔적을 조금이나마 찾을 수 있지 않을까 기대합니다.

좌장 여호규 : 예, 알겠습니다. 이 부분은 앞으로 고고 발굴의 진전이 가장 중요한 관건이 아닐까 그런 생각이 듭니다. 그리고 풍납토성과 몽촌토성과 관계해서 그동안 많은 논의가 있었고요. 저도 개인적으로 이런 저런 글을 발표한 적이 있는데, 이보람 선생님께서 제 입장을 풍납토성은 왕성 내지는 평지 거점성, 몽촌토성은 군사 방어선으로 본다고 얘기하셨는데, 기본적으로 그렇게 봅니다. 그렇지만 저는 몽촌토성에도 사료상에 나오는 한산성을 몽촌토성으로 보고 있는데요. 거기에도 당연히 별궁이라고 불리는 왕궁 시설이 있었고요. 또 한산 불사佛寺라고 불린 사찰도 그 내부에 조영이 되었고, 한

성조漢城租라는 표현이 나옵니다. 세금을 거둔 창고 시설도 아마 몽촌토성 안에 있지 않았을까. 그래서 단순한 군사 방어성은 아니고요. 비상시 대피하는 피난 기능을 하지만 그 내부에도 백제가 위기상황에 도달하면 왕이 미리 그쪽으로 피난을 해서 임시 왕성으로도 삼을 수 있는 그런 상황이 아니었을까 라고 생각하고 있습니다.

사실은 금년 초에 국립부여문화재연구소 쪽에서 발표를 해달라고 해서『괄지지』에 나오는 백제 사비도성 관련 자료들을 검토해 본 적이 있는데요. 제 개인적으로 의외의 성과를 갖게 되었습니다. 무엇인가 하면,『괄지지』에 보면 백제 왕성이라는 표현이 나오는데, 그 왕성이 부소산성으로 비정되고요. 부소산성 안에 왕궁과 시조묘라고 하는 구태묘가 있었지 않았을까. 문헌 사료만 놓고 보면 그럴 개연성이 높다고 보이고요. 그래서 저는 풍납과 몽촌의 이런 관계를 연결시켜 보면, 웅진시기나 사비시기에도 기본적인 양상은 지속되는 게 아닌가. 즉, 평지 거점 내지는 평지 도성과 군사 방어성인 산성에 동시에 궁성을 조형하고 또 궁성과 관련된 부대시설도 조영을 하고 그러면서 양성을 운영하지만 평상시에는 평지에 있는 도성을 주로 운영하는 그런 시스템이 아니었을까. 다만, 전반적으로 평지 거점성의 규모들이 계속 확장되어나가는 그런 양상이 아니었을까 라고 보이는데요. 그래서 아까 이재명 선생님께서 관련 질문하셨는데, 혹시 덧붙이실 말씀 있으실까요? 없으십니까? 혹시 이보람 선생님?

지금 이보람 선생님의 주제를 갖고 토론이 시작된 지 35분 지났습니다. 원래 예정된 시간은 지났는데, 혹시 청중 선생님 중에 이보람 선생님 발표에 대해서 질문하실 분 있으시면 딱 한 분만 받겠습니다. 없으실까요? 감사합니다. 그러면 이보람 선생님 주제발표에 대한 토론은 이 정도로 마무리하겠습니다.

2) 이혁희 선생님에 대한 토론

그다음 두 번째 발표하셨던 이혁희 선생님 발표에 대한 토론을 진행하겠습니다. 오전에 다들 들으신 것처럼 이혁희 선생님께서는 최근에 경기 남부 지역을 비롯해서 백제의 지방성들에 대한 발굴이 굉장히 활발하게 이루어지고 있고요. 그러한 고고 조사 성과를 바탕으로 해서 각 지방에 산재한 백제성들의 입지와 규모 그것을 토대로 해서 산성들의 유형을 분류하고 거기에 덧붙여서 산성의 기능들까지도 유추했습니다. 그리고 역시 이혁희 선생님은 일찍부터 성곽 축조 기술에 대해서 많은 관심을 기울이셨는데요. 그래서 토축 성벽하고 석축 성벽에서 나타난 여러 가지 토목 기술상의 문제를 검토해주시고 그런 다음에 몇몇 사례를 중심으로 해서 실제 지방성이 축성된 목적과 그 기능, 또 이런 지방성들이 각 지역에 축조되면서 기존에 취락이라든지 재지 사회가 어떠한 양상으로 변모하고 해체되었는지까지도 검토해주셨습니다. 앞으로 백제 지방 제도 연구에도 중요한 기여를 할 글이 아닐까 생각이 됩니다. 이번에 끝에서부터 진행하겠습니다. 이재명 선생님하고 장기명 선생님의 토론을 먼저 듣고 이혁희 선생님의 답변 듣겠습니다. 이재명 선생님 부탁드리겠습니다.

이재명 : 예, 감사합니다.

이혁희 선생님하고는 가야의 토성과의 관계 때문에 자주 뵐 일도 있었습니다. 축성 기술을 다루는 게 지엽적일 수 있지만, 전체 논리 전개의 전제가 되기 때문에 그런 부분에 대해서도 얘기를 나눠보겠습니다.

첫 번째 질문입니다. 뜨거운 논란의 여지, 발표자께서도 석축 산성에 대해서 논란이 있다는 부분을 계속 강조하고 계십니다. 하지만 두 개의 유적, 포천 고모리 산성과 의왕 모락산성을 백제의 석성일 가능성이 뚜렷한 것으로 설명하고 계십니다. 그런데 가야 산성의 발굴 사례를 대조해서 지금 제시된 자료를 보게 되면 구체적인 석축 산성의 형태와는 약간 차이가 있는 것으로 파악됩니다.

일례로 우리가 가야성 중의 돌을 많이 사용했다고 해서 그게 석성이 아니듯이, 기본적으로 토성을 쌓고 토성의 개념 아래에서 석성으로 보완한다든지, 두 지역에서 그런 개념이 적용되지 않았나. 그래서 이 유적이 가진 의미는 향후 백제의 석성 발전 과정을 볼 수 있는 원형이기 때문에, 이 부분에서 석성으로 반드시 볼 수 있느냐. 그런 부분에서 하나 질문하겠습니다.

두 번째 질문입니다. 두 번째 질문은 나중에 윤성호 선생님께도 중복되는 질문입니다. 지금 백제 사서에서는 책이 등장하고 있습니다. 우리가 일반적으로 생각했을 때는 목책이 될 것입니다. 그런데 이 책은 백제 멸망 당시까지도 책이 등장하고 있기 때문에, 관방 체계를 검토할 수 있는 하나의 주제가 될 것입니다. 그런데 지금 발표자께서 말씀하시는 전체 유적 중에서 재분석된 사례를 제하더라도 화성 길성리 토성, 그리고 안성 도기동 산성, 충주 탄금대, 세 개 유적이 목책이 설치되어 있는 성으로만 확인되고 있습니다.

그래서 기본적으로 사료에서 보이는 성과 목책이 동시에 나오는 경우도 많기 때문에, 분명 토성을 근거로 해서 차이가 있을 것으로 파악하고 있습니다. 그렇게 되었을 때 가야 쪽에서도 토성에 목책을 설치하고 나서 폐기를 하는 확실하게 운영 형태가 달랐던 것으로 파악할 수 있는 부분이 확인되고 있습니다. 성산토성과 가야리 유적에서요.

그렇게 보면 체면적과 높이, 안식각을 바탕으로 하는 성, 그리고 수직으로 차폐가 되는 책으로, 지금 물질 자료가 많이 남아있지는 않지만 확실하게 백제의 관방 체계가 구분되어 있지 않았을까. 그래서 그 많은 토성에서 우리가 일반적으로 목책이 설치되면 당연히 방어 기능이 강화된다고 생각하지만 나타나지 않는 이유 중에 하나가 아닐까. 그렇게 생각하는 부분에서 어떤 관점을 갖고 계신지 여쭤보고 싶습니다.

그리고 사회자님 두 가지가 있는데 더 해도 될까요? 지금 발표자께서는 성토 기법과 판축 기법을 가지고 축조 기법을 통해서 지방성과 중앙에 있는 성에 대해서 구분하고 계십니다. 그리고 성을 지표로 하는 지방 세력의 존재 그리고 백제 지방 지배의 과정과 양상, 성곽 주변 고분군의 변천 및 위세품 관련해서 성의 성격을 분석해 주셨습니다. 기본적으로 성만 놓고 봤을 때는 성의 축조 기법을 가지고 전체적으로 중앙인가, 지방인가 구분할 수 있을 것입니다. 발표자께서 말씀하신 것처럼 성토 기법으로 하는 A식 그리고 판축 기법은 B식으로 변천한 것으로 파악하고 있습니다. A식은 중앙의 지배가 강화되면서 소멸하지만 B식은 B1과 B2식이라는 이런 양상이 계속 병행되고 있습니다. 이런 지방성에서 나타나는 양상이 무엇을 의미하는지 부가 설명을 부탁드리겠습니다.

그리고 마지막으로 질문드리겠습니다. 지방성 축성 목적과 성격에 대한 질의입니다. 이혁희 선생님께서는 백제의 강력한 지배력이 관철된 성곽 축성사례로 고양 멱절산 토성(〈그림 2〉 참조)과 홍성 신금성(〈그림 3〉 참조)을 드셨습니다. 즉, 4세기 중엽으로 급변

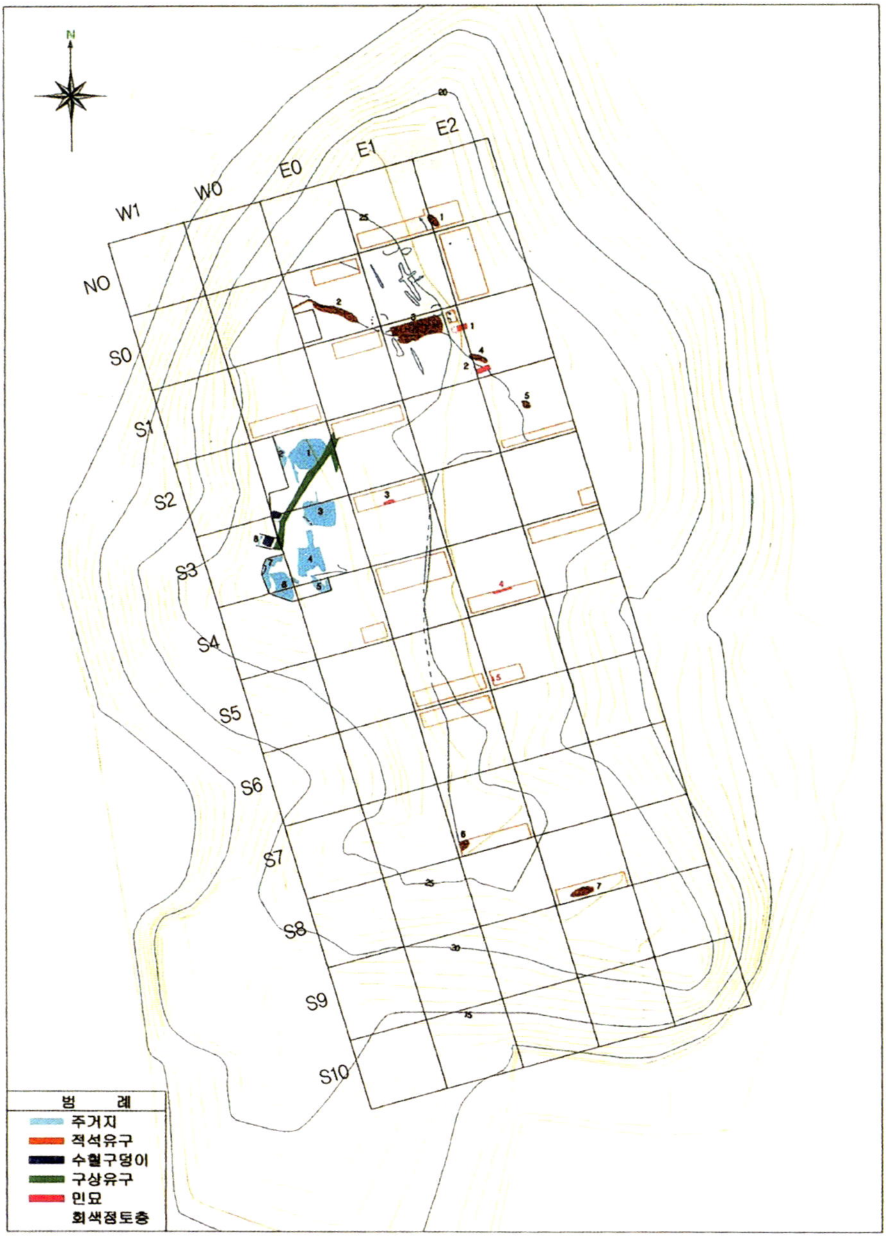

〈그림 2〉 고양 멱절산 유적 유구 배치도

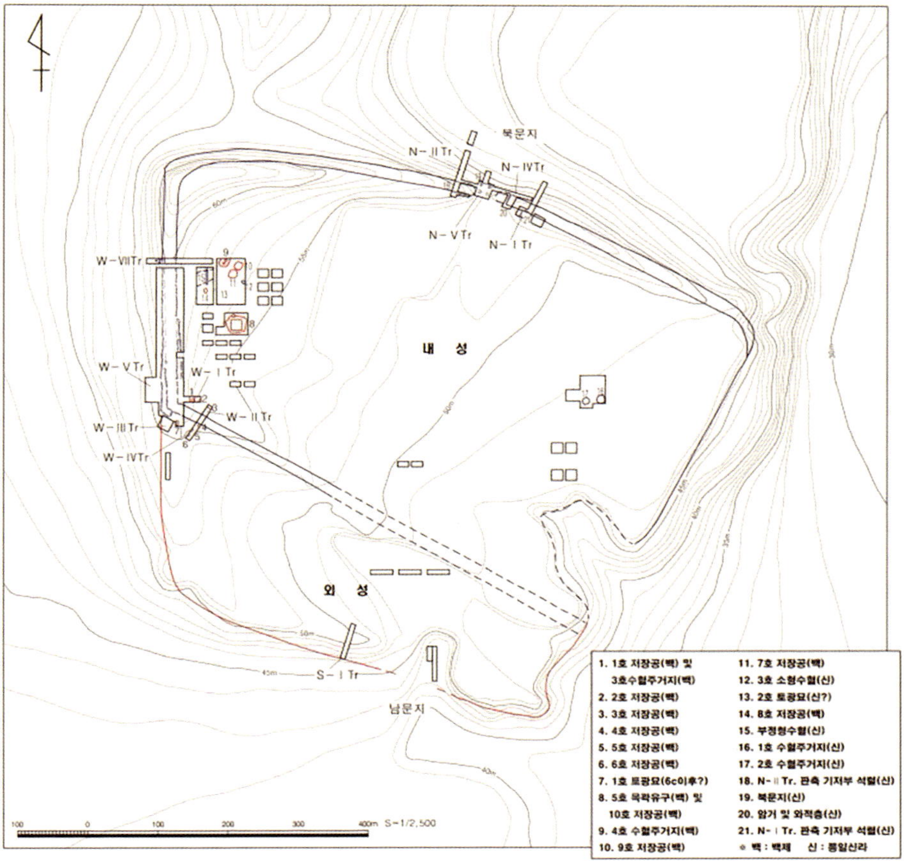

〈그림 3〉 홍성 신금성 유구 배치도(이혁희, 2017)

하는 물질 문화의 양상을 성곽의 축성과 연결함으로써 백제의 지방 재편 및 영역화를 천착하였습니다. 지금 백제의 직접 지배를 지역집단의 극단적 와해 그리고 중심 취락의 소멸의 원인으로 파악할 경우 그 중점에 있는 축성 또한 지역 집단의 특징이 아닌 중앙과 직접 연결되는 축성기법이 보여야 할 것입니다. 그래서 멱절산 토성과 신금성으로 확인되는 축성기법의 특징을 추가적으로 설명을 부탁드리고요. 만약 멱절산과 신금성 유형으로 특정할 수 있을 정도의 특징이 있다면 기존 재지계와 확연하게 구분되는 점이 있는지. 지금 강력한 지배력이 투과된 성과 재지계가 한 것의 차이가 있는지 그부분에 대해서 설명을 부탁드리겠습니다.

좌장 여호규 : 예, 감사합니다.

장기명 선생님 부탁드리겠습니다.

장기명 : 질문드리겠습니다. 저는 1번 질문 같은 경우 발표를 하시면서 PPT에서 어느 정도 보충 설명이 되었기 때문에 제외하기로 하고 2번, 3번을 질문하겠습니다. 사실 2번, 3번도 연계된 질문이기는 한데, 일단 제가 발표문에서 4장 내용을 보고 굉장히 고무적이라고 생각했고, 이제 성곽도 이런 식으로 지방 지배에서 활용되기 시작하는구나, 활용될 수 있구나 싶어서 굉장히 흥미롭게 보았습니다. 사실 저희가 지방 지배나 이런 것을 말할 때 주로 쓴 재료가 거대한 고분의 분포, 지역색, 토기 양식, 위세품 사여 체계 이런 거였는데 성곽을 재료로 그런 얘기를 해서, 굉장히 많이 알고 싶어서 질문을 드리려고 합니다.

길성리 토성과 관련해서 본문에는 3세기 후반에서 4세기 전엽 경 축조되고 4세기 중엽에 성벽이 폐기된다고 했습니다. 일단 여기에 대해서 사실관계에 대한 보충 설명을 듣고 싶은데요. 왜 그렇게 생각하냐면 사실 저는 풍납토성 같은 경우에도 최근에 제기된 것처럼 4세기 전엽이나 4세기 중엽 어느 시점 사이 이때 완공이 되었다고 저는 그렇게 보고 있습니다. 그렇게 보는 입장에서 여기 말씀하신 길성리 토성이 축조 시점, 초축 시점이 이르기도 하고, 4세기 중엽에 폐기된다는 얘기가 성곽이라는 게 일회성으로 쓰는 것이 아니라 지속적으로 쓰는데, 폐기된다는 얘기가 이것은 좀 보충 설명을 들었으면 좋겠다고 생각했습니다. 이게 아마 해석과 연관되는 것 같았고요.

그리고 예를 들어서 파주 육계토성 같이 최근에 발굴된 이런 사례를 보더라도 사실 저는 보고상에서는 3세기 후엽에서 4세기 전엽의 축조 연대를 밝히고 있지만, 이게 아직까지는 좀 더 봐야 한다고 생각합니다. 왜냐하면 발굴된 지도 얼마 안 됐을뿐더러, 이것의 근거가 주거지 내부에 있는 유물이라든가 아니면 기저부 아래쪽에 시료 2점을 가지고 얘기하고 있는데, 이렇게 시료가 적을 때는 충분히 조금 더 이른 시료가 나올 수 있거든요. 그래서 이런 사례과 같이 길성리 토성도 뭔가 근거가 되고 있는 것이 대체 무엇일까? 이 생각이 들었고요.

그리고 연계되는 질문인데 만약에 길성리 토성이 이런 식으로 이해가 된다면 3세기 후반, 4세기 전엽에 축조되었기 때문에 거의 풍납토성과 동시기에 축조됐거나 오히려 어떻게 보면 이른 시기에 축조될 수 있다고 생각합니다. 그러면 지방 재지 세력의 입장이 그만큼 더 강하게 표명되는 거고요. 그리고 이게 4세기 중엽에 폐기됐다고 하면서 약간 해석의 난해함이 있는 게, 요리 고분군이나 이런 데서 나오는 금동 관모나 이런 것들은 사실 4세기 후엽에 백제와의 관계하에서 금공품이 과시되고 아까 진식 대금구가 나온 4세기 전·중엽의 그런 유적도 있다고 들었습니다. 그렇게 보게 된다면, 성벽은 폐기되는데 무덤에서는 반대되는 양상이 나타나서, 여기에 대해서는 합리적으로 얘기를 할 수 있는 부연 설명이 필요하지 않을까 생각이 듭니다.

좌장 여호규 : 감사합니다. 방금 들으신 것처럼 이재명 선생님께서는 근본적인 질문 같아요. 한성시기 석축 성벽의 개념이 뭐냐. 포천 고모리 산성하고 의왕 모락산성을 석축성의 사례로 제시했는데, 과연 그것을 석축성으로 볼 수 있는가. 그다음에 책이 갖고 있는 방어의 기능, 토성과의 관계. 그 문제하고요. 그다음에 성토 기법이나 판축 기법에서 다양한 형태의 축성 기법이 나타나는데 축성 기법의 차이라는 것이 축성 주체의 문제인지 아니면 축성 과정에 동원되는 집단의 문제인지 좀 더 세분화해서 봐야 하지 않겠는가 그런 문제고요. 그리고 지방성의 축성 목적과 성격에 대한 질의를 해주셨고요. 그다음에 장기명 선생님께서는 지방성의 축성 시기를 좀 더 엄밀하게 검토해야 하는 것 아니냐. 또 하나는 길성리 토성에 나타난 풍납토성과의 동시성이 갖고 있는 의미 그리고 성벽은 폐기되는데 주변 고분군에서는 화려한 위세품들이 출토되는 양상을 어떻게 이해해야 될 것이냐. 역시 굉장히 중요한 문제들을 제기해주셨습니다. 이혁희 선생님 답변 부탁드립니다.

이혁희 : 예, 이혁희입니다.

일단 이재명 선생님의 4가지 질문부터 먼저 답변 드리겠습니다. 우선 논란의 여지가 없는 의왕 모락산성과 포천 고모리 산성을 일종에 석심 토축 공법으로 이해할 수 있지 않겠냐는 것으로 저는 이해했습니다.

여기 석축 성곽 전공을 직접 하고 계신 선생님들께서 더 잘 아시겠지만, 의왕 모락산성과 포천 고모리 산성의 외벽이라고 하는 게 굉장히 조잡하지 않습니까? 특히 고모리 산성의 경우 한백문화재연구원의 보고서를 살펴보면 석축의 바깥으로 어떠한 토축의 흔적이 확인되지 않기 때문에, 그 자체가 노출된 구조였던 것으로 보입니다. 그리고 석축으로 만들기 이전에는 토축이 분명히 존재했던 단계가 있었던 것 같고요. 그런데 문제가 되는 것은 이것을 지표 조사했을 때는 전체가 석축인 것이 아니라, 어디는 토축이 보이고, 어디는 토석 혼축 같고. 이런 문제가 발생한다는 것이죠. 적어도 고모리 산성의 경우에는 단면 조사를 통해 재질이 다른 성벽의 선후 관계가 밝혀졌다고 할 수 있을 것 같아요. 특히 석축의 경우 외벽을 석심 토축 공법으로 하였다면, 외벽을 피복하기 위해 어떠한 형태로든 성토층이 확인될 것인데요. 그렇지 않았다는 것을 말씀드립니다.

반면 의왕 모락산성의 경우에는 석축의 외벽에 별도의 토축이 확인됩니다. 이것이 토축인지, 퇴적층인지, 무너진 성벽의 퇴적층인지 명확히 모르겠습니다. 모락산성의 단면을 확인할 수 있는 유일한 사진을 통해서 봤을 때는 외벽에 해당되는 석축의 바깥에 별도의 흙들이 있다는 것으로 대답을 갈음할 수 있지 않을까 싶습니다. 그래서 이 두 산성을 통해서 한성기 석축 산성의 특징을 뽑아내겠다고 말씀은 드렸지만, 의왕 모락산성의 경우 불안정한 요소가 있기 때문에, 현재까지 확인되지 않았던 한성기의 별도의 성곽 유형이 나타날 수 있다는 가능성의 여지를 남기고 답변을 마치고요.

석축 산성 논쟁에 대해서 뒤에서도 계속 질문이 있을 것 같아서 미리 저의 견해를 말씀드리겠습니다. 저는 포천 반월, 이천 설성, 설봉에 꼼꼼한 재검토와는 별개로 당시 백제 한성기의 석축 기술을 대표할 수 있는 대상들과의 비교가 필요하다고 생각합니다. 누가 뭐래도 한성기를 대표할 수 있는 것은 왕성과 왕릉일 것 입니다. 왕성도 풍납토성의 경우에는 외벽은 벽면 보호 시설로 강돌을 피복한 형태가 확인되고, 내측에는 정교하다는 표현까지는 무리더라도 그렇다고 분명한 축성 기술이 적용된 마감 석축이 확인됩니다. 마감 석축의 양상은 증평 추성산성에서도 동일하게 확인되고 있기 때문에, 이러한 지방성에서 확인되는 것. 그리고 논란의 여지가 없는 도성에서 확인되고 있는 석축 양상들과 비교를 할 필요가 있습니다. 그리고 또 이번에 서성문 조사하고 있죠. 성문의 문지 축조 양상은 마침 또 증평 추성산성의 남성과 북성의 성문과도 동일한 형태입니다. 이런 동질성이 한성기 늦은 시점 또는 4세기 중엽, 4세기 후엽에 조성된 증평 추성산성과 큰 차이가 없다는 점을 주목해야겠죠. 그랬을 때 현재 한국성곽학계에서 대표적인 논쟁으로 이해되고 있는 경기 지역의 석축 산성들과의 비교에 있어서, 그 대상들을 과연 백제 한성기로 포함할 수 있는냐는 질문에 저는 부정적이라는 점을 밝힙니다. 그리고 백제의 석축 산성이라고 이해되는 대상들을 보면, 최관호 선생님이나 이재명 선생님도 잘 아시겠지만 오히려 6세기 후반 또는 7세기 단계의 신라 석축 산성과 비슷한 점들이 많다고 생각합니다. 서울 아차산성, 고령 주산성, 함양 사근산성 등과 비교해봤을 때 오히려 동질성이 이쪽과 더 강한 것이 아니냐 라는 점을 지적하고자 합니다.

그 다음은 목책에 대해서인데요. 문헌에서 나오고 있는 책에 대해서는 윤성호 선생님께서 자세히 답변해주시리라 생각하고요. 고고자료에서 확인되고 있는 책은 목책 자체로 존재하는 것은 한성기에 현재까지 확인되지 않습니다. 백제 사비기로 추정되는 청주 석화리 유적 정도가 별도의 목책으로 보입니다. 현재까지 확인되고 있는 한성기 책의 형태는 먼저 토루를 만들고, 그것을 굴착해서 목책 형태를 만들었던 화성 길성리 토성, 충주 탄금대 토성의 사례를 들 수 있습니다. 그리고 안성 도기동 산성의 경우에는 일부 구간의 경우, 토루를 굴착해서 목책을 시설하는 현상도 확인되지만, 목주를 댄 채 토축을 올렸던 현상도 분명히 확인됩니다. 따라서 목책을 분명히 의식하고 만들었다는 생각이 듭니다. 그래서 백제라는 국가에서 책은 분명한 역할을 했을 것 같아요. 문헌에도 많이 나오고 중요한 방어 시설로도 거론이 되고 있으니까요. 그런데 각 사례마다 정확히 토성인지, 목책인지. 기획 단계부터 목책을 염두에 둔 성책 형태로 만든 건지 여부는 각각 다릅니다.

화성 길성리 토성의 경우에는 중부고고학연구소 지점에서만 목책이 확인되고요. 한신대학교 조사 구간에서는 목책이 확인되지 않습니다. 일부 구간에만 시설이 됐어요. 그리고 목책은 초축 단계에 시설된 것이 아니라 초축 성벽이 보수되고, 수축된 다음에 그것을 굴착해서 책이 조성되었습니다. 그랬을 때 길성리 토성이 과연 초축 단계부터 목책으로 염두에 두고 만들었냐. 의문이 생길 수밖에 없죠. 길성리 토성의 경우 제가 조사했던 중부고고학연구소 지점이 공교롭게도 토루가 있는 곳의 바깥으로 평탄지가 있습니다. 그래서 방어적으로 아마 취약했던 지점이기 때문에 목책을 부과했던 것이 아닌가 라는 해석을 했거든요. 그래서 구간별로 특수성이 있다. 그래서 이것을 하나의 성책으로 일관하기는 어렵다고 생각합니다.

그리고 토성 축조 기술에서 성토와 판축. 이것이 갖고 있는 의미에 대해서 제가 2013년에 석사학위 논문을 쓸 때 많은 의미 부여를 했습니다. 성토 기법이 확인되고 있는 지방성은 재지 세력에 의해 축조되었고, 판축 기법이 도성에서 축조가 되고 지방으로 점차 확산해나가면서 지방을 영역화하는 과정을 이러한 토성을 통해서, 특히 판축 토성을 통해서 볼 수 있다는 과감한 해석을 시도했는데요. 공부를 거듭하면 할수록 그것은 아니었다는 생각이 듭니다. 성토 기법과 판축 B1, B2식의 의미라는 것은 이러한 정치 사회적 의미보다도, 시간적 선후 관계에 따른 발생 순서의 차이에 더 가깝다고 생각하고요. 성토 기법은 4세기 때만 활용되었다가 5세기부터는 더 이상 확인되지 않습니다. 4세기라는 시기가 백제의 국가 성립, 국가의 확장, 마한을 정복해나가고 주변에 재지 세력들을 통합해 나가는 과정의 시기이죠. 이 4세기 단계에 지방성의 축조가 이루어진 사례라 할 수 있는 파주 육계토성, 고양 멱절산 토성을 살펴보면, 성토 구간이 있고 판축 구간도 섞여있습니다. 2가지의 기술이 동일 유적 내에서 함께 나오고 있기 때문에, 기존에 제가 생각했던 그런 방향과는 다르게 새로운 자료들이 나오고 있음을 말씀드립니다. 이를 통해서 중앙과 지방의 구분이나 또는 의미를 부여하기보다는 아마도 시간성의 의미에 좀 더 초점을 맞춰야 하지 않을까 생각합니다.

그럼에도 불구하고 제가 성토 기법으로 축성된 화성 길성리 토성에 대한 과감한 해석의 끈을 놓지 못하고 있는 이유는, 단순히 축성 기법뿐만 아니라 그 내부에서 확인되고 있는 물질 자료가 백제의 중앙과는 다르기 때문이라는 점을 강조드립니다. 이것은 이후에 장기명 선생님의 질문에 대한 답변에서 좀 더 보완하겠습니다.

그리고 고양 멱절산 토성과 홍성 신금성을 통해서 지방성으로서 강력한 지배력이 관철되었는데 혹시 양자의 차이가 있을까? 라는 의문에서 살펴보면, 멱절산 토성은 4세기 후반에 초축된 것으로 보이고요. 아까 말씀드린 것처럼, 멱절산 토성의 중앙문화재연구원 조사 구간에 대해 저는 판축 토성으로 재검토한 바 있는데요. 올해 혜안문화재연구원에서 다른 지점을 조사하고 있다고 합니다. 시굴조사를 한 결과 성토 기법만 확인되고 있다고 하더라고요. 그래서 멱절산 토성 또한 일부 구간은 판축일 수도 있고, 일부 구간은 성토일 수 있다. 혹은 제가 판축이라고 재검토했던 당시의 제 시각이 잘못됐을 수도 있다는 생각이 듭니다. 이상을 전제하면 백제 중앙이 정치적인 의도를 갖고 지역을 정리하기 위해서 나아간 다음 축조한 토성의 경우도 성토 기법으로 축조하였을 가능성을 시사합니다. 이 경우 백제 중앙의 도성을 만들 때 사용됐던 기술이 응용된 것이 아니라 재지적인 기술이 응용된 것인지, 아니면 백제를 대표하는 기술 중의 하나가 성토 기법으로 인식할 수 있는지 등 여러 가지 해석의 경우의 수들이 있다고 생각하는데요. 이것에 대해서 좀 더 천착을 해서 연구 과제로 삼겠습니다.

그리고 장기명 선생님께서 길성리 토성에 대한 질문을 집중적으로 해주셨습니다. 길성리 토성은 최근 조사된 육계토성처럼 시료 두 점으로 연대를 이야기한 것이 아닙니다. 길성리 토성의 내부 물질자료를 살펴보게 되면, 성벽 축조 이전 단계, 그리고 성벽과 병행하는 단계, 성벽 폐기 이후 단계 이렇게 3가지 단계로 나눌 수 있습니다. 성벽 이전 단계의 경우 3세기 전엽에 해당하는 유물들도 확인되고 있고, 앞서 발표 자료에서 설명을 드렸듯이 장기명 선생님이 잘 아시겠지만, 사라리 제130호 묘 단계에 해당되는 청동검의 반부가 출토되었습니다. 이를 주목하면 길성리 토성 내부의 취락은 상당히 소급될 가능성이 있다고 생각이 들고요. 그리고 어느 시점에 성벽이 만들어지게 되는데, 축성 시기에 대한 3세기 후엽 또는 4세기 전엽이라는 연대는 츠지다 준코 선생님의 2015년 논문을 인용한 것입니다. 그리고 이 성벽이 축조된 이후에 성벽의 정상부를 파고 플라스크형 수혈이 조성되고요. 성벽의 내외 측을 파면서 주거지가 조성됩니다. 이러면 성벽이 재구실을 할 수 없다고 봐야겠죠. 그런데 재미난 점은 성벽을 파괴하면서 취락은 오히려 확장하게 됩니다. 이렇게 확장된 취락 내부에서는 4세기 후엽 이후 단계의 토기가 확인되고 최근에 요리 일원에서 길성리 토성의 서벽 바깥에 해당하는 공장 지대에 대한 구제 발굴 조사를 한 결과, 삼족기라든지 도로 유구라든지, 한성기에 늦은 시기에 해당하는 유물들도 다수 출토되는 것을 보면, 요리와 길성리 일원에 있었던 취락은 성벽을 넘어서 더욱 확장했다는 해석이 가능하겠습니다. 이렇게 장구한 시간동안 길성리에 있는, 요리에 있는 취락이 단일한 성격으로 계속 이어졌던 것만은 아닌 것 같습니다. 백제의 물질 자료가 파급되는 시점에 본인들이 애써 만든 2,311미터에 달하는 성벽을 파괴하고, 취락을 확장해 나간 데에는 백제와의 모종의 관계가 있었다는 것으로 해석해 볼 수 있습니다. 이와 관련하여 주목할 자료로, 4세기 중엽 단계에 해당하는 진식 대금구가 사창리에서 수습되었고 그 이후에 요리 고분군에는 금동관, 금동신발이 부장되는 상황으로 이어지죠. 즉 길성리, 요리 취락의 확장 과정, 그리고 백제계 물질문화가 닿았을 때 더욱 확장되는 상황, 그리고 거기에 세트 관계를 이루고 있는 무덤군들의 지속적인 위신재의 부장, 그것도 최고급의 위신재가 부장되는 점을 종합하면, 역시 이 정도로 달래지 않으면 통제하기 어려웠던, 상당한 포섭과 회유의 대상이 아니었나. 라는 생각이 듭니다. 그렇다 보니 저는 소근산성의 축조 시기를 요리 고분군의 금동관이나 금동신발이 부장된 시점보다 늦게 보는 게 좀 더 지역 구도를 해석하는데 합리적이지 않은가 라는 입장에 있습니다. 이정도면 답변이 될까요?

좌장 여호규 : 예, 감사합니다.

우선 나머지 두 분 토론 진행하고, 검토할 사항을 조금 더 말씀 나누는 것으로 하겠습니다. 최관호 선생님 부탁드리겠습니다.

최관호 : 우리가 특히 고대 국가의 축성을 이해함에 있어서 단연 먼저 주목하게 되는 것은 당연히 도성입니다. 도성이라는 것은 해당 국가의 중심지로 기능하기 때문에 당대 최대의 자원, 최대의 기술력을 동원해서 조성하고 즉, 성을 쌓고, 내부에 시설물을 갖추고 성을 운영해나간다고 볼 수 있기 때문입니다. 지방성은 오늘 제목에서도 그렇듯이 도성과 지방성, 도성 어쩌면 중앙의 대비되는 개념으로 이해가 되는데요. 그렇다고 해서 우리가 간과하지 말아야 될 부분이 지방성이 곧 도성과 대비하여 축성에서의 비교열위는 아니라는 거죠. 가치 부여를 하기가 어렵습니다. 지방에 있는 성이라고 해서 도성보다 비교 열위에 있다. 즉, 못하다. 라고 접근해서는 안 된다는 거죠. 이 부분은 꼭 염두하고 우리가 성이라는 유적들을 대해야 할 것 같습니다. 발표자이신 이혁희 선생님께서도 지방성을 가치 부여를 하지 않고, 일단 도성을 구성하는 성곽을 제외한 지방에 설치된 성으로 포괄적인 정의를 설정하고 설명해주셨습니다. 발표 중에서도 특히 지방의 성들을 중앙의 지배력이 강력하게 관철된 성, 그리고 단계적으로 관철된 성, 그리고 그 외에 여러 지방 도시의 보호, 교통로의 감시, 교류 거점 성격을 규정하면서 어찌보면 성의 특성들을 만들어가면서 설명해주신 분류기준, 설명은 매우 신선했고 배운 바가 많았으며, 앞으로 다른 국가의 성들을 이해하는데도 큰 귀감이 될 것 같습니다.

거듭 감사드리면서 세부적인 질문들은 앞뒤에서 예정되어 있기 때문에 저는 좀 큰 맥락상에서 질문드리고 싶은데요. 이혁희 선생님이 누누이 강조한 바와 같이 고구려, 백제, 신라 삼국 중에서 백제는 특히 토성 축조에 가장 적극적인 모습을 보이고 세부적인 축조 기법의 부분에서도 여타 국가보다 굉장히 우월한 발전 단계에 있는 것으로 보입니다. 때문에 이런 한성백제의 토성 축조 기법이 어떠한 배경에서 발생하고 발전하게 된 것인지는 백제 축성의 초기 단계를 이해하는데 매우 중요한 문제가 될 것이라고 생각합니다. 이 부분에 대해서 발표자께서 평소 생각하신 부분이 있다면 말씀해주시기 부탁드리고요.

약간 설명의 개념적인 용어의 문제가 될 텐데요. 아마도 우리 청중들께서도 성 유적의 문화재 안내판에 보면 성벽을 설명하면서 초축하였다, 수축했다, 개축했다, 증축했다, 이런 단어, 용어를 많이 접하셨을 겁니다. 그런데 이게 옆에 한자가 병기된다고 해도 이해하기 굉장히 어렵습니다. 성 중에서 성벽이라는 부분이 가장 많은 변화상을 보이는데, 필요에 따라서 계속 고쳐 쌓아지게 되기 때문이죠. 그런데 이것을 우리는 흔히들 수축, 개축, 증축 여러 가지 단어들로 일목요연하지 않게 설명하고 있습니다. 이런 모호성이 아마도 일반인 특히 우리가 성 유적을 이해하는데 저해 요소가 되는 것 같은데요. 때문에 이러한 문제 의식을 아마 전제하시고 이혁희 선생님께서도 개축, 수축 및 보수 두 가지 부분으로 나눠서 설명해 주신 것 같습니다. 성벽의 변화를 설명하는 용어로 어떤 것들이 어떤 상황에 사용됨이 적절한지 조사하시면서 또 여러 유적들을 분석하시면서 이러한 사례들은 수축이 적당하다. 이러한 사례는 개축이 효과적이다. 자세한 안내를 해 주실 수 있다면 감사하겠습니다. 이상입니다.

좌장 여호규 : 양시은 선생님 부탁드립니다.

양시은 : 사실 제 질문은 앞에서 답변을 많이 해주셔서 한 두 가지 간단한 질문만 하겠습니다. 저 역시 고모리 산성에 대해 궁금했던 부분이 있었는데, 앞에서 명쾌하게 설명을 해주셔서 그 부분은 해결되었습니다. 다만 길성리 토성에 대해서는 질문을 드려야할 것 같습니다. 이혁희 선생님께서는 길성리 토성을 한성기 지방 세력의 성으로 파악하고 계시는 것 같습니다. 그런데 최근에 한성기 백제 토목 기술과 관련해서 여러 논의들이 진행되고 있고, 대표 사례로써 길성리 토성이 계속 언급되고 있습니다. 그런데 이혁희 선생님의 기준에 따랐을 때, 과연 길성리 토성을 한성기 토성으로 볼 수 있을 것인가 하는 부분에 대해서는 의문이 듭니다. 마한 내지는 백제와 관련없는 토성으로 보는 것이 맞을 것 같은데, 만약 그렇다면 이 부분들은 앞으로 논의에서는 순환논리에 빠지지 않도록 제외가 되는 것이 적절하지 않을까 싶습니다. 간단한 답변 부탁드립니다.

좌장 여호규 : 예, 아마 최관호 선생님도 그렇고, 양시은 선생님도 그렇고 앞에 이재명 선생님하고 장기명 선생님이 질문하셨던 내용과 겹치는 부분이 많아서요. 그 부분을 빼고 간략하게 최관호 선생님은 2개, 양시은 선생님은 길성리 토성 문제만 제기하신 것 같습니다. 답변 부탁드리겠습니다.

이혁희 : 백제 토성에서 확인되고 있는 축조 기술 일종에 도입 배경, 기원에 대한 질문으로 저는 이해를 했습니다. 성토 기법. 판축 기법의 경우에는 두 가지 형태로 확인되고 있는데요. 특히 풍납토성에서 확인

되고 있는 판축의 상황을 보면 결국에는 백제라는 마한의 소국 단계였던 백제국이 고대국가 백제로 거듭해나가는 국가 형성 과정에서 물질 문화의 전반적으로 총체적으로 영향을 받은 군현 지역의 물질 자료를 의식하지 않을 수 없습니다. 백제 토기라든지, 주거 구조, 여러 가지 우리가 이야기하는 백제와 그 이전에 원삼국 단계를 구분하는 요소들. 그러한 것들이 결국에는 군현 내지는 중국으로부터 유입되는 물질 문화의 총체적인 것들을 백제의 집단들이 받아서 고대국가 백제를 형성해나갔다는 논리의 틀이 존재하고 있는데요. 그러한 점에서 볼 때 풍납토성의 모체, 그리고 백제의 판축 토성의 모체의 기원지는 한사군을 주목할 필요가 있지 않을까 생각합니다. 그래서 낙랑 지역이나 또는 중국 동북 지역에 있는 군현성들에 대한 비교가 필요하겠다는 생각이 드는데요. 그런 점에서 토성은 통일 이후에 고고학에서 굉장히 유망한 분야가 아닐까 저는 개인적으로 생각하고 있습니다.

그럼 판축은 외부로부터 유입된 기술이라고 한다면, 성토는 재지적 기술이냐고 되물을 수 있겠죠? 최근에 김봉근 선생님께서 중국 자료들을 잘 정리해서 한국에 소개해 주고 계신데요. 그 내용을 보면 중국의 퇴축법으로 축조된 사례의 단면을 보게 되면, 길성리 토성이나 증평 추성산성 남성이랑 똑같습니다. 그래서 저는 길성리 토성을 조사하는 당시만 하더라도 중국 자료에 대한 인식이 낮았던 상태였기 때문에 이것은 재지적인 기술, 아마 분구묘나 성토를 하는 기술이 응용되어서 좀 더 거대하게 만들고 길게 만들어서 성벽으로 나가는 것이 아닐까 라는 추정을 막연하게 하고 있었습니다. 그런데 신라 월성의 경우 아래 폭이 40미터고, 높이가 9미터 이상으로 거대한 토루를 만듦에 있어 그 기술이 성토 기법이다 보니까,

과연 성토 기법의 기원이 재지적 기술일까? 분구묘의 응용이라고만 이해할 수 있을까? 라는 의문에 빠져있습니다. 그래서 기존에는 재지적인 기술이고, 성토 기법이 확인되고 있는 사례에 대해 재지적인 요소를 강하게 생각하고 있었지만, 앞서 말씀드린 멱절산 토성이라든지, 지방에서 확인되고 있는 성들 중에 성토와 판축이 섞여있는 성들이 존재하기 때문에 이것을 이분법적으로 생각하는 것은 곤란하겠다는 자기 반성을 하게 되었습니다.

그리고 이어서 B2식의 경우 종장목과 횡장목이 조합된 부소산성 단계 이전 단계의 어느 시점에, 긴 목주를 두고 판축을 한 번에 올리는 방식이 적용되는데요. 이것 역시 중국 지역을 참고로 해야 하지 않을까 싶습니다. 계속 거론이 되는 김봉근 선생님의 연구를 참고하면, 이미 중국 지역에서는 굉장히 이른 단계부터 세 가지 기술이 모두 나타나고 있는 상태에서 한반도에 어느 시점에 유입이 되었는지. 그리고 백제는 또 어느 계기로 수입을 했는지 잘 모르는 상태이기 때문에, 저는 일단 막연하게 그 지역이라고 판단하고 있습니다. 좀 더 계통을 추적하는 연구를 진행하겠습니다.

다음으로 성벽의 변화, 초축 성벽이 만들어진 이후에 꾸준한 사후관리의 흔적이 바로 보수, 수축, 개축, 증축이라고 하는 용어로 설명할 수 있겠는데요. 속된 말로 시중에 여러 용어들이 나와 있는 상태입니다. 저는 이것을 안성현 선생님의 정리를 참고해서 보수, 수축, 개축, 증축을 정리한 바가 있었습니다. 일단 이 네 가지를 모두 포괄하는 의미로 광의의 의미를 수축으로 둘 수 있겠습니다. 성벽이 초축 단계가 있고 변하게 되면 1차, 2차, 3차, 4차에 대한 가치 부여를 하기 이전에, 이것이 변했다 하면 수축이라고 하는 표현이 가장 안정적인 표현이라고 생각하고요. 그럼 수축은 세부적으로 어떻게 구분할 수 있을까. 국지적이고 굉장히 좁은 구간에 걸쳐서 소규모로 정리가 된 것 이것은 보수 또는 수축. 개축이나 증축의 경우에는 성벽의 전반에 걸쳐 근본적인 변화라고 이해하고 있습니다. 저는 축성 재료가 바뀔 때 개축이라는 표현을 쓰거든요. 토성이었다가 석성으로 개축되었다. 석성이었다가 토성으로 개축되었다. 이랬을 때 저는 개축이라는 표현을 쓰고 있습니다. 끝으로 증축의 경우에는 풍납토성이나 충주 탄금대 토성과 같은 사례로 볼 수 있듯이, 기존의 외황을 메우고 외벽을 확장하는 방식 또는 내벽에 내피 토루를 덧붙이거나, 석축을 부가하는 방식으로 나타나는 사례들이 있습니다. 이처럼 성벽의 체성 규모가 근본적으로 크게 변화하고 이 변화된 성벽의 크기로 인해서 내부의 공간 활용까지 변화하는, 그러한 전반적인 리모델링을 증축이라고 이해하고 있습니다. 그래서 보수, 수축, 증축, 개축, 이렇게 이해를 해주시면 좋겠고요.

다음으로 양시은 선생님께서 길성리 토성의 축조 주체 문제에 대해서 좀 더 명쾌하게 답변해달라는 의미로 저는 이해를 했습니다. 저는 길성리 토성을 조사했던 당시에도 지금도 생각이 같습니다. 아직 명시적으로 쓰지 못하고 있습니다만, 저는 마한 토성이라고 생각하고 있습니다. 시기적으로 백제가 고대 국가 성립하였던 시기. 우리가 고대 국가의 지표라고 이야기하고 있는 한성 양식의 토기라든지 풍납토성이 축조되는 단계와 병행했기 때문에 시간적인 순서상 한성기에 속할 뿐, 지방의 문화 자체는 마한의 문화이죠. 더구나 백제국이 고대 국가 백제로 나아가는 과정에서 그와 경쟁했을 또 다른 소국들 중에 하나로 저는 길성리 요리 세력을 꼽고 있습니다. 고대 국가를 달성하는 지표를 숫자로 100이라고 한다면 풍납토성을 위시한 백제국이 100을 달성했을 때 지방의 여러 소국들도 분명히 100을 향해 경주하고 있었다고 생각합니다. 그러한 과정에 있었던 존재가 바로 길성리 토성 그리고 요리 집단이 아닌가 생각하고요. 결국에는 백제 턱 밑에 존재하였던 강력한 주체이지만 그 한계로써 결국에 백제의 지방으로 편제되었다고 이해하고 있습니다. 그래서 양시은 선생님께서 지적하신 바와 같이 이것을 명시적으로 마한 토성입니다. 좀 더 과감하게 길성리 토성만을 별개로 마한 토성으로 분석을 하고요. 백제 토성에 대한 분석의 대상에서는 앞으로는 빼고자 합니다. 이상입니다.

좌장 여호규 : 예, 좋습니다.

네 분의 토론과 이혁희 선생님의 답변 과정에서 굉장히 중요한 문제들이 짚어졌는데요. 저는 아까 최관호 선생님께서 지방성을 다룰 때 이것을 도성에 대한 비교열위 개념으로 다뤄서는 곤란하다. 그 말씀이 굉장히 중요한 말씀이라고 생각합니다. 즉, 우리가 자꾸 도성과 지방성, 중앙과 지방을 이분법적으로 사고하기 쉬운데 사실 이런 이분법적인 사고를 해버리면 오히려 모든 문제들을 중앙이나 도성 중심으로 사고하게 되고요. 지방이나 지방성이 갖고 있는 본질적 성격들을 간과할 위험성이 있다는 점에서 굉장히 중요한 지적이라고 생각합니다. 그리고 토론 과정에서 역시 석축 성벽의 개념을 어떻게 볼 것인가. 그것은 아마 2부 종합토론에서 다루겠습니다만 이것과 관련해서 저는 우리가 조금 성곽이니까 축성 기술 거기에만 집중하는데, 역시 석재 가공 기술의 문제도 검토해봐야 하지 않을까. 그런 생각이고요. 그런 점에서 이혁희 선생님께서 아까 본인은 입장을 명확하게 양자 중에 택일하지 않겠다고 하고, 사실상 택일하셨어요. 풍납토성에서는 네모 반듯하게 채석한 그런 성토를 활용한 석축의 사례는 확인이 안 되고 대체로 할석, 깬 돌을 갖고 부분적으로 기단 석축열이라든지, 서문지, 측벽 축조한 사례들만 확인되기 때문에 논란이 되고 있는 설성산성이라든지, 여러 정연한 석축을 한 성벽들, 산성들은 성벽 자체는 백제 한성기 백제성으로 보기는 어렵다. 본인 의견으로 답변을 하신 건데요. 그래서 역시 이 문제는 석재 가공 기술을 당시 백제가 어느 정도까지 획득하고 있었느냐. 이것에 대한 검토가 전반적으로 같이 뒤따라야 하지 않을까 그런 생각이 들고요. 또 길성리 토성과 관련해서 장기명 선생님이나 양시은 선생님이 질의를 하시고 또 이혁희 선생님이 답변하는 과정에서 굉장히 중요한 문제가 제기됐다고 생각합니다.

저는 사실 길성리 토성을 어떻게 봐야 될지는 잘 모르겠습니다만 어쨌든 이혁희 선생님처럼 본다면 역시 이것은 마한 소국의 국읍성의 성격들을 어떻게 볼 것인가, 저희들이 주로 풍납토성에서 확인된 3중 환호를 중심으로 얘기를 해왔는데요. 앞으로는 적극적으로 각 지역에 있는 고고자료들을 검토해서 마한 소국 단계의 국읍성 그것을 꼭 300년으로 잘라서 한정할 필요는 없다고 생각합니다. 그것에 대한 검토도 필요하지 않을까 그런 생각입니다. 혹시 우리 토론자 선생님들 중에서 이혁희 선생님 답변에 대해서 부가적인 말씀 하실 분이 계실까요?

장기명 선생님 부탁드리겠습니다.

장기명 : 제가 사실 이쪽 토성 자료를 몰라서 편하게 생각하는 면이 있기도 한데, 말씀하신 대로 마한의 토성이라 하니까, 입장 표명하니까 할 말이 없기는 한데, 정북동 토성 맞나요? 그런 문제도 있고 마한식의 토성이 없다. 이렇게 단정하는 것은 아닙니다. 다만, 길성리 토성에

한해서는 제가 생각하기에는 아까 말씀하신 취락의 변화는 저도 다 인정된다고 생각합니다. 그런데 성벽의 플라스크형 수혈이 성벽 정상부에 후축되면서 성벽의 기능을 못했다, 이런 부분에 있어서는 사실 성벽 둘레가 2.3㎞라고 추정되고 있는데, 플라스크형 수혈이 정말 2.3㎞를 폐기하는 그 정도인지 의문이 들고요. 그래서 어느 정도는 기능을 했다고 보고요. 만약에 그랬을 때 4세기 전·중엽에 풍납토성과 비슷하거나 조금 늦은 토성이라면, 사실 제가 그냥 편리한대로 본다면, 저는 선생님 해석하신 것에 길성리 토성이 요리 고분군 이런 것처럼 4세기 중엽, 후엽 이미 백제와 밀착한 관계로 집중적인 지원을 받으면서 토착 세력도 셌기 때문에 이런 식으로 강성해졌고, 다만 선생님 쓰신 것처럼 5세기가 돼서는 거기서 상당히 떨어진 소근산성이 5세기에 축조되고 한다면, 지방세력이 재편되는 과정에서 그런 식으로 빠져나가고, 그렇게 본다면 마한 토성이라 하니까 더 이상 할 말이 없기는 한데 사실 저는 이런 식으로 볼 수 있지 않을까 이 말을 하려고 했습니다. 그런데 일단 마한 토성의 가능성은 잘 모르기 때문에 저는 이러한 해석이 낫지 않을까 이 정도 제기합니다.

좌장 여호규 : 이혁희 선생님께서는 길성리 토성의 축조 주체 자체를 재지 세력으로 보고 계신 것 같고 장기명 선생님께서는 백제가 화성 지역으로 들어가면서 초기에는 길성리 토성을 축조해서 주변 지역에 대한 지방 지배를 구현하려다가 어느 시점에 소근산성 쪽으로 거점을 옮긴 것이 아니냐. 그렇게도 볼 수 있지 않느냐. 그런 문제 제기입니다. 계속 평행선을 달릴 것 같기 때문에 그 부분에 대해서는 답변 안 하셔도 될 것 같고요. 혹시 다른 선생님들 추가적으로 얘기하실

것이 있을까요? 시간이 충분히 되어서 혹시 청중에서 이혁희 선생님 발표와 관련해서 질의하실 분 있으면 한 분만 받겠습니다. 없으신가요? 감사합니다.

3) 윤성호 선생님에 대한 토론

그러면 세 번째로 오전에 윤성호 선생님께서 관방 체계에 대해서 발표를 해주셨습니다. 사실 이 문제가 굉장히 어려운 문제입니다. 왜 그런가 하면 조금 전에 길성리 토성에 대한 논의에서 봤던 것처럼 한성시기에 과연 전형적인 석축 산성들이 존재했느냐에 대한 논쟁에서 봤던 것처럼 각 지역에 한성시기 백제성이라고 얘기되고 있는 것들을 어느 범위까지를 한성시기 백제 성곽으로 확정을 하고 그것을 토대로 해서 관방 체계를 검토해야 하는데요. 그래서 대단히 어려운 작업인데, 그 어려운 작업을 윤성호 선생님께서 문헌 사료를 검토하시고 그동안 조사된 여러 성곽들에 대한 조사현황을 종합하시고 그런 다음에 교통로와 수계와 연관시켜서 도성을 중심으로 한 관방 체계를 아마도 가지선 선형인데, 거점성 단위로는 약간의 지선들이 있는 그래서 선형 구조에서 방사형 구조로 나아가는 중간 단계 정도까지 도달했던 게 아니냐는 복안을 갖고 계신 것 같습니다.

윤성호 선생님 발표에 대해서 양시은 선생님부터 토론을 진행하겠습니다.두 분씩 묶어서 진행하겠습니다. 양시은 선생님 부탁드리겠습니다.

양시은 : 사실 여호규 선생님께서도 말씀하셨지만, 한성기 관방 체계가 가장 어렵지 않을까 싶습니다. 각자의 입장도 다르고 관방 체계라는 것

은 말 그대로 여러 관방 유적들이 모여 있는 양상을 토대로 한 것이기 때문에 사실 어떻게 보면 기초 자료, 즉 개별 유적에 대한 검토로부터 시작된다고 생각합니다. 그런데 조금 전에 논의된 바와 같이 개별 유적에 대한 생각이 서로 다르다보니 이 문제가 더 어렵지 않나 싶습니다.

경기 지역에 분포하고 있는 백제 석축 산성이라고 논쟁되고 있는 여러 유적들의 경우에, 저는 개인적으로 백제 한성기에 관방 시설이 있었을 가능성이 크다고 생각하고 있습니다. 올라가보면 아시겠지만, 설성산성이나 설봉산성의 경우 굉장히 높은 곳에 위치해 있고, 또 그곳에서 한성기 백제 유물들이 꽤 다량으로 수습되고 있어서, 물론 명확한 유구가 발견된 것은 아닙니다만, 여하튼 백제 한성기에 어떤 행위가 있었던 것은 분명한 것 같습니다. 그런 높은 산꼭대기에서 집중적으로 한성 백제 토기들이 출토된다는 점에서, 아무래도 관방의 기능을 하는 유적이 있었을 가능성이 크다고 생각합니다만, 그렇다고 하더라도 현재 잔존하고 있는 석축 성벽은 신라 석성 구조에 굉장히 가깝기 때문에, 신라 석축 산성으로 판단됩니다. 따라서 한성기에 관방 유적으로 기능했다고 할지라도 현재의 양상과는 구별해서 살펴볼 필요가 있을 것 같습니다.

그런데 윤성호 선생님께서는 현재 확인되고 있는 석축 성벽을 한성기 백제 석축 산성으로 판단하고 계시고, 거기에 더해서 석성으로의 변화 양상을 고구려와 백제의 갈등 관계가 고조되었을 때, 전반적으로 한성기에 관방 시설이 축조되고 그와 동시에 석축 산성으로 변화하는 것으로 이해하고 계십니다. 그 부분은 저와 입장이 다른데요, 이 부분에 대해 개별 유적의 현황이나 선생님께서 그렇게 생각하게 된 이유를 조금 더 명확하게 밝혀주시면 좋겠습니다.

두 번째 질문 역시 앞 질문과 연관된 것일 수도 있는데요, 사실 한성기 석축산성에 대해 음성 망이산성을 참고해볼 필요가 있지 않을까 생각합니다. 망이산성의 경우에도 통일기 신라 석축 성벽이 축성되어 있습니다만, 안쪽에는 내성으로 알려진 토루가 잔존하고 있습니다. 망이산성에서는 백제 갑옷이 발견되어 학계의 관심을 받았습니다만, 한성기 백제 유물들이 출토된다는 점에서 앞선 석축산성하고 굉장히 유사한 양상이 확인됩니다. 그렇다면 아무래도 현재의 석성보다는 다른 형태의 관방시설이 한성기에 있었을 가능성을 조금 더 염두에 두는 게 합리적이지 않을까 하는 생각이 듭니다. 두 번째로 선생님께서는 관방 체계를 다루면서 성의 규모와 석축산성의 여부를 성의 기능과 연관지어 말씀하셨습니다. 특히 둘레가 1,000m 이상인 비교적 큰 규모의 산성이고, 또 토축에서 석축으로 구조적인 변화가 발생했다는 점에서 거점성의 역할을 했을 것이라고 말씀을 하셨는데, 과연 해발 고도가 400m 넘는 높은 산 위에 만들어진 산성들이 한성기에 과연 거점성으로서 운영되었을 수 있을 것인가 라는 부분에 대해서 저는 굉장히 회의적입니다. 그래서 그 부분을 어떻게 생각하시는지 말씀을 들어보고 싶은데요. 특히 한성기에 거점성이라고 생각되는 토성들 같은 경우에는 비교적 낮은 구릉에 입지한 경우가 많습니다. 이 역시 규모가 대형인데요, 그런 것과 비교했을 때 높은 곳에 입지하면서 거점성으로 판단한 경우와 낮은 구릉에 축조된 토성이면서 거점성인 경우에 대해서 보완 설명해주시면 좋겠습니다. 이상입니다.

좌장 여호규 : 감사합니다.

최관호 선생님 부탁드리겠습니다.

최관호 : 우리가 보통 일반적으로 성곽이라고 표현을 많이 하죠. 기본적으로 성을 쌓는 사람들을 지켜주기 위한 시설입니다. 즉, 축조 주체를 보호하기 위한 시설인데 그렇기 때문에 똑같은 사람들 즉, 동일 주체에 의해서 같은 시기. 똑같은 시기에 쌓아진 성들은 그것들의 배치 양상을 통해 축조 세력 또는 해당 정치체의 관방 체계를 복원해 볼 수 있습니다. 이러한 작업은 성이 갖고 있는 방어적 기능을 해석하는 것뿐만 아니라 해당 정치체의 영역 내지는 정치력이 투영되는 범위를 설정하는데도 매우 유효하고 중요한 작업이라고 생각합니다. 그런 만큼 여러 성들을 다뤄야 하기 때문에 기초적인 분석부터 배열, 이것의 정리가 너무나 지극히 어려운 작업이죠.

이를 정말 깔끔하게 여러 시각 자료로 만들어주신 윤성호 선생님의 노력에 정말 경의를 표하면서 수계권에 따라 한성백제의 관방 치계를 구성해주신 노력은 각 유적들의 분류 내지는 기준에 동의하냐, 안 하냐 이것은 차치하고 일단 이러한 모델을 제시해 준 길을 안내해주신 것만으로 너무나 많은 시사를 받았습니다. 거듭 감사드립니다.

여기에서 질문을 드리고 싶은 부분이 생기는데요. 선생님께서 이렇게 각 수계별로 관방 체계를 구성하시면서 쭉 살펴보신 개별의 성들, 개별 수계별로 어떤 공통점 즉, 임진강 유역에 축성된 성들은 이러한 입지 선택이나 축조 기법 내지는 배치 양상에서 공통점을 보인다. 그리고 이것을 조금 더 나아가서 임진강 유역, 한강 유역, 안성천 유역, 금강 유역 이런 식으로 발표문에서 구분하신 유역, 권역별로 공통점과 차이점이 읽히는 부분이 있는지 사실 이것은 연구자들이 하나하나 꼼꼼하게 해석해 가고, 분석해 가고 하면서 알아야 하는 건데, 선행적으로 먼저 분석하고 공부를 하셨으니까 쉽게 정보를 얻고자 감히 여쭤봅니다. 그리고 관방 시설의 축조 즉, 성의 축성은 당연히 한성 중앙의 의지와 영향력이 강하게 작동된 것으로 이해하고 있습니다. 축성을 한 다음에 성의 경영은 축성과는 약간 다른 범위가 되는데요. 특히 다수의 성들을 동시에 경영에서 일정한 관방 체계를 지속적, 효과적으로 운영하는 것은 중앙의 영향만으로 어렵지 않을까 라는 의문이 들게 됩니다. 당연히 해당 지역의 존재하는 재지 세력들의 일정한 협조 내지는 재지 세력들의 중앙이 재지 세력들을 동원할 수 있는 소위 넓은 범위에서의 지방 통치 체제가 일정 부분 확립되어야 할 텐데요. 백제 관방 체계의 변화 양상에 따라서 백제의 영역 또는 백제 중앙 세력이 지방 세력을 어떻게 관리하고, 통제에 활용했는지 혹시 읽히는 부분이 있다면 보충 설명을 부탁드리겠습니다.

마지막으로 양시은 교수님께서 앞서 말씀해주신 부분과 일정 부분 겹칠 수도 있겠는데요. 성이 갖고 있는 역사 지리적인 중요성, 이것을 지정학적 중요성이라고도 표현하기는 합니다만 성이라는 역사적 물질 자료 유적이 갖는 역사성을 강조하는 의미에서 역사 지리적 중요성이라고 표현하고 싶습니다. 이것이 상실되지 않는 한 지속적으로 운영된다는 특징을 갖습니다. 축조 주체와 경영 주체가 초기를 담당했던 세력에서 그다음 세력으로 변화할 수 있다는 거죠. 성을 이해할 때 이 부분을 꼭 염두에 두고 봐야 할 텐데요. 간단히 말씀드리자면 백제가 쌓은 성을 고구려, 신라가 당연히 운용할 수 있습니다. 특히 발표해주신 윤성호 선생님께서는 백제의 관방 체계를 자세히 분석해주셨지만 오히려 신라, 고구려의 관방 체계와 성에 대한 이해를 더 깊게 하고 계신 분이십니다. 특히 한강 유역에서의 한성백제의 성들을 고구려, 신라가 한강 유역을 점유하게 되면서 어떻게 활용, 재활용을 했는지 이에 대해서 보완 설명, 가르침을 주시기 부탁드립니다.

좌장 여호규 : 감사합니다. 두 분 선생님께서 먼저 양시은 선생님은 백제의 성곽을 어디까지 설정할 수 있느냐 그 문제하고요. 그다음에 규모가 크다고 하더라도 산상에 입지한 성곽들의 거점적 기능을 얼마나 설정할 수 있는가. 그런 문제를 제기하셨습니다.

또 최관호 선생님은 수계나 교통로를 따라서 관방 체계를 분석하셨는데 수계는 권력에 따른 공통점이나 차이점이 혹시 있으신가 또 관방 체계를 운영하는 과정에서 지방 세력들이 어떤 역할을 했을까. 또 백제의 성곽이 그 이후 한강 유역을 고구려나 신라가 순차적으로 점유하게 되는데 고구려나 신라가 어떤 방식으로 재활용했을까. 상당히 어려운 질문들을 주셨습니다. 답변 부탁드립니다.

윤성호 : 질문 감사합니다. 굉장히 어려운 질문이 많은 것 같습니다. 그리고 오늘 얘기를 하다가 한성기 백제 석축 산성 문제가 계속 크게 걸려서 얘기가 돌 것 같습니다. 석축 산성을 얘기하기에 앞서서 사실 우리가 직접 눈으로 보고 조사를 할 때 보는 성벽 자체는 어떻게 보면 가장 마지막 단계 내지는 가장 오래 사용한 시기의 것을 볼 수밖에 없는 상황이 됩니다. 그래서 사실은 지금 얘기가 되고 있는 백제 석축 산성일 가능성이 언급되는 반월산성, 설봉, 설성, 이런 성들도 사실 그 규모는 마지막에 쓴 신라의 성이란 말이죠. 만약에 그게 백제 석축 산성이었다 하더라도 실제로 그 규모였는지는 알 수가 없는 부분이 있는 것 같습니다. 그래서 양시은 선생님이 지적해주신 부분은 세 개의 질문이 하나로 묶이는 부분이 있는 것 같습니다.

그게 지금 보이는 그 모습이 백제 석축 산성이라면 사실은 규모나 입지를 가지고 다르게 이야기할 부분들이 많이 나올 부분이 있는 것 같습니다. 그렇지만 사실 명확하지 않습니다. 일단은 백제 석축 산성이 있었느냐 없었느냐 문제도 계속 검토해야 할 부분이 맞는 것 같습니다. 반월산성 같은 경우는 사실 남벽 구간 기저부가 축조 구간에 따라 다른데 한쪽 구간을 보면 당시 신라에서도 잘 쓰지 않는 장방향의 면적이 쌓여있는 바닥부터 쌓여있는 모습이 있고, 바로 옆쪽에는 신라 성벽의 모습이 보이는 구간이 보이고 있습니다. 거기서도 사실은 막히는 부분이 있는 것 같습니다. 통일신라 때나 보이는 면석이 어떻게 이렇게 구축되어있지? 가장 초기의 유구이니 이게 혹시 백제가 한 것이 아닌가 라는 고민이 되는데, 백제는 그것을 다룰 수 있는 기술이 있었는가. 이런 고민이 계속 반복해서 돌고 있습니다. 저는 사실 백제 석축 산성이 있었다고 명확하게 표현하지 않으려고 했는데, 다른 식으로 부각되다 보니까 그 부분이 그렇게 인정돼서 보였던 부분이 있는 것 같습니다. 정확하게 앞으로 자료가 축적이 되고 다른 구간에 대해서도 계속 조사하면서 풀어나가야 할 문제인 것 같습니다.

그리고 양시은 선생님이 망이산성 내성 부분을 말씀해주셨습니다. 망이산성에 내성은 작은 토루로 되어 있고, 실제로 한성백제 토성으로 보는데 무리가 없겠지만, 외성 부분은 석축 부분이 신라 것이다, 통일신라 것이다, 이런 얘기들이 있는 부분이 있습니다. 그래서 구조적으로 봤을 때, 사실 우리가 현재 보는 것 말고 내부에 다른 구조의 관방 시설이 백제가 운영한 것이 있었을 가능성이 높은 것 같습니다. 충주 장미산성 같은 경우도 내부에서 백제 토기가 확인되지만, 성곽 자체를 백제의 것으로 보기에는 불분명한 부분이 많습니다. 그래서 내부 위쪽에 있는 구릉지대, 혹시 다른 토루에서 백제 유구가 나오지 않을까 하는 기대도 하고 있고, 최근에 결성읍성 정상부에 전망대를 조성하려고 조사했는데, 거기서 백제 저장 수혈이랑 건물지, 그리고 토루 부분이 보여서, 위쪽에는 백제가 쓴 토성이 있었음을 확인할 수 있었습니다. 그래서 사실 저도 이 부분은 명확하게 분석하기는 어려운 부분이 있는 것 같습니다. 단지 가능성을 제시하는 수준에서 짚고 넘어가야 되지 않을까 생각했습니다.

최관호 선생님 질문 중에서 수계별로 관방 시설들의 특징이 보이는가 라는 부분이 있었습니다. 지금 백제 관방 시설의 특성을 뽑아내기도 상당히 어렵습니다. 앞 발표에서도 이미 나왔지만 이것이 마한 것이냐, 한성백제 것이냐. 정확하게 구별이 안 되는 상황도 많고, 조사가 완벽하게 이루어진 것들도 없어서 사실 어느 지역에 성토 토성이 많고, 어느 지역에 판축 토성이 많은지 구분하는 것도 쉽지 않습니다.

단지 수계별로 강에 직접 통제를 하는지 아니면 바닷가에 직접 접해있는지. 거기에 따른 지형, 남한강 수계 같은 경우 수계 주변으로 따라서 육로로 연결되고 고원 지대라는 부분에서 그런 지점에서 막고자 하는 교통로에 방어 목적에 따라서 규모나 입지 이런 부분에서 일정한 차이를 찾을 수 있을 것 같습니다.

두 번째 중앙에서 재지 세력들을 통제하는 것이 관방 시설에서 어떻게 반영돼서 읽을 수 있는 부분이 없을까 라는 질문이셨습니다. 굉장히 중요한 질문이고 앞으로 계속 연구해야 할 숙제인 것 같습니다. 사실은 관방 시설을 만든다고 하면 중앙에 있는 사람들이 내려와서 만들었다고 볼 수는 없을 것 같고 분명히 그 지역 사람들이 동원되었을 것이고, 축성에 따른 여러 가지 역역과 수취 체제가 만들어져 있는 상태에서 가능한 부분인 것 같습니다. 그게 독자적으로 그 지역의 재지 세력이 쌓은 것이 아니라고 한다면, 그런데 그것이 축성 기법상으로 반영되기는 사실 중간에서 목간이 나오지 않는 한, 우리가 함안 성산산성처럼 어디에서 어떻게 수취 체계를 했는지 파악되지 않는 한 쉽지 않은 부분인 것 같습니다. 오히려 그런 성이 쌓여진 상황에 따라서 이 성을 통해서 중앙에서 재지 세력들을 통제하기 시작했다. 통제가 이루어지고 있었다는 부분을 볼 수 있을 것 같고요. 재지 세력에 대한 통제는 앞 발표에 이혁희 선생님이 주변 유적과의 관계를 통해서 변화상들 그리고 사용 시점의 중단이라든지. 부장품의 변화라든지 이런 것을 따져서 검토하는 방식으로 접근하는 것이 좋지 않을까 싶습니다.

세 번째는 백제 한성기 이후에 고구려와 신라가 어떻게 재활용하였는지 부분에 대한 문제였습니다. 발표문에서는 도면을 많이 안 넣었는데요. 발표에서는 잠깐 백제성과 이후 6세기 후반에서 7세기 전반 이후에 신라와 비교를 해봤습니다. 의외로 재활용하지 않은 성들이 많이 있습니다. 재활용하지 않은 이유는 간단한 것 같습니다. 백제가 통제하고 방어하려고 했던 방향과 신라가 진출해서 막으려고 했던 방향, 즉, 주요 교통로의 차이인 것 같습니다. 신라는 소백산맥을 넘어서 충주지역에서 남한강 루트를 타고 한강 쪽으로 올라왔고, 주치소도 그래서 아차산성, 이성산성, 설봉산성 강변 쪽으로 몰려있습니다. 이후에 한강 유역을 차지하고 사실 고구려와 대치할 때도 임진강에서 대치했기 때문에 사실 이 지역에 집중적으로 관방 시설들이 만들어졌고, 그 다음에 그곳에 있던 백제의 관방 시설들이 재활용되었던 것 같습니다. 그리고 백제와 다르게 백제가 용인 지역에서는 주거지라든지 유적들은 나오고 있음에도 불구하고 관방 시설들이 백제 것으로 볼 수 있는 것이 명확하지 않습니다. 신라 같은 경우 한강 유역을 통제하는 것도 중요하지만 백제가 한성기에 유지했던 해상루트, 항구를 차지하는 것이 중요했기 때문에 안성 쪽에서 지나가는 길 그러니까 안성 쪽에서 용인을 거쳐서 오산, 화성으로 가는 동서 측 방향으로 할미산성이나, 독산성, 화성의 당성 이쪽으로도 없던 관방 시설이 다시 구축되었던 것 같습니다. 그래서 전반적으로 이런 것들을 비교해서 고구려가 재사용했던 내용들도 함께 검토해봐야 되겠습니다.

좌장 여호규 : 답변 감사합니다.

그러면 장기명, 이재명 선생님 토론을 마저 듣고 짚어볼 문제를 추가적으로 검토하겠습니다.

장기명 선생님 부탁드리겠습니다.

장기명 : 앞서 말을 많이 해서 간단하게 하겠습니다. 1번 질문 생략하고요. 2번 질문도 선생님께서 관방 체계를 굉장히 폭넓게도 제시하고 시기별로도 변화양상을 전반적으로 다 다뤄주셨습니다. 그래서 세부적으로만 밀집도, 여기 전략적으로 집중해서 밀집이 엄청 되는 구간이 있는지 여기에 대해서 질문 드리겠습니다. 이 질문을 드리는 이유는 선생님도 말씀하셨다시피 고구려와 신라가 임진강 유역에서 접경지역을 대할 때는 엄청 줄지어 들어오고, 신라와 가야도 낙동강 양안을 경계로 쭉 들어옵니다. 이런 식으로 한성백제 시기에도 관방 체계 중에서도 혹시나 전략적으로 집중해서 밀집도가 올라가는 구간이 있는지 거기에 대해 질문드리겠습니다.

좌장 여호규 : 감사합니다. 이재명 선생님 부탁드리겠습니다.

이재명 : 목책은 이혁희 선생님한테 설명을 들어서 넘어가고요.

두 번째 석축 산성 계속 나왔던 얘기이지만 간단하게 설명드리겠습니다. 계속해서 석축 산성이 있는 곳에는 백제 유물도 있기 때문에 관방 지역으로 중요성을 지녔던 곳에 신라가 뒤에 들어온다든지, 그렇게 파악할 수 있는 부분이 있을 것 같습니다. 축조 기법이나 그런 부분만 얘기하면 되돌이표가 되기 때문에 역으로 질문드리겠습니다. 석성과 토성을 얘기했을 때 분명히 선택압력을 받았을 때, 이것을 병행한다면 이유가 있었을 것입니다. 토성이 중심이 되어 있지만, 석성을 선택해야 될 이유를 생각해볼 필요가 있을 것이고요. 그 사례를 생각해보면 경남 쪽의 사례이긴 하지만 하주에 해당하는 창녕군, 그리고 합천군 대야주, 그다음에 거창군 거열주, 그리고 나서 운봉에서 전주로 넘어가는 길목 상에서 보이는 신라성의 집중도와 밀집도는 상당히 높은 편입니다. 그런데 그 이후에 통일기가 되고 나서 경남 진주시로 오고 나서 후에 일제강점기 경남도청까지 있었던 진주시에는 석축 산성이 전혀 보이지 않고 있습니다. 그런 것을 보게 되면 일단 어떤 교통로 상에서 석성이 인정된다고 파악할 경우에 교통로가 다른 토성만이 보이는 곳과의 차이가 있을 것인지. 그런 부분을 좀 관점을 두고 설명해줬으면 합니다.

좌장 여호규 : 장기명 선생님께서 백제 한성시기 관방 체계 관련해서 특별히 성곽들이 밀집하면서 전략적으로 요충지의 성격을 갖고 있는 그런 지역들이 확인될 수 있느냐의 문제고요.

또 하나의 논란은 반월산성이나 설봉산성이나 설성산성과 같은 석축산성들을 축성기법의 문제로 볼 것이 아니라 방어상 필요성의 문제로 접근해보면 어떻겠느냐. 그런 문제 제기인데요. 이재명 선생님은 우리 윤성호 선생님께서 논거를 보완할 수 있는 그런 제안을 주신 것 같습니다. 답변부탁드립니다.

윤성호 : 두 분 선생님 질문 감사드립니다.

장기명 선생님 질문은 성곽의 밀집도 관련 부분이고 어떤 특정 시기에 성곽이 집중적으로 조성되는 사례와 그것에 대한 의미를 말씀주신 것 같습니다. 일단은 백제 관방 시설로 파악했던 내용들의 정확한 축조 시기와 운영 시기들을 사실은 검토하는 작업부터 돌아가야 할 것 같습니다. 제가 전반적은 편년을 가지고 있는 것은 아니지만 보고된 내용을 정리해서 봤을 때는 한성기 말기 5세기 후반에 집중적으로, 전반적으로 분포되는 것 같고요. 그중에서도 성곽이 꽤 많아진다는 느낌을 받는 것은 금강 유역권, 남한강 유역, 결국은 고구려 남진이 임진강 유역에서 충돌하는 것에서 그치는 것이 아니라 사실 춘천 쪽으로 해서 원주, 충주 쪽으로 내려오는 광개토대왕이 가야까지 남정했던 그 루트상으로 방어 시설들이 강화되는 것이 특징적이지 않을까 싶습니다.

신라의 경우를 생각하면 전반적으로 관방 시설이 제일 많이 집중된 곳은 임진강 유역입니다. 그렇지만 그것도 저희가 조심해서 봐야 할 부분이 나당 전쟁 시기에 집중적으로 관방 시설이 만들어지거나 수축된 사례도 많습니다. 그래서 신라를 보더라도 꼼꼼히 따져야 할 텐데, 5세기 후반 소백산맥 막 넘어서 마립간 시기에서 왕 시기로 넘어가는 시기에 소백산맥 일대에서 신라의 축성이 많아지고 있습니다. 신라, 백제, 고구려 전부 다 충주 소백산맥 일대 교통로를 중심으로 해서 이 지역에서 충돌한 시기에 가장 많은 집중적인 축성이 이루어진 것이 아닌가 생각해봅니다.

이재명 선생님이 질문을 주셨습니다. 진주의 사례를 굉장히 잘 말씀해 주셨습니다. 진주 지역은 통일신라의 청주 주치소였음에도 불구하고 주변에 석축 산성이 없습니다. 그리고 그 이전 시기, 고대 산성이 전혀 없는 것이 특이하게도 진주 지역인 것 같습니다. 진주 지역에 산성이 없는 이유는 사실은 방어성의 문제라든지, 교통로의 단절이라든지 여러 가지 생각할 거리들을 많이 던져주는 부분이 있는 것 같습니다. 그래서 지금 백제 한성기의 관방 시설과 관련해서도 어느 지역의 토축이고, 어느 지역의 석축이고 이것에 집착할 것이 아니라 여러 가지 가능성을 열어놓고 검토하는 것이 필요하겠습니다.

좌장 여호규 : 예. 네 분 선생님의 토론과 윤성호 선생님 답변 과정에서 다 들으신 것처럼 역시 가장 쟁점이 되는 것은 현재 한성백제 시기에 석축 산성이라고 이야기하는 여러 성들을 실제 한성백제기의 성으로 볼 수 있느냐, 없느냐 이 문제가 제일 중요한 문제일 것 같습니다. 왜냐하면 이 성들의 규모도 워낙 크고 중요한 요충지에 자리를 잡고 있습니다. 그것을 포함해서 관방 체계를 설정하느냐. 그것을 제외하고 설정하나에 따라서 백제의 관방 체계 자체가 굉장히 달라지는 그런 양상을 보이기 때문에 굉장히 중요한 문제입니다. 아까 양시은 선생님께서 집중적으로 문제 제기를 하셨으니까 추가적으로 하실 말씀 있으신가요.

혹시 다른 토론자 선생님들 하실 말씀 있으신가요?

다만, 제가 사회자로서 한 가지만 덧붙인다면, 이런 관방 체계를 다를 때 몇 가지 요소들을 더 고려해야 하지 않을까, 물론 이번 학술회의 자체가 성곽을 통해서 관방 체계를 분석하는 것이기 때문에 윤성호 선생님께서 각 지역의 성곽의 분포 양상들을 정리하시고 그것을 토대로 관방 체계를 복원하셨습니다만, 역시 그와 더불어 첫 번째는 문헌 사료 상에 나타나고 있는 국경선의 변화, 이것을 좀 더 몇 시기로 나눠서 영역의 변화를 설정하시는 작업이 필요하지 않을까 이런 생각이 들었고요.

또 하나의 문제는 수계와 교통로가 대단히 중요하지만 역시 기본적으로 고대 국가의 관방 체계라는 것은 도성을 중심으로 해서 구축이 될 수밖에 없습니다. 그러면 이것을 모두 선형으로 파악하는 방식도 가능하겠습니다만, 일단 도성을 중심으로 하는 일정한 범위까지는 동심원적인 양상이 어떻게 되는지 조금 더 면밀하게 검토할 필요가 있지 않을까 그런 생각입니다. 그래서 도성에서 일정 거리 단위로 10㎞, 20㎞, 30㎞ 동심원을 그려서 거기에 분포하고 있는 각 성곽들의 종적 영역뿐만 아니라 횡적인 연관 관계가 어떻게 되는지 검토되어야 할 것 같고요. 그러면서 그 외곽에는 사실 통상 수계나 교통로를 따른 종심 방어 체계가 어떻게 되느냐의 문제. 그리고 또 역시 가장 외곽의 국경선 문제가 중요한 것은 국경 지대라는 것은 어느 지역으로든 적군이 침입할 수 있는 가능성이 존재하기 때문에 그래서 통상 전연前沿 방어선이라는 개념들을 쓰는데요. 그런 국경 지대의 양상을 조금 다르게 문헌 사료를 통해서 국경의 변화 문제와 또 도성을 중심으로 하는 방어 체계의 다양한 구성 양상들 이런 것들이 추가가 되면서 분석해주시면 훨씬 더 좋은 성과를 낼 수 있지 않을까 그런 생각이 들었습니다.

원래 3시까지 1부 토론이 예정되어 있었습니다만, 2부가 뒤에 한참

남아있으니까 2부 시간을 당겨쓰는 것으로 하고요.

혹시 청중석에서 윤성호 선생님 발표에 대해서 질문하실 분이 있으시면 한 분 정도 받겠습니다. 없으십니까? 지금 마스크를 써서 누구신지 잘 못 알아보겠습니다.

혹시 박중균 소장님 세 분 발표와 관련해서 하실 말씀이 있으실까요?

박중균 : 오늘 학술회의 주관이라 말씀을 안 드리려고 했는데, 한 가지만 드리겠습니다.

아까 이재명 선생님이 질문하신 것 중에서 한성백제 특정 지역에 관방 유적이 밀집되어 있는 데가 있지 않냐고 하는 데가 있느냐고 하셨는데, 세종시 부용면 지역이 그렇습니다. 부용면 지역은 백제 한성기 산성을 포함하여 삼국시대 산성이 10개 이상 밀집되어 있는데 그 지역은 동서남북으로 연결되는 육상교통로가 발달하였고, 또 금강에 면해 있어서 수륙교통로의 결절지에 해당합니다. 대개 청주나 천안 같은 지역에서의 분묘 유적은 원삼국기 분묘(목관(곽)묘, 주구토광묘, 합장묘)에서 그 다음의 백제 토광묘와 석실묘까지 분묘의 조영이 연속적으로 이어지는 것이 확인됩니다. 그런데, 산성이 밀집되어 있는 부용면 지역의 부강리 고분군의 경우는 이전 시기 분묘의 조영 없이 5세기 대의 석실분만 조영되고 있어 다른 양상을 보이고 있습니다. 이상입니다.

좌장 여호규 : 예, 감사합니다.

제가 아까 이혁희 선생님 답변하실 때 한 말씀 추가할 얘기가 있었는데 빠뜨렸습니다. 무엇이냐 하면 성벽의 축조 과정과 관련한 용어들을 아주 깔끔하게 정리해주셨습니다. 축조, 보수 축조, 개축,

증축 저는 아주 깔끔하게 정리하셨다고 생각했는데요. 다만, 사료상에 나오는 '수修'. 닦을 수자, '수' 뭐했다고 했을 때 '수'라는 용어가 지금은 수리하다. 라고 해서 뭐가 있고 나서 그것을 다시 보축하거나 개축하거나 이런 것들을 수의 의미로 지금은 많이 사용하는데 한자의 원 의미로서의 '수'는 수건修建의 의미로 많이 쓰입니다. 수건修建. 처음 축조하는 것도 '수'로 쓰이는 경우가 많습니다. 그래서 조금 저희들이 문헌 사료를 해석할 때 그 부분은 주의해야 하지 않을까. 그래서 지금 수는 다시 무엇을 한다는 의미니까 보수, 개축, 증축을 수축으로 통합해서 사용하겠다. 가능은 한데, 다만 수의 한자 원뜻이 그런 의미도 있다는 것을 한번 생각해보시고, 혹시 더 좋은 용어가 있지 않나. 한번 고민을 해보시면 어떨까 그런 생각입니다.

2시간 10분 정도 1부 토론이 진행되었습니다. 그래서 다들 피곤하실 것 같고요. 네 분의 토론자 선생님들이 아주 꼼꼼하게 발표에 대한 토론을 해주셨고요. 발표자 선생님들도 답변하시느라 수고 많으셨습니다. 지금이 3시 12분인데, 3시 30분까지 대략 18분 정도 머리를 식히고 나서 2부 토론진행을 하겠습니다. 충분히 쉬시고 3시 30분에 다시 뵙겠습니다. 감사합니다.

종합토론 2부

좌장 여호규 : 지금부터 종합토론 2부를 진행하겠습니다.

아까 들으신 것처럼 1부에서는 오전에 발표했던 3개의 주제발표에 대해서 네 분의 선생님께서 토론해주시고, 발표자 선생님께서 답변하는 질의토론의 형태로 진행되었고요. 2부는 그것과는 다른 방식으로 진행하려고 합니다. 그래서 자료집들을 갖고 계시면 95쪽을 펴주시면 되겠는데요.

대략 10여개 정도의 토론 주제를 선정해봤습니다. 1번부터 4번까지 대체로 이보람 선생님께서 발표하셨던 한성백제의 도성 경관을 토대로 해서 한국고대 도성과 관련된 제반 문제를 어떻게 이해해야 할 것인가 그런 문제라고 한다면 5번부터 8번까지는 이혁희 선생님께서 발표하신 내용을 토대로 해서 고대 지방성과 관련된 여러 가지 문제들을 어떻게 이해해야 할 것인가의 문제라고 할 수 있겠고요.

그다음에 9번과 10번은 윤성호 선생님께서 발표하신 내용을 토대로 해서 관방 체계라든지, 결국 관방 체계라는 것은 지방 지배하고도 굉장히 밀접하게 맞물려 있거든요. 그런 문제를 또 어떻게 이해해야 할 것인가. 그런 문제입니다.

그래서 지금부터 대략 2시간 정도 진행이 되면 120분인데요, 한 주제당 배정되는 시간이 대략 10분 정도 됩니다. 방식은 이렇게 하려고 합니다. 이미 10개와 관련해서 세 분의 발표자 선생님께서 한성 백제기의 양상과 관련한 핵심적인 사항을 발표문에서 제시하셨습니다. 그래서 그와 관련된 것들을 간략하게 1분 정도 핵심적인 사항만 발표자 선생님께서 말씀해주시고요. 그리고 네 분의 토론자 선생님들께도 이 주제들을 저희가 미리 고민해 주십사 말씀드렸고요. 그래서 자료집에 그 내용이 실려 있는 경우도 있고, 별지로 제공된 경우도 있습니다. 이것을 다 읽을 수는 없고요. 각자 한 1분 30초 정도 범위에서 핵심적인 사항만 간략하게 말씀드리고 제가 한번 모을 수 있는 내용은 모아서 이 정도로 한번 정리하고 넘어갑니다. 라고 해서 한 개, 한 개 주제를 다루는 방식으로 하겠습니다.

1. 도성의 개념 정의, 삼국의 도성 성립 시점

첫 번째, 도성의 개념을 어떻게 정의하고 삼국의 도성 성립 시점을 언제로 볼 수 있을까의 문제인데요. 사실은 이것과 관련해서 아까 이보람 선생님도 발표문에서 주요 연구자들의 견해들을 표로까지 제시를 하셨습니다만 굉장히 논란이 많은 부분입니다. 그리고 아까 1부 토론에서도 보셨던 것처럼 도성의 개념을 어떻게 설정하느냐에 따라서 공간 범위라든지 이런 것들을 전부 다르게 설정하게 됩니다. 당연히 도성의 성립 시점도 달리 보게 되고, 굉장히 중요한 문제입니다. 이와 관련해서 여러 선생님들 말씀을 듣기 전에 한 가지만 저희가 개념상 갖고 있어야 할 내용은 도성이라고 했을 때 도라는 개념은 한자 자의상으로는 사실 왕실의 종묘가 설치된 곳이 도의 개념입니다. 거기에 성곽 시설이 있는 도성 이렇게 합니다만 저희들이 한국 고대 도성이라고 얘기할 때는 단순히 그런 의미로만 사용하지 않습니다. 일정 정도는 정치적 중심기능 또 나아가서는 사회, 경제, 문화의 중심지로서의 기능을 일정 정도 갖춘 상황을 전제로 하는 그런 개념이기도 합니다. 조금 도시 개념들이 살짝 결합되어 있는 그런 상황이라고 말씀드릴 수 있겠죠. 통상 도시는 인구의 밀집 정도와 거주하는 주민들의 1차 산업에 종사하지 않는 비율. 즉, 비자급성을 가장 핵심적 개념으로 합니다만 이런 여러 가지 상황들을 각자 어떻게 판단하느냐에 따라서 도성의 개념을 달리 정의하고 있는 그런 상황입니다. 이보람 선생님께서 아까 말씀하셨지만 간략하게 한번 본인께서 생각하시는 것을 말씀해주시고 토론자 선생님들의 견해를 듣겠습니다.

이보람 : 좌장님께서 말씀해주신 대로 도성의 개념을 어떻게 정의하느냐에 따라서 도성의 성립 시점, 범위 자체가 완전히 다른 내용이 될 수 있습니다. 한성기로 한정해서 도성의 개념을 정의한다면 한성기에는 실은 성숙한 도성, 엄격한 도성의 성립은 되지 않았습니다. 하지만 도성으로서 인식을 분명히 하고 있었고요. 이 도성의 주요 요소들이 밀집되어 있고 왕성이 분명히 존재하고, 그리고 왕성 주변으로 일반인 거주 구역인 민리라고 하는 취락이 존재하는 곳을 도성으로 볼 수 있다고 생각합니다.

좌장 여호규 : 감사합니다. 이보람 선생님께서 말씀하신 도성 개념과 관련시켜서 네 분 토론자 선생님께서는 각자 고구려, 신라, 가야와 관련된 도성이나 성곽의 최고 전문가들이십니다. 각자 전공하고 계신 분야와 관련해서 이런 방식으로 이해하는게 어떻겠느냐. 그런 식으로 말씀해주시면 도움이 되겠습니다. 특히 한성백제 도성의 연구

와 관련해서 개념들을 이런 방향으로 설정하면 어떻겠느냐. 그런 제언들을 주시면 더 좋겠습니다. 우선 양시은 선생님부터 말씀을 해주시죠.

양시은 : 사실 도성이라고 하는 개념은 조금 전에 말씀드렸던 것처럼 쉽지는 않은 문제입니다. 고구려에서 도성이라고 한다면 사실 문헌 기록과 아직까지도 고고학 자료에서 상충되는 부분들이 있고 아직 정합성이 확보되지 않은 부분이라서 쉽지 않습니다. 사실 고구려가 도읍했다고 하는 초기도읍, 졸본이라고 하는 곳이 환인 지역으로 잘 알려져 있습니다만, 환인 지역의 고고 자료를 놓고 볼 때 소위 왕성이 존재하고 있었던 것인지 혹은 평지 거점만 있었을 것인지가 논란입니다.

환인에서는 산 꼭대기에 있는 오녀산성에서 대형 초석 건물지가 확인되었습니다. 삼국시대 가장 이른 시기의 건물지라는 점에서 분명한 위계를 가진다고 하겠습니다만, 앞에서 이야기하였던 것처럼 높은 산 위에 위치한다는 점에서 평상시 왕궁으로 기능할 수 있을지에 대해서는 회의적인 의견이 지배적입니다. 고구려가 집안으로 천도한 다음 초반 상황도 마찬가지입니다. 우리가 잘 알고 있는 집안 지역 평지성과 방어용 산성의 도성 체제는 국내성과 환도산성을 의미하는데, 현재 고고학 자료에 따르면 이러한 체제가 성립하는 것은 4세기 이후입니다. 그러한 점에서 도성의 공간적인 범위나 개념들을 설정하기가 쉽지 않지만, 그렇다고 하더라도 국내 즉 집안 지역의 경우에는 지리 및 자연 경관적인 부분에서 도성의 공간적 범위를 설정할 수 있는 부분이 있습니다. 따라서 한성의 도성 범위 또한 자연 지리적인 환경을 고려하여 설정해보는 것이 좋지 않을까 하는 생각입니다. 이상입니다.

좌장 여호규 : 감사합니다.

그다음 최관호 선생님 부탁드립니다.

최관호 : 저는 사실 신라의 도성에 대해서는 옆에 계신 장기명 선생님께서 중심적인 유적인 월성을 직접 조사하시고 도성에 대한 연구들을 진행해 오셨기 때문에, 좌장 선생님께서 제안하신 1번부터 4번까지 도성과 관련된 부분을 제 나름대로 신라의 도성을 어떻게 이해하면 좋을까, 약간 피상적으로 생각한 부분을 간단히 말씀드리겠습니다. 도성은 간단하게 사전적으로 풀이하면 말 그대로 도읍을 둘러싼 성곽이죠. 좀 더 구체적으로는 오늘 이보람 선생님께서 짚어주신 것처럼 국가 단위 정치체의 중심지로서 왕이 거주하는 궁성, 그리고 각종 관청, 일반 거주 구역인 민리, 각종 주요시설 특히 재례 공간 및 부속시설을 둘러싼 성으로 이해할 수 있겠습니다. 특히 도성이라는 개념 자체가 동아시아에서 굉장히 중국적인 개념인데요. 중국에서 도성, 그리고 도성 성곽은 안쪽에 지배자 집단의 구역을 둘러싼 벽 그러니까 내성과 바깥에 피지배자 집단 거주 공간까지 두른 성벽. 즉 외곽 내성 외곽이 사실 성곽의 사전적 의미가 되겠습니다. 엄격하게 봤을 때 우리나라 삼국시대 도성에서 이런 내성 외곽의 구조는 확실하게 이야기 하기 어려운 부분이 있는 것 같습니다.

물론 백제의 사비 단계나 이런 부분 열외, 논외로 하더라도요. 도성의 성립 시점은 적어도 국가 단위 정치체의 성장이 전제된다고 보입니다. 단순한 지배자의 생활 공간 내지는 거점 또는 단순한 양성이 아닌 우리가 도성이라고 얘기하려면 적어도 해당 정치체가 국가 단위까지는 형성되어야 할 것 같은데요. 신라의 도성이라고 한다면 신라가 적합한 고대 국가로 성장한 이후에 우리가 정확한 신라 도성을 얘기할 수 있을 것 같습니다. 고대 국가의 개념을 엄밀하게 설정하면 안정된 왕위 세습, 중앙집권화된 왕권, 율령의 반포 내지는 관제의 정비, 통치이념, 불교의 수용, 활발한 정복활동을 통한 영토의 확장과 영역국가로의 발전, 지방관 파견을 통한 지역의 직접 지배 이러한 요소들이 사실 갖춰져야만 고대 국가라고 이야기할 수 있고 그 단계의 중심 정치체의 중심지로서 기능한 지역을 우리가 도성으로 이해할 수 있을 거라고 생각합니다.

이러한 전제를 놓고 보면 신라의 도성은 신라사에서 사실 마립간 시기 정도는 진입해야만 신라 도성의 실질적이고 구체적인 경관을 그려볼 수 있다고 생각합니다. 이때 신라의 성장을 우리가 직접적으로 관찰할 수 있는 고고학적 지표로 꼽히는 것이 유명하죠. 대릉원지구로 손꼽히는 대규모 왕릉과 대단위 묘역, 그리고 그 옆에 위치한 국가 단위 축성이 없으면 축성할 수 없을 규모의 월성, 그리고 인접한 명활성, 이러한 것들을 우리가 초기에 신라의 도성을 구성하는 중심 요소로 볼 수 있겠습니다. 신라 도성 위에서 우리가 또 하나 고려해야 할 것이 간결하게 또는 가볍게 표현해서 천년 왕도라고 표현하죠. 신라 국가가 존속되는 기간 동안 경주 지역 특히 경주 분지를 중심으로 한 지역이 도성으로 기능했기 때문에 신라의 도성은 신라사의 성장과 발맞춰 끊임없이 변화, 발전, 성장하게 됩니다.

신라 도성의 영역은 초기에 경주 분지 중심 지역에 있는 유적으로 거론하자면 월성, 동궁과 월지, 대릉원, 황룡사 정도의 범위, 이것도 물론 아주 초기보다는 일부 진전된 거겠죠. 경주 분지에 위치한 이러한 대표적인 유적을 중심으로 해서 외곽의 명활성, 남산신성,

서악동 고분군. 그리고 더 넓게는 북형산성, 서형산성, 부산성, 관문성 순으로 둘러싸인 경주 일대 내지는 경주 일원이라고 얘기할 수 있는 범위까지 신라의 도성으로 파악하고 그 안에서의 경관적 변화, 영역적인 발전을 살펴야 할 것으로 생각합니다. 이상입니다.

좌장 여호규 : 예, 감사합니다.
장기명 선생님.

장기명 : 예, 최관호 선생님의 기대에 어긋나게 신라의 입장을 대변하지 못할 것 같고, 그냥 제 개인적인 견해만 밝히겠습니다. 지극히 개인적인 견해입니다. 왜냐하면 제가 왕경을 복수전공으로 하고 있는데, 편한 대로 써왔는데 개념 정리를 할 정도의 수준이 못됩니다. 저 같은 경우에는 사실 도성이라는 표현을 발표문이나 논문을 쓸 때 잘 안 씁니다. 왜냐하면 이보람 선생님 말씀하신 것처럼 이게 적용하기가 사람마다 다르고 중국제 개념을 제대로 적용했을 때는 적용하기도 힘들고 이렇기 때문에 잘 안 쓰고요. 오히려 문헌에서 왕경, 경도, 왕도 이런 식으로 표현하는데, 저 같은 경우에 왕경이라는 표현을 도심과 같이 중심지를 대변하는 차원에서 왕경이라고 표현했습니다.
차라리 제가 생각하기에는 특색 있는 용어가 없기는 하겠지만, 백제도 왕경이라는 표현을 쓰기도 하고요. 어쨌거나 그런 식으로 원삼국 시기 소국 단계를 정말 문헌에 나오는 대로 소국, 국 이렇게 쓰고 저희가 고대사 연구의 성과인 부체제 이런 것을 창안했듯이, 도성이라는 표현에 얽매이지 말고 그런 식으로 나라 발전단계도 다 다른데 적용할 수 있는 것을 만들어보면 어떨까 싶고요.

또 하나의 제안은 그렇다 보니 처음부터 도성 개념을 적용하기가 힘들고 초기 도성이라는 그런 진입단계가 있는 것 같습니다. 신라로 치면 마립간기인데요. 대체로 백제, 가야, 신라가 공통적으로 나오는 것은 왕성과 중심 고분군이 세트로 된 관계. 이것 정도는 인정할 수 있을 것 같습니다. 그것을 중핵으로 두고 나머지 경계는 모호해서 보통 자연 지형 경계를 사실 많이 사용합니다. 경주 같은 경우에는 남천, 형산강, 소금강산 이런 식으로 둘러친 범위를 인정해주고요. 그리고 사실 경주에서는 다행히 조금 지나면 4세기 때 유명한 황성동 유적도 다 용도 폐기되고요. 토기 생산 공방지로 유명한 손곡동, 물천리 이런 곳도 외부에 있습니다. 경작 유적도 마찬가지고요. 그래서 그것들을 경계라고 빼버리면 소비 중심지라고 할 수 있는 것들이 자연 지형 경계랑 맞물려서 압축이 됩니다. 그래서 어쨌거나 완전히 도시구획화 되는 단계 전에는 초기 도성의 개념을 도성 개념에 포괄적으로 넣어서 감안해야 하지 않을까 이렇게 생각합니다. 저는 개인적으로 이렇게 사용합니다.

좌장 여호규 : 감사합니다.

최근 가야의 왕성과 관련해서 많은 고고 연구 성과들도 있고 많은 논의들이 진행되고 있는데요. 그와 관련해서 이재명 선생님 부탁드립니다.

이재명 : 가야에 있어서 영역화 단계를 차제하더라도 고유 양식의 토기, 왕묘, 왕성을 하나의 세트로 하는 모습을 그려볼 수 있습니다. 백제, 신라와 다르게 기록도 많이 부족한 부분에서 오히려 연역적으로 고유 양식의 토기와 왕릉은 확인되고 있는데, 거기에 해당하는 왕성

은 도성과 달리 아까 말했던 여러 시설을 갖추고 있고 구획과 정리가 된 상태의 늦은 단계의 개념이 아니라 왕이 귀거하는 하나의 성곽으로 둘러져 있는 초기 단계의 특수한 공간을 왕성 또는 중심 지배 공간으로 낮은 단위로 말씀드릴 수 있는데, 어떻게 보면 연역적으로 해서 가야의 왕성들은 찾아졌다고 말씀드릴 수 있습니다.

그전에는 지표 조사를 통해 가야 왕성 추정지가 확인되었지만, 최근조사 성과로는 신라나 그 외에 다른 영향을 보이지 않는 특수한 형태의 가야만의 축성 기법과 형태상에서 가야 왕성이 형태가 드러나고 있다. 그렇게 말씀드릴 수 있겠습니다. 그래서 아까 좌장 선생님께서 말씀하셨듯이 도성의 전체적인 개념도 포함해야 하는 시설물들 그런 것까지 적용하기에는 연역적으로 확인하기 힘든 부분이지만 최소한 가야 특유의 축조 기술을 가지고 일정한 행정력을 동원할 수 있는 지배자의 존재를 가늠할 수 있는 그 형태를 통해서 가야 왕성의 출현을 보고 있습니다. 최소 5개 이상 유적이 확인된 상황입니다. 어떻게 보면 백제는 고대 국가로서 영역국가로 발전한 단위이고 가야는 약 40㎞ 이내 범위의 아주 소국 단위로 남아있는 상태이기 때문에, 백제 거점성 단위의 크기와 비교될 수 있습니다.

전체적으로 봤을 때는, 그럼에도 불구하고 연역적으로 특수 건물지, 제사유적을 적극적으로 추적 했을 때 토성 축조를 할 수 있는 그런 기술력의 구사 그리고 동원력, 행정력은 왕묘와 연결했을 때는 왕성으로 갈 수 있는 그런 식의 판단을 해서 활발한 연구가 진행되고 있습니다. 시기까지 말씀드리면 지금 백제와 가야는 빠른 시기이지만 기본적으로 왕묘의 출현시기보다는 훨씬 늦다. 왕묘 출현 시기보다는 오히려 가야 최전성기에 해당하는 5세기 말, 6세기 전엽이라고 하는데 확정적인 것은 6세기 전엽 가장 최 극성기에 나타나는 그런 상황으로 이해할 수 있겠다. 그렇게 말씀드릴 수 있겠습니다.

좌장 여호규 : 감사합니다.

다들 들으신 것처럼 사실은 도성이라는 개념에 대해서 굉장히 다양한 입장들을 갖고 계신 것 같아요. 그래서 이보람 선생님께서는 왕성의 대규모 인구가 거주하는 민리 제반 기반시설까지 갖추어진 그 상황을 도성으로 보셨다면 가야 같은 경우는 가장 대비될 수 있을 것 같은데요. 그래서 아직까지는 민리라든지 일정한 기반시설은 있지만 한성백제에서 모든 기반시설이 확인되는 것은 아니고, 주로 정치적 중심지가 확립되고 지배자의 권위와 관련된 시설 정도가 갖춰진 경우 그래서 도성이라는 용어를 쓰기 부담스러우니까 최근에 가야사 연구자들 사이에서는 왕성이라는 용어를 많이 쓰고 계신 것 아닌가 그런 생각이 들었고요. 그다음에 사실 고구려와 신라의 경우는 양시은 선생님 답변을 들으신 것처럼 대체로 문헌사 쪽에서는 고구려 국가 체제 성립을 1세기 중반을 전후한 시점으로 보고 있습니다. 그런데 4세기 초 국내성이 축조되기 전에는 고고학적으로 명확한 평지 성곽이 확인이 안 되고 있는 그런 상황입니다.

반면에 군사 방어적 역할을 했을 성곽은 환인의 오녀산성이나 집안의 산성자산성이 확인되고 있습니다. 그렇기 때문에 이런 1~3세기의 상황을 어떻게 이해할 것인가. 정치적 중심지는 명확하게 존재하는데 대규모 인구가 거주할 수 있고 평지에 제반 기반 시설을 갖춘 그런 중심지가 고고학적으로 확인되고 있지 않은 상황이었기 때문에 이 부분을 앞으로 어떻게 해결할 것인가 가장 관건이 될 것 같고요.

신라는 최관호 선생님 말씀처럼 대체로 신라가 고대 국가로 발돋움하는 마립간기 단계에 정치적 중심지면서 일정 정도의 시설을 갖춘 그런 도성에 준하는 그런 것들이 확립되지 않느냐 그런 말씀이고요. 다만 장기명 선생님처럼 신라사 연구자들은 도성이라는 용어보다는 왕경이라는 용어를 더 선호하는데요. 잘 아시는 것처럼 이유가 있죠. 실제 통일신라 시기에도 도성을 두르는 나성 그러니까 성곽을 쌓지 않죠. 그래서 사례를 보면 문무왕이 성곽을 쌓으려고 했는데 의상대사가 그런 것이 뭐가 필요있습니까? 건의를 해서 결국은 안 쌓았다고 하는데요. 그런데 『삼국사기』 지리지를 보면 도都의 범위가 명확하게 나오고 있습니다. 그래서 성곽이 부재하기 때문에 그래서 신라사 연구자들은 왕경이라는 용어를 선호하고 있는 상황이 아닌가 각국의 상황들이 다 다릅니다. 그래서 저는 개인적으로 각국의 상황들은 다르지만 그래도 저희 연구자들이 조금 더 지혜를 모아서 현재 우리들이 이해할 수 있는 보편적 개념으로서의 개념을 설정하고 거기에 대한 개념 정의를 하고 공통적으로 그 정도 상태가 되는 도성이 됐든, 왕경이 됐든, 왕도가 됐든 그런 상황이 각 국가별로 어느 시점에 성립되었을까 그런 것을 횡적으로 비교하는 작업들을 앞으로 하는 게 필요하지 않을까 그런 생각이 듭니다.

2. 도성의 입지와 구성 양상

그와 관련된 문제가 결국 2번, 3번 문제입니다. 2번, 3번 문제는 묶어서 말씀드리면 도성의 입지와 구성 양상 또 주요 시설하고 공간구획 이게 각 국가별로 다른 양상을 보이거든요. 일정 정도 공통점도 있습니다만 먼저 이보람 선생님께서 한성백제 시기에 입지나 구성, 주요 시설 공간 구획 양상에서 핵심적인 사항이 어떤 것이다. 말씀해주시고요.

이것은 거기에 비춰봤을 때 시기를 한정해서 이보람 선생님 말씀하시는 한성백제 시기의 이런 양상과 가장 유사한 양상이 성립된 시점이 고구려나 신라는 언제쯤인 것 같다. 아마 가야는 조금 얘기하기가 쉽지 않을 것 같은데요. 가야는 그것과 비교했을 때 가장 본질적 차이점은 무엇인 것 같다. 이런 말씀을 해주시면 앞으로 한성 시기 백제 도성을 이해하는 데 많은 도움이 되지 않을까 그런 생각이 들었습니다. 2번, 3번 주제는 묶어서 논의를 진행하는 것으로 하겠습니다.

이보람 : 한성기 도성의 입지와 구성에 대해서 말씀드리기 위해서는 도성 내에 존재하는 왕성. 즉, 풍납토성과 몽촌토성에 대한 설명을 먼저 드려야 할 것 같습니다. 도성의 중심이 되는 풍납과 몽촌토성은 풍납은 4세기 전반 평지에 입지를 하게 되고, 한강변 충적 대지 자연 제방을 이용해서 입지하게 되고요. 몽촌토성은 4세기 후반 경에 구릉을 이용해서 축조됩니다. 따라서 평지성과 산지성, 혹은 구릉성의 조합으로 볼 수 있겠습니다. 아직까지 명확한 왕궁의 시설은 언급하기 어렵습니다만, 풍납토성 북쪽이 고지형상으로 왕궁이 입지하기 유리한 지역으로 추정됩니다. 몽촌토성 역시 80년대 조사된 바로는 각종 망루와 시설들이 확인된 바가 있어서 추후 조사가 진행되면 왕성 내부의 주요시설을 좀 더 밝힐 수 있을 것이라고 봅니다. 풍납토성은 이제까지 조사된 누적, 조사된 결과를 바탕으로 봤을 때 미래마을 유적에서 주요 관청 시설로 추정되는 시설이 있고요. 그리고 이러한 시설들의 공간 구획은 풍납토성 왕성 내부와 주변의

취락을 보면 도로를 통해서 어느 정도의 공간 구획이 있었던 것으로 보입니다. 이 도로가 엄격한 의미에서 격자형 도로 구획이 아닌, 어떻게 보면 인습 도로가 조금 더 넓어진 것이라고 생각하시면 되는데요.

제가 아까 말씀드렸던 방이동 청사 부지라고 하는 유적에서는 도로를 중심으로 해서 취락 그리고 주혈군, 수혈들이 각각 공간이 구획되는 경향을 보이고 있습니다. 이러한 것들을 보았을 때 도로를 통해서 분명히 공간의 구획은 있었던 것으로 보입니다. 그리고 도성의 범위를 설정할 때 특히나 한성기 같은 경우 도성의 남쪽 범위를 살펴보면 고분군을 중심으로 남쪽 범위가 확정된다고 생각하고 있습니다. 이상입니다.

좌장 여호규 : 방금 이보람 선생님 말씀처럼 대체로 4세기 후반 단계 정도가 되면 평지성으로서의 풍납토성과 구릉성으로서의 몽촌토성이 확립되어있고, 특히 풍납토성 내에서는 왕궁과 관청, 도로에 의한 공간 구획이 이루어져 있을 것으로 보이고 외곽에 왕성으로 말씀하셨는데, 풍납토성과 몽촌토성과 같은 왕성 외곽의 취락들도 일정 정도는 도로에 의한 공간 구획들이 이루어지지 않았을까 말씀드렸습니다. 그래서 이런 정도의 상황들이 먼저 고구려나 신라에서는 어느 시점에 이런 도성의 구성 양상들이 성립되었을지 그것을 중심으로 말씀해주시면 고맙겠습니다.

양시은 : 고구려부터 말씀드리겠습니다. 사실 몽촌토성과 풍납토성이 형성됐을 당시의 모습으로 비교해보자면, 중국 집안 지역에서 국내성과 환도산성이라고 불리는 산성자 산성이 모습을 갖췄을 때와 비교해

볼 수 있을 것 같습니다. 사실 몽촌토성이나 풍납토성은 한강의 남쪽에 위치해 있습니다만, 집안 지역에 국내성은 압록강 북안에 위치해 있고요. 그 위쪽으로 떨어진 곳에 산성자 산성이라고 하는 산성이 분포해있습니다.

물론 국내성의 축조 시기에 대해서는 논란이 있습니다. 아까 말씀드렸다시피 국내성의 축조 시점은 고고학 자료로서 보면 4세기 이후가 되겠고요. 산성자 산성은 관구검 기공비와 198년에 축조되었다는 문헌 기록과는 달리 현재 유적에서 출토되는 유물들은 5~6세기의 것들, 고구려 중기에서 후기에 해당하는 것들이 중심을 이루고 있기 때문에 운영 시기에 대한 문제가 있습니다. 그렇지만 문헌 기록에는 국내성 시기에 두 성이 유기적으로 사용되었음이 확인됩니다.

국내성은 이미 도시가 들어서 있기 때문에 과거 조사 내용의 일부만 참고할 수밖에 없습니다만, 국내성 내부 곳곳에서 기와들이 출토되는 건물지가 확인되고 있고요. 또 일부에서는 동진대 청자가 다량으로 확인되고 있는 건물지도 확인되고 있습니다. 그리고 환도산성 내에서도 소위 궁전지라고 알려져 있는 곳에서는 초석 건물지와 팔각 건물지가 확인되고 있어서, 해당 지점이 왕궁터였는지, 아니면 평양 천도 이후에 축조된 특수 목적의 건축물이었는지에 대해서 논의가 이루어지고 있는 상황입니다. 국내성과 산성자 산성은 유기적으로 활용되긴 하였겠지만, 아직까지 국내성 단계의 도로나 관련 시설들이 명확하게 발견되고 있지는 않습니다. 물론 고구려에 이른 시기부터 도로가 있었다는 것은 문헌 기록에도 확인되고 있습니다만 도로의 모습이 고고학 자료로 확인되고 있지는 않습니다. 아무래도 우리의 영역 범위가 아니고 또 중국의 발굴 조사 성과에 의존할 수 밖에 없다보니 그런 내용들을 파악하기가 쉽지 않습니다. 다만 도성 경관과 관련해서 여러 제의 시설이나 왕릉 정도의 단편적인 내용만 확인할 수 있는 상황입니다.

좌장 여호규 : 예, 감사합니다.

이번에 장기명 선생님부터 시작할까요?

장기명 : 신라 같은 경우에는 마립간기가 시기적으로 딱 맞지 않지만 아마 비슷한 시기로 볼 수 있을 것 같습니다. 4세기 후반부터 해서 저희는 6세기 전엽 정도로 잡아서 비교하면 될 것 같고요.

다만, 신라에서는 왕성인 월성과 중심 고분군인 월성 북고분군의 존재는 분명히 부각되는데, 백제와 같이 북성, 남성, 풍납토성, 몽촌토성 이런 구조에 대해서는 고민이 있습니다. 제 개인적으로는 사실 도당산 토성 같은 경우는 조사가 된 것이 있어서 연대 시료가 적기는 하지만, 4세기 후반 정도는 도당산 토성도 만들어졌을 것 같고요. 그런데 이것은 어디까지나 남당 정치나 이런 장소로 보이지, 양성 체제 이렇게까지 얘기하기는 힘들 것 같고, 단지 근거는 없습니다만 정황상으로 봤을 때는 남산 토성이 아래 쪽에 관방성 역할이자 보조 왕성 정도는 역할을 할 수 있지 않을까. 그리고 명활산성의 토성 단계가 있다면 아마 명활산 토성이 대피성의 기능을 할 수 있지 않을까, 문헌 기록이나 그런 것을 통해서 추론해보고요.

그다음에 사실 초기 도성의 모습은 이정도 보이다가 마립간기 말기에 가서야 도로 구획이 나오기 시작합니다. 인왕동 566번지 도로 같은 경우에는 빨리 보는 사람은 5세기말, 안정적으로 보더라도 6세기 전엽으로 보고 있기 때문에, 어쨌거나 말미 정도에는 그런 도로 구획이 나오고 마립간기가 넘어가면서 불교가 수용되면서 불교 사찰이라든가 그런 것들은 왕경 내에 소재하게 됩니다. 아마 이 정도 얘기할 수 있을 것 같습니다.

좌장 여호규 : 예, 감사합니다.

최관호 선생님.

최관호 : 아직 어찌보면 이론의 여지가 있습니다만, 신라성을 나름대로 들여다보고있는 입장에서 제 견해를 과감하게 말씀드리겠습니다. 한성 백제의 도성에 풍납토성과 몽촌토성이 있다면 신라의 도성에는 경주 월성과 경주 명활성이 있습니다. 경주 월성이 신라의 초기 또는 신라보다 앞선 단계 정치 체의 중심으로서 기능했음은 옆에 계신 장기명 선생님, 국립경주문화재연구소 조사에 따라서 속속 밝혀지고 있습니다.

다만, 인근한 아주 가깝지는 않습니다만 경주 분지를 큰 범위에서 바라보면, 평지의 월성을 배후에서 보안 내지는 일종의 위급한 상황이 왔을 때 잠시 입보, 피난과는 다른 개념인데요. 잠시 피해서 대처할 수 있는 그런 성으로서 경주 명활성의 위치는 분명히 탁월합니다. 다만 경주 명활성의 축성 시기가 문제가 되는데요. 이에 대해서는 오히려 명활성 작성비가 혼란을 가져오는 것 같습니다. 명활성 작성비의 연대는 551년 내지 6세기 중엽 경으로 생각하고 있습니다. 그런데 명활성 작성비에서 언급한 부분은 명활성의 일부 구간의 수축 이야기거든요.

명활성이 과연 언제 축성됐느냐는 앞선 단계 토성의 가능성도 제시되고, 현재 우리가 보고 있는 석축 성벽, 그다음에 명활성 작성비에서 언급하는 연대, 그리고 이후 비담의 난까지 명활성 자체가 갖고 있는 경영 기간이 상당히 깁니다. 다만, 명활성의 성벽에서 관찰되는 갖추어진 석축 성벽, 그리고 그러한 구조로 쌓인 석축 산성으로 만들어진 시기는 특정하기 어렵습니다만, 유사한 구조를 갖고 있는 성과 비교해서 그 연대를 추적해볼 수 있겠는데요. 직접적으로 비교할 수 있는 것이 보은의 삼년산성, 문경의 고모산성 등이 있습니다. 특히 보은의 삼년산성은 분명히 신라 본기에 470년 축성기록이 등장하고요. 그것까지 약간 의심을 하더라도 486년에 개축 기사가 등장합니다. 적어도 이『삼국사기』기록을 신뢰하는 입장에서 보면, 5세기 후엽 경에는 보은의 삼년산성과 같은 거대 규모의 석축 산성을 신라는 축성을 했고, 그와 정말 똑같다고 얘기해도 크게 틀리지 않는 형식의 산성이 경주 명활성에 축성됩니다.

그리고 경주 명활성은 공교롭죠. 475년 왕이 의거했다는 기록이 등장합니다. 475년은 이곳 한성백제로서는 아픈 시기인데, 고구려의 대대적인 백제침공을 앞두고 신라도 어떠한 위기 의식 속에서 명활성으로 즉, 궁실을 옮겨서 대비했다고 해석할 수도 있고, 조금 더 다른 시각에서 바라보면, 경주 분지 일원에 대한 재정비. 즉, 월성을 중심으로 한 경주 시가지의 재구성이 필요했기 때문에 가장 중요시설인 궁성을 일단 월성으로 옮겨놓고 이후에 월성 내지 주변을 다시 제대로 국가 단위에 어울리는 정도의 대대적인 개축이 되겠죠. 시설을 해서 그다음 단계에 다시금 내려와서 월성에서 왕이 거주하는 이러한 역사상을 그릴 수 있겠습니다.

그러면 신라 도성의 이해에서 경주 월성과 경주 명활성은 분명히 풍납토성과 몽촌토성에 버금가는 그러한 양성이 특별하고 일종에 하나의 목적을 달성하기 위한 상호 보완적인 유기적인 관계에 있었다고 생각합니다. 국립경주문화재연구소가 월성, 동궁과 월지, 대릉원, 황룡사지까지 신라 도성의 경관을 구성하는 중요한 부분들에 대한 관심과 조사를 지속하고 있거든요. 저는 여기에 경주 명활성까지 관심을 넓히셔서 경주 명활성에 대한 조사가 앞으로 좀 더 활발해지고 그래서 신라의 도성이 보다 풍부하게 구성되기를 정말 소망하는 바입니다. 이상입니다.

좌장 여호규 : 감사합니다. 이재명 선생님 말씀해주시기 바랍니다.

이재명 : 풍납토성과 몽촌토성의 양성 체계에 대해서 설명하셨기 때문에 기본적으로 가야에서의 왕성과 관방성 형태의 양성체계, 그렇게 파악했을 때 경남은 가야의 고지이기도 하지만 신라가 이후에도 차지하면서 중요한 지점에 계속 성을 쌓았기 때문에 명확하지 않은 부분이 있는 것은 분명히 사실입니다. 그런데 지금 우리가 대가야의 중국 제수와 영역 국가로의 발전 과정을 생각해보면, 대치하고 있는 백제나 신라의 영향을 받았다고 생각하면 생각할 수 있는 부분이 있는데, 뚜렷한 고고학적인 자료가 논란이 있는 게 사실입니다. 그래서 사실 양성 체계로 아까 최관호 선생님처럼 피난성을 얘기하면 고령에 있는 주산성, 주산성이 일차성, 이차성 나눠 있는데 평지에 있는 연조리 유적에서는 성곽의 뚜렷한 실체가 확인되지 않습니다. 그런데 연조리 유적에서는 특히 대벽 건물지로 대변되는 특수 건물지가 백제에서 영향을 받은 것으로 파악되고 있습니다. 거기에서 가야 기와가 확인되었고, 그리고 우리가 합천 옥전 고분군과 연계되어있는 합천 성산토성에서 공간이 확연하게 구획된 곳에서 대벽 건물지가 6동이 나왔습니다. 그런 것을 보면 확실하게 백제 신라보

다는 약간 크게 범위나 규모가 크지 않지만 내부적으로 왕성 내의 공간을 구획하려고 했던 의도는 분명히 보인다, 그렇게 생각하고 있습니다. 그리고 함안 가야리 유적 같은 경우 아라가야로, 이 경우에도 배후 산지에 봉산산성이라고 피난이 가능한 성이 근처에 있습니다. 문제는 산지의 피난성이 학술 조사된 경우, 평탄지에 있는 왕성이 명확하지 않고, 밑에 평지에 있는 왕성이 명확하면 상부의 산성(피난성)이 조사되지 않고, 그런 부분이 있기 때문에 향후에 발굴 성과를 기대해야 하는 그런 상황이라고 말씀드릴 수 있겠습니다.

좌장 여호규 : 네 분 선생님 감사합니다. 네 분 선생님 말씀처럼 한성백제기 도성의 구성양상하고 고구려, 신라, 가야는 실제 차이가 있습니다. 아까 양시은 선생님께서 한성백제기와 가장 유사한 상황이 성립되는 시점은 대체로 국내성이 축조되었다고 보이는 한 4세기 전반을 전후한 시점으로 보시는 것 같아요. 그런데 이보람 선생님의 말씀처럼 한성백제 같은 경우는 한강변에 있는 이른바 평지성이라고 할 수 있는 풍납토성이 먼저 축조되고 4세기 후반 구릉성인 몽촌토성이 축조됩니다. 그런데 고구려 같은 경우는 오녀산성이나 또는 환도성으로 비정되는 산성자 산성과 같은 산성들이 먼저 축조가 되고 평지에 명확하게 성을 축조했다고 볼 수 있는 시점은 현재까지 나온 고고 자료만 놓고 보면, 사실 문헌 사료도 마찬가지입니다만 342년 국내성을 축조하는 그 시점이에요. 굉장히 중요한 차이가 있는 거거든요.

그다음에 신라 같은 경우는 장기명 선생님하고 최관호 선생님이 조금 입장 차이를 보이신 것 같아요. 그래서 장기명 선생님은 월성하고 남산 토성이 보조 왕성으로서 하나의 세트를 이룰 수 있다면, 최관호 선생님께서는 월성하고 명활성을 세트 관계로 볼 수 있지 않은가. 다만, 그 시기는 마립간기, 대체로 한 5세기를 중심으로 하는 시기로 보시는 것 같아요. 여기서 우리가 문제를 짚어볼 수 있는 것이 뭐냐 하면, 일반적으로 삼국시기의 정치체제의 전개 과정을 이야기할 때 부체제를 수용을 한다면 대체로 그렇게 얘기를 합니다. 백제의 경우에는 근초고왕대 이전까지는 부체제 단계였고 근초고왕 시기에 들어와서 국왕 중심의 중앙집권체제가 정비되어 나간다고 이야기를 해요. 대체로 그 시점에 풍납토성하고 몽촌토성을 중심으로 하는 이런 도성의 구성 체계가 완비가 된다고 하는데, 신라 같은 경우는 5세기는 이른바 마립간기는 6부 체제의 전형적인 시기로 이야기를 합니다. 그래서 무언가 정치 체제하고 도성의 구성하고 딱 합치하지 않는 그런 양상들이 확인되고 있는 그런 상황입니다. 그래서 양시은 선생님한테 그러면 왜 고구려와 백제의 이런 양상의 차이가 나타났을까. 또 신라 같은 경우는 이른바 6부 체제기인 이미 마립간기에 두 분이 설정하신 것처럼 양성 체제가 성립된다고 하면 정치체제만 놓고 보면 백제에 비해서 빨리 성립되는데 어떻게 그런 것이 가능할까. 그런 문제를 얘기해주시면 좋겠고요. 그다음에 이재명 선생님 말씀을 듣고는 이보람 선생님한테 조금 여쭤봐야 할 것 같은데요. 이런 가야의 이른바 왕성 단계라고 하는 게 설정된다면 오히려 백제 도성의 성립과정에서 가야의 왕성 단계에 준하는 시점은 언제로 볼 수 있을까? 그래서 오히려 가야의 연구를 통해서 백제 도성에 대한 성격을 규명하고 하는 과정에서 시사점을 가져올 수 있는 혹시 뭐가 없을까. 혹시 그 점을 어떻게 생각하시는지 먼저 양시은 선생님 말씀해주시고요. 최관호 선생님, 장기명 선생님, 이보람 선생님도 말씀해주시기 바랍니다. 다만 답변시간은 1

분씩만 드리겠습니다.

양시은 : 사실 쉽지 않은 내용입니다. 그런데 일단 고구려하고 백제의 차이점은 아마 주변 환경과 관련이 있는 것 같습니다. 고구려는 주몽이 부여에서 남쪽으로 내려온 다음에도 계속 중국 한나라 세력의 침입을 비롯한 어려운 상황들이 닥칩니다. 문헌에서도 위나암성과 관련한 내용이나 한나라 요동태수의 침입 등에 대한 기록이 확인되는데, 당시 고구려는 아무래도 방어 위주의 전략을 취할 수 밖에 없었을 것입니다. 고구려의 초기 산성들은 이러한 배경 내에서 만들어졌을 것이구요. 다만 백제는 한강 유역을 중심으로 비슷한 세력의 정치체들만 존재하고 있었지 고구려처럼 초기에 위협이 될만한 큰 세력이 없었기 때문에 한성기에 그러한 양상을 보이지 않았나 생각하고 있습니다.

좌장 여호규 : 감사합니다.
최관호 선생님.

최관호 : 국가 단위 정치체의 발전 단계, 또는 정도와 축성의 연관 관계의 문제가 될 텐데요. 저는 신라사에서는 마립간 시기를 나눠봐야 할 것 같다고 생각하고 있습니다. 특히 눌지 마립간 이후 비록 왕호는 쓰지 않고 있습니다만 눌지, 자비, 소지 마립간으로 이어지는 장자 상속, 이것이 굉장히 큰 의미를 갖고 있다고 생각합니다. 왕권의 장자계승, 장자 상속이 안정적으로 이루어지면서, 그 시기에 경주를 중심을 한 신라 중앙뿐만 아니라 오히려 굵직굵직한 변경 지역의 대형 산성이 쌓이는 역사상이 그려집니다. 이것이 신라사의 발전에

서 비록 왕호는 쓰지 않지만 이전 단계인 마립간 시기의 후반에 들어오면 고대 국가로 인정해도 크게 어긋남이 없을 정도의 발전 단계를, 그리고 내재적인 역량의 집합, 관리를 이루어낸다고 생각합니다.

좌장 여호규 : 감사합니다. 장기명 선생님.

장기명 : 제가 다음 질문 안 받아도 좋으니까 평상시에 백제 쪽에 궁금했던 거라서 조금만 길게 하겠습니다. 다른 것이 아니고 저도 백제랑 신라와 비교연구하면서 제일 궁금했던 점인데, 백제의 부체제에 대한 내용은 제가 문외한이라서 그런 것은 빠뜨리더라도 고고학적으로 이것이 왜 다를까 했던 것이 있습니다. 왕성 같은 토성을 거대하게 만드는 것은 똑같은데, 무덤을 축조하는 방식이 다른데 신라 같은 경우에는 부체제를 제일 잘 보여주는 것처럼 월성 북고분군에 무덤을 집중시키고 금천리 고분군 빼고는 적석목곽묘라는 자기의 보수적인 묘제를 채용하면서 엄청 후장을 합니다. 물론 그것이 율령 체제가 덜 반포되어서 그렇겠죠. 백제는 보면 석촌동 고분군이나 이런 것을 보면, 일단 지배 세력의 묘제부터 특출납니다. 제가 봤을 때는 왜 다른 고구려 묘제나 물론 최고 당시 고구려에서 유행하는 것은 아니라고 하는데, 그 묘제를 적석총을 쓰고 그다음에 조금 더 가면 웅진기이기는 하지만 지배세력이 보수적인 묘제가 아니고 자기만 받아들일 수 있는 중국 묘제를 더 쓰면서 신라처럼 후장하지도 않습니다. 후장 기간도 굉장히 짧고요. 그리고 아까 감일동 고분군 이런 것을 보여주듯이 초기 도성 단계부터 무덤에 대해서는 규제를 덜하는지, 관료 같은 애들은 석실을 쓰고 이렇습니다. 그래서

이것은 뭐지? 뭔가 더 통제가 안 되는 느낌인데? 이런 생각이 들어서 평상시에도 굉장히 궁금했습니다. 다시 한 번 저쪽으로 질문을 꼭 드리고 싶어서 조금 길게 얘기했습니다.

좌장 여호규 : 이것은 아까 제가 이보람 선생님한테 주문한 질문하고 포함해서 답변해주시면 될 것 같습니다.

이보람 : 장기명 선생님 질문에 대해서 제 개인적인 견해를 말씀드리면 우선 백제의 시작으로 거슬러 올라가야 할 것 같습니다. 백제의 시작은 마한의 54개국 십제에서 시작했죠. 마한의 성격은 다양성으로 압축할 수 있습니다. 마한 역시도 다양한 묘제를 씁니다. 분구묘를 쓴다고 하지만 그 분구묘가 충청 내륙 지역, 중서부 지역도 다르고, 서해안 지역도 상이하게 나타납니다. 이러한 사회적 배경 속에서 백제가 특출 난 묘제를 쓰고, 백제가 국가로서 성장하면서 조금 특출 난 묘제를 받아들여서 사용한 게 아닌가 개인적으로 그렇게 생각합니다. 그래서 백제 사회에서는 결코 묘제가 보수적인 요소라고 할 수 없습니다. 후에 백제의 권력이 안정화 된 단계에서 석실분으로 수렴되는데요 그래도 지방에서는 다양한 묘제를 계속해서 사용하고 있습니다.

좌장 여호규 : 아까 가야의 왕성 논의와 관련해서 백제 도성의 전개 과정에서는 어느 시점과 비교가 가능할지 간단하게 견해를 말씀해주시기 바랍니다.

이보람 : 제가 이해하기로는 가야의 왕성은 단일 왕성 체제로 이해가 되는데

요. 제가 가야 왕성에 대해서는 학식이 짧아 비교가 가능할지 모르겠습니다. 한성기에 단일 왕성 체제라고 하면 풍납토성 왕성기를 들 수 있겠습니다. 4세기 전반 경에 왕성이 축조되는데, 4세기 전반 경에 축조가 되기 이전에 환호 취락 단계부터 전반기 경까지라고 볼 수 있겠습니다.

하지만 이 시기에는 가야처럼 왕성과 고분군이 결합이 되는 이런 과정은 보이지 않고 있고요. 3세기 후반 경에 석촌동 고분군에 목관묘가 들어서는 단계입니다. 따라서 왕릉으로서 고촌 고분은 이 시기에는 확인되지 않습니다. 성과 왕릉이 결합되는 구조를 비교한다면 추후에 양성 체제가 확립된 이후 석촌동 고분군이 왕릉으로 성장하는 시기로 비정할 수 있겠습니다.

좌장 여호규 : 예, 방금 여러 선생님들의 말씀을 들은 것처럼 실제 왕성이나 도성의 구성 양상들은 한국 고대 국가들이라 하더라도 다양한 양상을 띠게 되고요. 역시 그것은 각 국가별로 정치 권력의 집중도 또 그런 정치 권력을 운영하는데 있어서 필요한 경제적 기반의 차이 이런 것들이 다 복합되어서 나타난 양상이 아닌가 생각이 들고요. 그럴수록 조금 더 면밀한 비교 연구작업이 계속 필요하고, 그것을 통해서 고대 도성의 공통적인 특징이라고 할까요. 그러면서 개별 국가 도성들의 차이점. 이런 것들을 잡아내는 것이 중요할 것 같습니다.

시간이 많이 흘렀는데요. 워낙 중요한 문제들을 검토하다 보니까 그랬던 것 같습니다. 오늘 이보람 선생님 발표를 들으시면서 가장 인상 깊게 본 것은 도성 주변에 고분군이나 취락들을 포함해서 도성의 경관을 설명한 점입니다. 그래서 네 분 선생님께는 단순하게 질문 드리겠습니다.

이보람 선생님처럼 주변에 있는 고분군이나 취락까지 포함해서 도성의 경관을 이해할 수 있다고 생각하는지, 또 그럴 수 없다면 왜 그런지 단순하게 질문을 드립니다. 시간이 너무 많이 지나서 단답형으로 질문 드려보겠습니다.

양시은 : 국내성 시기는 그렇게 생각해도 좋다고 생각합니다. 왜냐하면 집안 지역에 우리가 잘 알고 있는 태왕릉, 장군총부터 고총 고분들이 존재하고 있기 때문에 도성 경관에 있어서 고분군이 중요하다고 생각합니다. 그리고 고구려 도성 주변에서는 취락이 현재 잘 발견되지 않고 있어서 그 부분에 대해서는 논의가 어렵습니다. 다만 고구려의 고분들은 도성의 곳곳에 분포해 있었기 때문에 한성기 도성 경관하고는 차이가 있다고 말씀드릴 수 있을 것 같습니다.

좌장 여호규 : 예, 최관호 선생님.

최관호 : 저는 이보람 선생님께서 구성 요소로 열거한 여러 가지 요소들이 갖춰져야 고대 국가의 도성이라고 이해할 수 있다고 전적으로 동의합니다. 이상입니다.

좌장 여호규 : 감사합니다.

장기명 선생님.

장기명 : 솔직히 지금 모인 자료 가지고는 잘 가늠이 안돼서 잘 모르겠습니다. 패스하겠습니다.

좌장 여호규 : 감사합니다.

이재명 선생님.

이재명 : 가야의 사례를 조금 간단하게 들어서 말씀드리면 지금 중심 고분군과 연결되는 대성동 고분군과 김해 봉황토성, 합천 옥전 고분군과 우리가 소위 다라국이라고 하는 합천 성산토성은 같은 유적은 고분군과 왕성이 한 구릉에 연결되어 있습니다. 주변으로 민리를 설정할 수 있는 부원동 유적이나 가야 기와가 확인되고 있기 때문에 그런 부분이 있고, 하나의 사례로서 백제와 구분할 수 있는 것이 있고, 그리고 또 한 가지 특징적인 것은 아라가야의 상황을 말씀드릴 수 있습니다. 아라가야 같은 경우 말이산 고분군과 함안 가야리 유적이 있는데, 그 일대가 상습 침수 구역이고, 실제적으로 사람이 거주하지 못하는 곳입니다. 청동시대 지석묘의 분포 또한 이러한 고환경을 기준으로 해서 분포의 여무가 확연히 구분되어 있습니다. 그것을 봐서는 단순하게 민리를 포함하는 세트 관계가 아니라 신성시 되는 묘역과 왕이 기거하는 엘리트 집단의 기거처로 민리와 구분된, 즉 확실한 경계로 나눠는 위계 질서로 구분되어 있다. 그런 정도만 말씀드릴 수 있겠습니다.

좌장 여호규 : 사실은 굉장히 중요한 문제인데요. 경관을 영어로 하면 landscape, 경관이라는 단어 자체가 경 플러스 관이거든요. 경이 경치를 뜻한다면 관은 관觀, 볼 관자이고요. 아까 이보람 선생님께서는 자연 환경과 인문 경관 두 개로 나눠서 말씀해주셨는데, 그런 자연 환경이나 인문 환경을 포함한 물리적 경관의 요소가 있고요. 역시 또 하나 중요한 것이 그런 물리적으로 존재하는 여러 구성요소

들을 각 인식의 주체들이 인식을 하는 거죠. 각 주체들이 인식을 하는 그래서 결국은 경관에 있어서 객관적인 경관의 구성요소도 중요하지만 그러한 객관적으로 건설된 여러 가지 자연·인공적인 구성물들을 각 인식 주체가 어떠한 식으로 인식하게 되느냐. 그래서 사실은 도성에 있어서 각종 의례 행위들이 정치적인 정체성이나 또는 사회 문화적인 정체성을 만들어 내게 되고, 그런 것들이 작동하게 되는 거고요.

그래서 아직 저희 고고학계나 고대 사학계가 경관과 관련된 논의들이 초기 단계입니다만 이런 논의들이 조금 더 전개가 되면 사실은 문헌 사료나 고고 자료를 바탕으로 해서 경관하고 각 시기의 정치체제나 정치 제도의 운영 문제 이런 것들을 복합적으로 연구할 수 있는 그런 상황이 오지 않을까 싶고요. 결국 그래서 각 도성에서 나타나는 경관의 공통점과 차이점들은 여러 가지 물리적 요소와 더불어 각 국가들의 정치 제도라든지, 사상적 배경의 문제라든지 이런 것들이 같이 맞물려서 전개되어야 하지 않을까 그런 생각이 듭니다. 그 과정에서도 역시 저희들이 지리학에서 얘기하는 장소 정체성의 형성 과정 문제라든지 이런 것을 적극적으로 도입해서 논의가 필요하지 않을까 그런 생각이 듭니다.

얘기를 하다 보니까 도성에서 절반 정도 시간을 써버렸습니다. 겨우 4번까지 갔는데요. 지방성 쪽으로 논의를 옮기겠습니다. 시간이 많지 않기 때문에 지방성도 두 개, 두 개씩 묶어서 이야기를 진행하겠습니다.

3. 지방성의 축조 시점과 지방제도 시행의 연관성 문제

다섯 번째 축조 시점하고 지방 제도 시행의 연관성 문제고요. 거기에 축조 주체와 기술 사이의 상호 연관성의 문제인데요. 사실은 최근에 연구 성과를 종합한다면 축조 기술의 차이가 집중적으로 논의되어야 할 것 같아요. 그래서 이혁희 선생님께서 아까 말씀하셨던 내용 중에서 축조 시점 주체와 축조 기술을 간략하게 정리해 주시고요. 그것을 토대로 해서 각 선생님들께서 시점과 주체는 간략하게 얘기해주시고 한성백제 지방성의 축조 기술과 비교해봤을 때 고구려나 신라, 가야 성곽 축조 기술과의 공통점과 차이점 그것을 명확하게 얘기해 줄 수 있는 범위까지 해주시면 고맙겠습니다.

먼저 이혁희 선생님 부탁드립니다.

이혁희 : 예, 그러면 지방 제도는 언급할 필요는 없는 거죠?

좌장 여호규 : 축조시점 관련해서 간략하게요.

이혁희 : 지방 제도를 잘 모르는데 빼주셔서 감사한 마음이 들어서요. 일단 이것을 간략히 이야기하자면 문헌사의 연구 성과를 조금 보았는데요. 근초고왕 대라든지 그 이후에 중국에 표문을 올리면서 왕후제라든지 작후를 받아오는 그런 사건들을 통해서 지방 제도를 이해하는 연구들이 참고가 됩니다. 그리고 그 뒤에 나오는 담로제도, 이런 것들이 백제의 지방 제도를 이해하는 여러 척도가 될 텐데요. 사실 고고학적으로 정합적이게 살펴볼 수 있는 요소가 별로 없습니다. 지방 제도가 시행되었다면 백제가 진출해 나가면서 옛 마한의 소국을 점령해나가는 기존의 지방들이 질서 정연하게 정비되고, 통일성 있는 모습이 보여야 할 텐데요. 그런데 무덤, 토기, 취락이 다 다르거든요.

그래서 이 물질 문화의 다양성을 돌파하고 고고 자료로서 지방 지배를 어떻게 설명할 수 있을까. 저는 그 해결책이 성곽이라는 생각을 하게 되었습니다. 성곽과 주변의 유적들의 관계를 한번 살펴보는 것은 어떨까. 그랬을 때 지방성의 축조 시점을 아직 제가 글로는 쓰지 않았지만 3단계 정도로 구분해 볼 수 있다고 생각합니다.

첫 번째 단계는 3세기 말, 4세기 전엽 왕성인 풍납토성이 축조된 단계입니다. 이때 지방에서는 육계토성, 이천 효양산성, 충주 탄금대토성, 증평 추성산성, 남성 정도이고요. 그리고 화성 길성리 토성이 축조 주체가 백제라고 할 경우 여기에 해당되겠습니다. 이때는 지방에 흑색마연토기라든지, 직구호라든지, 백제 초기 단계의 한성 양식 토기들이 부장되는 무덤들도 함께 확인되고 있는 것을 함께 볼 수 있겠습니다. 이 정도 범위 내에 4세기 전엽 단계까지 또는 4세기 전반까지 성곽들이 확산되는 것으로 보이고요. 그 다음 단계인 4세기 중엽 또는 4세기 후반에서 5세기 초에 왕성인 몽촌토성이 축조되는 양성 체제 단계에는 지방의 백제 성곽들이 아주 급증하게 됩니다. 주로 판축토성이 확인되었는데요. 앞서 1단계라고 할 수 있는 3세기 말, 4세기 전엽의 지방성의 경우에는 판축토성보다는 성토로 축조된 성곽들이 주로 확인되는 반면에, 2단계부터는 판축토성의 비중이 늘어납니다.

물론 멱절산 토성이라든지 몇몇 성곽들의 사례에서는 여전히 성토 기법이 확인되지만, 5세기 단계가 되면 더 이상 확인되지 않습니다. 이때 축조된 성곽들은 대체로 호서, 서해안, 금강 유역, 미호천 유역 정도가 되겠고요. 그리고 아산만에 해당하는 화성 소근산성도 이때 축조된 것으로 판단할 수 있습니다. 차령산맥 이남에 해당하는 일부 지역에서 백제의 성곽들이 확인되지만, 그보다 남쪽에 해당하는 전라북도 지역으로는 아직까지 진출하지 못했던 상황으로 이해할 수 있겠습니다. 이때는 무덤이 석축묘제가 대거 확산되고요. 그리고 장신구 사여 체계가 성립된 것으로 보입니다.

그래서 성곽이 축조되고 확산되는 과정 속에 사여 체계나 석축 묘제가 연동한다고 가정하면, 그 직전에 이루어진 근초고왕 대의 상황을 주목하게 되죠. 고구려 원정에 대규모 병력을 동원할 수 있었던 여러 가지 체제가 정비된 상태였고, 이와 같은 역량이 표출됐다고 볼 수 있습니다. 이 원정의 성과로서, 혹시 구 마한 소국 세력 가운데 당시 백제의 여러 가지 정치적인 행위에 적극적으로 가담한 집단들에 대해서는 사여 체계가 성립된 것은 아닐까. 오히려 사여 체계라는 것을 통해 백제에 더욱 적극적으로 가담한 그러한 증거로 볼 수 없을까 라는 생각도 해보았습니다. 이미 비슷한 입장을 이성준 선생님께서 발표하신 바 있으시죠. 끝으로 5세기 중엽 한성 말에 해당하는 3단계에는 고창, 진안, 완주, 정읍까지 진출했을 가능성이 있다고 생각합니다. 이 지역에서는 고창 예지리 토성 그리고 진안 와정토성, 완주 배매산성, 구억리산성 등이 축조되는데요. 앞선 단계에서 백제의 지방성이 축조되는 선의 내부에서 사여 체계가 성립되었던 것처럼, 3단계에는 전북지역 또는 영산강 유역으로 사여 체계가 성립되고, 확산되는 양상이 나타나고 있습니다.

지방성의 축조 시점과 그것이 확산되어가는 과정을 살펴볼 때, 주변에서 확인되는 주요 고분군, 취락, 사여 체계 등을 더불어 생각하면 문헌만으로 이해하기 어려웠던 백제의 지방 제도나 지방 체제를 고고 자료를 통해 폭넓게 입체적으로 해석할 수 있다고 생각합니다. 그런 상태에서 지방성의 축조 주체와 축조 기술에 대해서는 앞서 1부 토론에서 말씀드린 것으로 갈음하겠습니다. 이상입니다.

좌장 여호규 : 감사합니다.

그러면 이혁희 선생님이 대충 세 시기로 나눠서 한성시기 지방성들이 축조되고 공간 범위 상으로 확산되어 나갔다고 보셨는데요. 이재명 선생님부터 말씀해주실까요?

이재명 : 모두에 말씀드렸듯이 영역 단위 국가로 봤을 때는 백제와 지역 단위에서 다양성을 가지고 있는 가야를 과연 지방 제도로 엮을 수 있느냐 고민이 있습니다. 단, 물질 자료로서 성곽은 자료가 나타나지 않지만 대가야를 염두에 둘 필요가 있을 것 같고, 그런 대가야를 언급하기 전에 한 가지 항상 드는 의문이 있습니다. 제가 지금 가야 왕성이라고 하는 성곽 유적들의 분포는 국가가 아니라 오늘날 행정 단위의 면 단위 아니면 군 단위의 경계로 분할되어 있습니다. 그럴 경우에 우리가 중국 당나라 통전이라는 사서를 봤을 때, 1인이 하루에 쌓아야 하는 축성 시 판축 양이 정해져 있습니다. 그것을 근거했을 때 동원 가능한 인력을 유추해 볼 수 있습니다. 함안 가야리 같은 경우도 수만 명이 필요한 상황인데, 군 단위의 하나의 소국이 할 수 있겠느냐. 그렇게 했을 때 느슨한 단계에서 가야 제국이 서로가 도모할 수 있는 공유 체계가 있지 않았을까. 그것과 관련해서 지방제도는 아니지만 고려할 부분이 있다. 그리고 대가야의 묘제 분포가 확인되지 않고 토기가 출토되었을 때 교류의 가능성이 있기 때문에, 아라가야 왕궁지에서 대가야 토기가 나왔다고 해서 대가야의 지방 제도로 이해하기에는 조심스럽습니다. 그런데 지금 말씀드린 것처럼 전체적인 대가야의 영향 아래에서 그런 인력 동원이 필요한 부분이 있지 않았을까 하는 부분은 고려해야 할 것 같습니다. 가야의 여러 국들을 백제의 지방 거점성으로 치환하게 될 경우

에는 축조 기술에 있어서 특징은 주로 할석을 많이 사용한다, 체성부 중심에 할석이 많이 들어가거나 축조 유물이나 그런 부분에서는 일반적으로 공통성을 가지고 있다. 그렇게 말씀을 드릴 수 있겠습니다.

좌장 여호규 : 예, 감사합니다. 장기명 선생님,

신라나 고구려는 이혁희 선생님처럼 전시기를 다 얘기하려면 너무나 시간이 많이 걸리기 때문에 가장 초기 단계, 가장 초기 지방성이 축조되는 개시시점이 언제이고 그것이 지방 제도와 어떤 관계가 있을까. 그리고 축조기술상의 문제는 가장 중요한 특징만 말씀해주시면 좋겠습니다.

장기명 : 예. 신라의 지방에서는 아까 제가 초기 도성이라고 표현했는데 지방에서도 똑같이 경주 중심지처럼 토성 중심 고분군 세트가 초기에 같이 모방하듯이 규모가 작을 뿐이지 나타납니다. 그런데 이번에 저희 경주 연구소에서 학술대회를 준비하고 있습니다만 풀어야 할 문제 중의 하나가 연대인데요. 사실 월성이 발굴되기 전에는 임당토성이라든가 달성도 옛날에 발굴되기는 했습니다. 거의 이런 것들이 어림잡아서 4세기 전엽, 중엽 이 정도에 나왔겠지 이렇게 생각을 했는데, 이게 그때 사실 잔존 상태도 많이 좋지 않은 것에 성벽의 밑바닥 하부만 가지고 판단했습니다. 지금 월성을 파서 조사를 하다보니까 폭넓게 제시하고 있지만, 4세기 중·후엽에는 이렇게 잡아야 하겠더라고요. 4세기 전엽까지 올라갈 수 있을까, 이 생각이 들거든요. 그런데 만약에 이게 다 인정된다면 반대로 역전 현상이 일어나는 겁니다. 지방이 물론 규모가 작기는 하지만 더 빠르다.

물론 그럴 수 있죠. 이것은 여러 가지 제반 조건을 폭넓게 검토를 제대로 해봐야 할 것 같고요.

제 생각에는 성벽 하부만 부분적으로 보다 보니까 이런 토기는 얼마든지 월성에서도 튑니다. 그런 것을 가지고 판단했기 때문에 아마 그랬을 것이라고 보고 아마 제가 생각하기에는 월성보다 조금 늦거나 비슷하지 않을까. 동시다발적이지 않을까. 다만, 규모에서 달랐을 뿐, 그리고 지방 지배가 관철되면서 점점 줄어든다고 생각합니다. 그리고 기법에서는 월성 같은 경우에 신라 쪽은 이혁희 선생님이 말한 대로 다 성토 기법이지만, 월성처럼 대규모 몸체가 필요한 곳은 중심 토루를 만들고, 여러 차례 덧붙여서 하는 풍납토성과 비슷한 절차가 확인됩니다. 그런데 도당산 토성이나 이런 곳을 보면, 성벽 가장자리에 토제를 만들고 역 경사로 성토해서 쌓아가는 소규모 토성에는 소규모 토성에 맞는 방식이 있었던 것 같습니다.

그런데 문제는 지방 토성들이 아까 얘기했다시피 토제 기법인 것 같기는 한데 다 너무 적게 남아있으니까 잘 모르겠습니다. 그런데다가 심지어 강문동 토성 이런 데는 판축기법 요소도 있다고 하니까, 이것은 또 축조 기법을 가지고 중앙에서 무엇을 했다. 지방에서 자체적으로 뭘 했다. 이것을 말하기가 또 힘들 것 같습니다. 그래서 지방 지배와 관련해서는 일단 사실 관계부터 올해 학술대회로 재검토 해보고, 지방 지배에서도 과제이기는 하지만 기대되는 바는 있습니다. 저희는 사실 신라 쪽에서는 무덤 자료가 양호했기 때문에 지방 지배랑 잘 얘기를 해왔는데, 사실 후행 지표입니다. 거기에 들어가는 유물, 하사되는 위세품 이런 것들이 무덤 축조되었을 때 줬을 수도 있지만 대개 복식제와 어울려서 본다면 생전에 이미 준 거거든요. 그래서 이것은 후행 지표로 썼는데 토성들은 선행 지표가 될 수 있기 때문에 그 부분에서는 기대되는 바가 있어서 일단 사실 관계 파악부터 해야 한다는 이런 얘기를 하고 싶습니다.

좌장 여호규 : 감사합니다. 최관호 선생님 부탁드리겠습니다.

최관호 : 신라의 지방성을 이혁희 선생님 발표에 따라서 신라 도성으로 구성하는 성을 제외한 지방에 설치된 성으로 설정한다면, 신라 지방성 또한 신라의 영역 확대에 따라서 축성되는 양상을 보인다고 말씀드릴 수 있겠습니다.

여기서 문제가 되는 것이 선 단계 즉, 신라 국가 이전의 진한 내지는 원삼국시대의 영남 권역에서의 축성의 모습은 어떠했을까. 아쉽게도 영남권역에서 이른 시기 성에 대한 조사 자료가 거의 전무하다시피 하기 때문에 물적 자료로써 이를 언급하기는 굉장히 어려운 부분입니다.

다만, 상주의 이부곡 토성을 상주박물관에서 굉장히 적극적으로 조사를 진행하고자 하는데요. 이것은 상주 지역의 신라의 영향력이 들어오기 이전 재지 세력이 축성하였을 가능성은 열어두고자 합니다. 그리고 지방 제도의 시행과 지방성의 축성이 밀접하게 연관될 텐데요. 다만, 신라의 지방 제도의 완비는 주군현으로 이야기할 수 있는 엄격한 지방 통치 체제의 확립이라고 볼 수 있겠습니다. 다만, 주군현제의 정립 시기, 운영 방식 이런 부분은 신라사 전반에 굉장히 중요한 부분이고요. 제가 섣불리 말씀드릴 수 없는 영역이기 때문에 배제하고요.

다만, 신라 중앙이 지방의 성을 쌓는데 주요한 역할을 한 것은 문헌에 나오는 도사의 파견, 그리고 중앙직을 경위를 갖고 있었던 이들을 장군으로 삼아서 지방에 파견시켜서 축성한 것. 즉, 도사의 파견은 신라 경주에 인접한 임당을 지나 경산 지역, 경산을 지나 대구 지역에 도사의 파견이 굉장히 빠른 시기에 이루어집니다. 약 5세기 전반 정도면 적어도 신라는 경주 인근지역, 경산, 대구 정도까지는 지방관을 파견하는 직접 지배에 가까운 단계 물론 간접 지배로 표현을 합니다만, 여러 가지 간접 지배 방식 중에 중앙의 의지력 실현이 강화된 단계까지 도달한 것 같아요.

다만 그 외에 지역은 역시 신라가 시기적으로 계속 발전하고 영역을 확장하면서 중앙 정치력의 관철력이 점차 시기에 따라서 늘어나는 방향으로 변하게 되는데 여기서 주목할 부분이 5세기 후엽 이찬 실죽을 장군으로 삼아서 보은 삼년성과 굴산성, 이성을 수축했다는 기록입니다. 이찬은 경위 2등급으로 알고 있고요. 이러한 고위 인사를 장군 즉, 중앙군을 조직해서 중앙군을 삼년, 굴산, 이성이라고 하면 현재 충북 보은과 옥천 지역에 해당됩니다. 이 두 성을 개축하는 데 역역 동원을 이루어냈다는 것은 5세기 후엽 단계에 가면 신라 중앙의 정치력이 소백산맥 인근까지 굉장히 강화된 상태로 투사됐다고 이해할 수 있을 것 같습니다. 이때 축성되는 성들이 재미있게도 축조재료가 극명히 대비되는 데요. 경주 월성이 쌓이고 경산, 대구 등 영남 내륙 지역으로 신라가 진출하는 시기의 성들은 분명히 토성이 우세합니다.

이후 단계 5세기 후엽, 그리고 6세기 초 단계 마립간 시기에서도 소백산맥 인근까지 넘어가는 시기로 가면 석성으로 신라의 축성술이 완전히 바뀐다는 느낌을 가질 정도로 되고요. 이때 신라의 석축 성들은 굉장히 거대한 규모를 자랑합니다. 황남대총으로 대표되는 신라 묘역 중에서도 5세기 후엽 단계에 거대 고총을 만드는 것처럼

5세기 후엽 신라는 지방성을 쌓으면서도 이전에는 전혀 보이지 않았던 압도적인 위용의 성을 축성합니다. 이것이 당시 신라 중앙이 거대한 기념물적인 요소를 추구했던 부분이 축성과 무덤의 조성에도 관여가 됐던 것으로 개인적으로는 비객관적인 부분입니다만 실질적인 부분보다는 심정적 내지는 심상적으로 당시 신라인들의 의식 속에서 거대 구조물들을 이 시기에, 이 지역에 만들어 내겠다는 강력한 의지가 있었던 것 같습니다.

다음 단계로 가면 한강 유역의 진출로 대변되는 신라의 급진적인 팽창이죠. 그에 따라서 축성이 이루어지는 데 이때의 축성은 전 단계 5세기 후엽, 6세기 극 초반의 성들보다 굉장히 규모가 작아지는 방향으로 발전합니다. 이것은 당시 한강 유역으로의 진출이 굉장히 짧은 시기에 급속도로 이루어졌기 때문에 확보한 영역의 많은 수의 성을 빠른 시간에 쌓아야 하니까 이전 단계보다는 보다 심플해졌다고 볼 수 있겠고요. 이것이 단기간에 구현된다는 것은 그만큼 신라의 축성술이 발전했다, 고도화됐다고 볼 수 있겠고요. 이전에 거대 규모에 집착했던 것이 이제는 조금 더 내적인 완성도를 높이는 방향으로 변화해 나가는 모습을 보인다고 이해할 수 있을 것 같습니다. 그다음 축조 기술의 상호 연관성은 사실 삼국의 성을 면밀하게 이해하지 못한 상황에서 섣불리 말씀드릴 수 없고 특히 축성이라는 것은 군사적으로도 굉장히 중요한 부분이라고 생각됩니다.

간단히 말해서 군사적 극비 기술이라고 볼 수 있겠는데요. 이것이 삼국이 공유가 된다는 것도 적대적인 관계 속에서 공유될 수 있느냐는 부정적인 입장에 서 있습니다. 다만, 재미난 것이 신라와 백제가 고구려라는 보다 강대한 세력의 위협 아래에서 긴밀한 상황을 조성했던 475년과 직후의 기간, 나제 동맹의 초기에는 굉장히 재미

있게도 백제와 신라간 이러한 축성의 요소에서도 유사성이 보이고 있습니다. 이에 대해서 최근에 조사된 옥천의 이성산성, 신라 굴산성으로 비정되는데요. 분명히 내부에서 출토되는 유물, 위치, 시기 이런 것으로 봤을 때 신라성임이 분명합니다. 그런데 내부에서는 재미있게도 다량의 원형 저장 수혈, 목곽고, 성벽의 판축 기법 이런 요소가 확인되었는데, 이것은 정말 물적 자료만 객관적으로 놓고 보면 신라에 가깝기보다는 백제에 굉장히 가까운 기술적 요소를 갖고 있거든요. 이러한 부분이 적어도 우호적인 관계 속에 있을 때에는 신라와 백제, 또는 백제와 고구려 전시기에 고구려와 신라 간의 일정 정도 중요한 것을 건네주지는 않았겠지만, 상호 보완이 되고 도움이 되는 관계 속에서는 이러한 축성 기술의 공유도 일정 부분 이루어지지 않았을까 조심스럽게 추측해봅니다. 이상입니다.

좌장 여호규 : 감사합니다.

양시은 선생님 부탁드립니다.

양시은 : 말씀드리겠습니다. 사실 고구려는 영역의 확장이나 이런 부분에 대해서 굉장히 방대한데요. 앞부분만 말씀드려볼까 합니다. 사실 지방성이라고 했을 때 도성이 아닌 지방에 축조된 성이라고 한다면 고구려의 지방성은 굉장히 이른 시기부터 축조되는 것으로 생각되고 있습니다. 다만 아쉬운 점은 대부분의 고구려성들이 우리나라가 아닌 북한이나 중국에 위치해 있어서 답사 아니면 현지에서 보고된 내용만 가지고 언급하는 것이기 때문에 조금 불안한 요소가 있습니다만 간단하게 말씀을 드려보면, 초창기부터 고구려는 돌로 산성을 쌓았던 것 같습니다. 그런데 지금 우리가 알고 있는 쐐기형

성돌의 정연한 석축이 아니고요. 기본적으로 이른 시기 고구려 토기가 출토되는 산성들은 굉장히 높고 험준한 산 위에 있어서 자연 암반을 자연스럽게 성벽으로 사용하였고, 최소한만 인공적인 방어 시설을 하는 방식으로, 즉 방어가 쉬운 곳에 입지해 있는 것 같습니다.

환인의 오녀산성이나 신빈에 있는 흑구산성이나 전수호 산성 등도 모두 그러한 양상이 확인됩니다. 물론 지금 남아있는 석축 성벽들은 중기 이후에 축조되었을 것으로 생각됩니다. 여하튼 초창기의 고구려 산성에서 동일한 입지와 양상 또는 구조가 확인된다는 점에서, 아마도 일찍부터 지방성이 축조되었고, 아마 축조 기술이라고 하는 부분도 당시 현지의 사람들이 아니라 중앙에서 파견된 기술자가 가지 않았을까 그렇게 생각하고 있습니다.

그러한 양상들은 이후에도 마찬가지인데요. 처음에는 산 정상부에 성을 쌓았는데, 고구려의 영역 확장 이후에는 산 중턱에 계곡을 끼고 좀더 규모 있는 성을 쌓는 산상 포곡식 산성이 등장하게 됩니다. 이와 관련한 대표 사례로는 환인 고검지 산성이 있습니다.

그런데 오늘 한성기의 토성과 비교할 만한 자료로는 북한의 경우에는 간략한 모식도 수준의 자료밖에 없어서 말씀드리기가 어렵고, 현재 비교할만한 유적은 환인의 하고성자 토성 밖에 없습니다. 그런데 이 역시도 토층 단면도 하나만 보고되어 있어서 직접적인 비교가 어렵습니다.

다만 석축 산성의 존재로 볼 때, 지방성의 축조 시점은 굉장히 이르고, 축조 기술도 중앙과 관련이 있을 것이다라고 생각합니다. 지방 제도와 관련해서 고구려는 성을 행정 통치의 기본 단위로 삼았음이 확인됩니다. 구당서에는 고구려 멸망 당시 5부 176성이 있었다고 하고, 또 『북사』에는 요동이나 현도 등 수십 성에 모두 관청을 설치하여 통치하였다고 하는 기록이 있기 때문에, 고구려에서는 지방 지배 제도와 성이 밀접한 관련이 있는 것은 분명하지만, 초창기 성은 그렇게 보기에는 방어적인 성격이 더 강했다는 점에서 쉽게 말씀드리기는 어려울 것 같습니다.

좌장 여호규 : 네 분 선생님 말씀 고맙습니다.

네 분 선생님의 말씀을 들은 것처럼 각 국이 차이가 나는 부분이 꽤 많은 것 같습니다. 가령 백제 같은 경우는 석축 산성의 축조 주체에 대해서 논란의 여지가 있지만, 논란이 되는 부분을 제외하면 대체로 성토 기법이나 판축 기법을 통한 토성이 중심이라고 한다면 고구려 같은 경우 석축 성벽들이 중심적이고요. 가야는 할석을 사용하는 그런 경향이 있고요. 대신 신라 같은 경우에는 초기에 토성들이 많이 축조됩니다만, 대체로 삼년산성이 축조되는 470년을 전후로 해서 석축 성벽으로 전환되는 백제보다는 어쩌면 빨리 석축 성벽으로 전환되었을 수 있는 그런 상황을 말씀해주신 것 같습니다.

그리고 지방 제도와의 관계에서 보면 이혁희 선생님께서 풍납토성을 축조하는 시점에 거의 동시적으로 지방에도 성곽을 축조했을 것이라고 말씀하셨는데 장기명 선생님께서는 아마 신라도 대체로 그러지 않았을까 월성을 축조하는 시점과 거의 동시에 지방의 토성과 중심 고분군으로 이어지는 그런 것들이 축조되지 않았을까 라고 말씀하셨고요.

양시은 선생님도 지방 제도 시행보다 앞서서 이른 시기에 자연 지형을 활용한 산성을 축조했을 가능성이 높다, 이렇게 말씀해주셨습니다. 대체로 문헌사 쪽에서는 백제는 4세기 후반 근초고왕대에 들어와서 본격적으로 지방 제도를 시행했을 것이라고 보고 있는 상황이고요. 고구려는 3세기 후반에서 4세기 전반에 본격적으로 지방관을 파견했을 것으로 보고 있고요. 신라 같은 경우는 물론 5세기 후반에 도사를 파견하고 이랬을 가능성은 충분히 있습니다만, 대체로 주군제 형태의 지방제도는 6세기 초 들어와서 시행한 것으로 그렇게 보고 있습니다. 그러면 전체적으로 지방 제도의 시행보다는 각 영역을 확장한 지방 지역의 복속 지역이죠. 정복 지역의 성곽을 축조하는 게 오히려 더 앞설 수 있는 그런 복속 지역이나 정복 지역에 성곽 축조를 통해서 오히려 지방 통치력을 강화하고 그를 통해서 정연한 지방 제도를 정비해 나가는 그런 양상들을 앞으로도 확인할 수 있지 않을까 그런 생각이 들고요. 역시 이 문제는 초기 지방 제도를 시행하는 과정에 대해서 워낙에 문헌 사료들이 부족한 상황이기 때문에 앞으로 고고 자료를 통해서 많은 연구들이 진행될 수 있지 않을까 그런 기대를 해 봅니다.

그다음에 이러한 지방성의 입지나 유형, 결국 입지나 유형은 기능과 관련된 문제인데요. 또 그런 기능을 수행하기 위해서 성 내부의 주요 시설이 어떤 것이 있었을까. 역시 같이 묶어서 말씀을 나누는 것으로 하겠습니다.

이번에 이혁희 선생님께서 백제 지방성들의 유형을 크게 세 가지로 나누시고 기능과 성격을 말씀해주셨습니다. 그것만 간략하게 요약 정리해 주시고요. 네 분의 선생님께서 각 전공하시는 파트에 있어서 지방성의 입지나 유형 주로 시설과 구성은 기능과 관련해서 말씀해주시면 고맙겠습니다.

이혁희 : 이 책 56쪽을 봐주시기 바랍니다.

일단 백제 성곽을 입지적인 분류로 평지, 평산성, 산성으로 구분했다고 말씀드렸고요. 여기 규모를 데이터해 볼 필요가 있겠습니다. 길성리 토성과 육계토성 사이가 초대형과 대형에 구분되겠고, 고모리 산성과 구억리 산성의 사이가 대형과 중형의 사이. 그리고 배매산성과 추성산성 북성 사이를 중형과 소형. 이렇게 구분하면 초대형, 대형, 중형, 소형 네 가지 규모로 구분할 수 있겠습니다. 이렇게 입지적인 분류, 평지성, 평산성, 산성, 그리고 규모에 따른 분류 초대형, 대형, 중형, 소형. 이들을 조합하면 여러 가지 해석이 가능하다는 말씀을 드렸는데요. 도성 즉, 왕성 두 개를 제외하고 저 개인적으로는 길성리 토성을 마한 토성으로 판단하기 때문에 이 또한 제외하게 되면, 백제의 지방성은 대형, 중형, 소형으로 정리됩니다. 그리고 여기에 입지를 더하게 되면 평지성이 대형, 중형, 소형 다 있고요. 평산성도 대, 중, 소가 다 있고요. 산성도 대, 중, 소가 다 있기 때문에 입지와 규모를 대입하고, 앞서 오늘의 사회자이신 박중균 선생님의 연구 성과를 참고해서 지방의 거점, 군사적인, 행정적인 역할을 하는 것을 대형 또는 중형으로 볼 수 있습니다.

그리고 거기에 조합된 하위 단위의 성을 소형의 산성들로 함께 조합해 볼 수 있겠습니다. 그리고 별도로 취급했던 것은 강안이나 해안에 입지해 있는 낮은 비고에 자리한 성곽입니다. 이는 중형이나 소형에 대부분 포진해 있습니다. 이들은 물류 거점이나 또는 교통과 관련한 성곽으로 구분했다는 것을 말씀드리겠습니다.

그 다음에 8번 질문. 성 내 주요 시설과 구성과 관련해서 답변을 드리면요. 백제 지방성에 대해서는 아직 내부 조사 성과가 많이 축적되어 있지 않습니다. 이로 인해 주요 시설이 무엇이고 구성이 어떻다는 이야기를 논의하기에는 아직은 시기상조라고 판단되고요. 다만, 목곽 집수지의 경우는 적어도 일반 취락과 성곽과 비교의 척도가 되지 않을까 싶습니다. 성곽에서는 예외 없이 확인되는데 반해, 일반 취락에서는 목곽 집수지나 물을 모으는 별도의 시설이 잘 확인하기 어렵다는 점을 통해서 차별성을 찾아볼 수 있지 않을까 정도를 말씀드릴 수 있겠습니다. 이상입니다.

좌장 여호규 : 감사합니다. 거점성, 그다음에 거점성을 보완하는 성, 물류 거점 이렇게 구분해주셨고요. 그다음에 시설과 관련해서는 현재로서는 목곽 집수지 정도 얘기할 수 있는 상황이다. 이렇게 말씀해주셨습니다.

이번에 양시은 선생님부터 말씀해주시겠습니까?

양시은 : 고구려성에 대해서 간단하게 말씀드리겠습니다. 이혁희 선생님이 말씀하신대로 비교해가면서 이야기를 해야 할 것 같은데요. 고구려성의 크기는 굉장히 다양합니다. 둘레 200~300m에서 가장 큰 게 17㎞까지니까 초소형, 소형, 중형, 대형, 초대형 정도로 나눠볼 수 있을 것 같습니다.

참고로 국내 집안 지역에 고구려 도성이라고 했던 국내성이 대략 2.7㎞ 되구요. 환도산성이라고 불리는 산성자 산성이 대략 7㎞ 정도 됩니다. 그런데 그것보다도 훨씬 더 큰 성들이 예를 들면 오골성으로 알려진 중국 봉성의 봉황산성이 17㎞ 정도가 되는데요. 그런 것들이 고구려에서 소위 대성이라고 불리는 최고 지방관이었던 욕살이 파견되는 성으로 그렇게 이해되고 있습니다. 그러한 점에서 보면 고구려의 성들은 아마도 규모나 또는 지역의 입지에 따라서 지방관의 등급이나 이런 것들이 달랐을 것이다. 이렇게 이해가 됩니다만, 한편으로는 생각해봐야 할 내용들이 어떤 지역에 위치했느냐에, 혹은 상대 세력에 따라 관련 양상들이 달라지는 모습도 보입니다.

왜냐하면 조금 전에 제가 말씀드린 대형 성들은 중국 수나라, 당나라에 대응하기 위해서 고구려의 서북 지역에 많이 분포하고 있습니다. 그런데 여러분들이 잘 알고 계시는 우리나라의 아차산 보루군이나 임진강 유역의 고구려 성들은 규모가 그렇게 크지 않습니다. 그럼에도 불구하고 이들 성중에서는 예를 들면 연천의 무등리 2보루나 아니면 서울의 홍련봉 1보루 같은 경우에는 고구려 기와 건물지가 확인됩니다. 고구려에서 기와 건물지가 있다는 것은 행정 관청을 의미하는데, 이런 작은 보루에서도 행정 관청이 있다는 것은 치소성으로서의 역할을 했다는 것입니다. 특히 한강 유역에서 거의 20개 가까운 고구려 보루 중에서 가장 낮은 곳에 위치한 홍련봉 1보루에서만 기와 건물지가 있었다는 것은 행정 관청이 아마 대민 기능을 수행한 것으로 추정해볼 수 있습니다.

그런 점에서 보면 성의 규모와 크기가 다양하지만, 지방 제도하고 지역에 따라서 차이가 분명히 있지 않을까 그런 생각을 하고 있습니다. 그리고 산성의 규모가 크다 보니까 고구려 성내에 시설에서는 굉장히 많은 시설이 나타납니다. 방어와 관련한 시설뿐만 아니라 내부에는 당연히 집수시설, 장대를 비롯한 다양한 용도의 건물지 등이 확인되고 있습니다. 그렇지만 내부 시설이나 이런 부분들은 백제와 직접적인 비교는 어렵지 않나 싶습니다. 이상입니다.

좌장 여호규 : 예, 감사합니다.

최관호 선생님.

최관호 : 역시 성이라는 대상이 방어의 긴요한 부분, 1차로 방어를 위해서 쌓이는 것이기 때문에 아마도 굉장히 선호도를 갖고 있는 입지적 특성이나 축성 규모 이런 것들은 삼국이 보편성을 갖는 것 같습니다. 말씀드리자면 이 성이 전선의 방어를 주목적으로 하는 성이냐, 내지는 교통로를 관제하고 그 지역 일대를 관리 거점하는 성이냐, 이런 것에 따라서 성의 입지 축성 규모가 달라집니다. 신라의 축성을 통해서 간단하게 설명드리면, 확실히 각 지방으로 진출이 본격화되면서 지방의 행정 또는 군사 거점 치소의 역할을 하는 성들은 비고라고 표현을 합니다. 그 성에 다다르는 현재 우리 생활 높이에서 성까지 올라가는 체감적인 고도 차이인데요. 산성으로 표현되지만 그렇게 올라가기 어렵지 않습니다. 산성이라기보다는 구릉 정도로 표현할 수 있는, 그리고 옆에 넓은 하천을 끼고 있기 때문에 넓은 충적지, 생산지, 농경지가 옆에 있고, 하천은 당연히 수운 내지 육로 교통과 연계됩니다. 이러한 공통적인 입지들을 해당 지역의 치소 역할을 하는 성들은 분명히 그것이 선호되어서 만들어지는 것 같습니다.

다만, 한강 유역, 금강 유역으로의 진출을 본격화하면서 쌓이는 성들은 조금 더 비고가 높아지고, 그다음에 한강 유역의 진출이 급속히 이루어지는 6세기 전·중엽에 쌓이는 성들은 조금 더 비고가 높아져서 보다 진입이 험준하다, 힘들다 싶은 정도의 산성들이 축성됩니다. 이러한 축성의 흐름을 보이는 것 같고요. 재미있는 것은 적어도 해당 지역의 거점으로 기능했을 법한 성들의 축성 규모가 약 1㎞ 남짓으로 굉장히 유사하다는 겁니다. 물론 예외는 있습니다. 각 예외들을 모두 거론하면 우리가 보편성을 추출할 수 없기 때문에 다소 무리를 감수하고 말씀드리면, 신라가 각 지방에서 거점성으로 사용하기 위해서 쌓는 성들은 약 1㎞ 내외로 굉장히 유사한 성벽의 둘레를 보이는데요. 저는 이것을 축성 규모로 파악합니다. 성벽이 둘러지는 규모는 일단 성벽의 높이는 차치하더라도 그 정도의 축성 공역 그리고 투여되는 인력과 재원을 담보하기 때문에 굉장히 유사한 축성 공역이 투여되어서 지역의 거점성들이 만들어졌고요.

이 성들은 장기적 지속을 위한 내부 물의 사용, 용수 확보를 위한 집수시설 그리고 명확하지 않습니다만, 보편적으로 보았을 때 일정 규모 이상의 건물지들 즉, 성 안에 우리가 생각하는 것처럼 이것이 이 지역의 중심성으로 기능하려면 필요하다고 생각되는 것들, 물, 관청 내지는 중심적인 건물, 일정 병력이 들어와서 생활 내지는 거주할 수 있는 공간의 확보 이런 것들이 신라의 지방 거점이라고 이야기할 수 있는 성들에서는 공통적으로 만들어지고 축성의 입지 선정 단계 즉, 어느 곳에 성을 쌓을까 할 때도 그런 것들이 고려되어서 성의 입지가 선택되는 것 같습니다.

세부적인 구조에서 주목해볼 만한 부분은 말씀드린 거점성들에서 굉장히 재미나게도 문의 너비가 거의 동일하다고 얘기해도 무리가 안 될 정도로 유사한 규모로 나타납니다. 신라에서 성 안으로 출입하는 성문은 기본적으로 성벽 상단에 통행로를 만드는 현문식의 구조라고 이야기하는데요. 현문식의 구조가 굉장히 우세하고, 선호되고 그러면서 또한 현문의 너비 폭이 4~5m 내외로 굉장히 많은 성에서 동일한 규모를 보이고 있습니다. 이 자리에서 여러 세부 구조까지 말씀드리기에는 시간이 허락하지 않기 때문에 이것으로 대표되듯이 신라의 축성은 속단하기 이릅니다만, 일정한 축성 양식, 축성 스타일이 각 지역에 해당 시기에 거의 균질되게 파급된다는 뉘

앙스를 짙게 풍기고 있습니다.

좌장 여호규 : 예, 감사합니다.

그다음에 장기명 선생님.

장기명 : 사실 세부적으로는 최관호 선생님이 더 잘 말씀해주셨고, 저도 내용이 비슷하기 때문에 제가 좀 주목하고 싶은 것만 조금 덧붙이겠습니다. 말씀하신 것에 제가 사실 제일 중점적으로 보는 것이 지방의 토성이 과연 이전 중심지에 그대로 구축되느냐 아니면 다른 곳에 구축되느냐 이 전제를 봅니다. 왜냐하면 마치 아까 얘기한 초기 도성을 그대로 모방하듯이 꼭 토성, 중심 고분군 세트로 가는데, 이것이 임당 토성이라든가 달성이라든가 이런 것을 보면, 이전 중심지에 그대로 계속 이어집니다. 그러면서도 확실히 경주 왕경이랑 다르게 아까 얘기하신 1㎞ 내외의 규모밖에 안 보여서 이게 간접 지배의 특징을 보인다고 생각하고 있고, 그리고 말씀하신 것에 덧붙여 토성을 만든다고 하지만, 여기에는 토목 기술 정보라든가 재료 수급이라든가, 역역 동원할 수 있는 행정 시스템이라든가, 굉장히 복합적으로 모든 것이 다 같이 완비되어야 갈 수 있습니다. 제가 생각하기에 이것은 지방의 간접 지배의 특성상 어느 정도 자치를 허용하지만, 그렇게 완전 자치에 가까워서는 할 수 없고요. 아무래도 지방에서도 적극적으로 수용하고 중앙에서도 어느 정도의 통제가 될 때 이런 것들이 가능하다고 생각합니다.

그리고 초기 도성 말고 삼국 지방성의 주요시설에서는 신라가 통일했다는 특수성이 있기 때문에 9주 5소경 같은 경우에는 여기 도시 구획 설계가 방형계 플랜에 맞춰서 도시설계가 됩니다. 상주라든가 이런 것을 보면 거기에 대해서는 다른 연구자 선생님이 지적해 놓은 게 있고요. 그런 식으로 삼국 지방성이 신라 같은 경우에는 통일해서 계속 이어지기 때문에 좀 더 통시적으로 보면 변화도, 특성도 나올 수 있지 않을까 생각합니다.

좌장 여호규 : 예, 감사합니다.

마지막으로 이재명 선생님 부탁드립니다.

이재명 : 누누이 말하지만 가야가 왕성과 대비되는 지방성을 축성할 수 있느냐는 근본적인 문제 때문에, 일단 왕성과 대비되는 관방 유적들을 비교 대상으로 삼으면, 기본적으로 관방성은 산 정상부에 세장한 능선형으로 들어오는 평면 형태를 가지고 있는 특징을 가지고 있습니다. 물론 그러한 부분은 신라 같으면 삼태기와 같이 정상부 아래를 테두리를 두르는 형태에서 상대적으로 더 세장하다. 이것이 내부의 수용력 그러니까 수용할 수 있는 인력이나 이 성을 축조하기 위한 노동력 부족에 의한 것이 아닌가 라고 볼 수 있고요.

기본적으로 왕성이 지금 축조되는 시기하고 거의 유사한 시기에 관방성들이 들어오는 것으로 파악되고 있습니다. 그래서 그런 부분을 보게 되면, 관방성과의 입지적인 관계도 같이 가지면서 방어적인 요소가 있다. 전체적인 부분은 수계와 신라 방향에서 들어올 수 있는 협곡들을 막기 위한 감제를 위한 형태로 축조가 되어 있고, 규모에서는 약간 소규모로 파악할 수 있습니다.

좌장 여호규 : 예, 감사합니다.

네 분 선생님이 말씀해주셨습니다만, 당연히 각 지방성들의 입지라는 것은 기본적으로 성곽을 축조할 때 어떤 기능을 염두에 두고 축조했느냐. 그게 가장 중요할 테고, 군사 방어를 주목적으로 하면 아무래도 군사 방어에 유리한 산 정상부라든지 이런 데를 선호했을 수 있고요. 반면에 주변 지역에 대한 지방 지배 즉, 거점 기능이 주목적이라고 하면 각종 물자들도 드나들고, 사람들도 드나들어야 하기 때문에 평지로 내려오는 그런 경향성들이 있을 테고요. 또 물류의 거점이라면 당연히 고대 시기에는 육로와 함께 수로망을 많이 활용했기 때문에 육로와 수로의 결절점이 가장 선호되었을 가능성이 높을 것 같습니다.

아마 그러면서도 여러 선생님이 말씀해주신 것처럼 각 국가마다 이런 입지를 선정하는 나름의 기준이 있지 않았을까 그런 생각이 들고요. 제가 사실 아주 오래 전 옛날입니다만, 1998년에 장춘으로 들어가서 심양을 거쳐서 영구까지 내려오면서 열흘 동안 답사를 한 적이 있는데요. 굉장히 놀랐습니다. 고구려성들을 쭉 답사하는데 요하 지류에서 길림 합달령 산맥이나 천산산맥으로 들어가는 지류 입구들이 있거든요. 하곡 평지로 들어가는 입구마다 성곽들이 쭉 열을 이루면서 축조되어 있는데요. 그 지점이 거의 유사합니다. 그러니까 요하의 지류를 따라서 하곡 평지가 기다랗게 펼쳐져 있고요. 그것을 따라서 산줄기가 평행해서 흘러 내려가고 있고, 송료대평원에서 지류로 들어가는 한 길목에서 5~10㎞ 지점에 산줄기에서 평지로 돌출한 그 지점을 선정해서 포곡식 산성을 쌓았습니다. 우리가 알고 있는 안시성으로 비정되는 영성자 산성이라든지, 신성이라든지 굉장히 많은 성들이 대체로 그런 입지를 갖고 있는 양상들을 확인했는데, 그래서 아마도 이 부분은 각 국가들이 갖고 있는 공간에 대한 관념이라든지, 또 여러 가지 그들이 오랫동안 축적해 온

경험, 이런 것들이 복합적으로 작용해서 입지를 선정하는 기준들이 있지 않았을까 라고 생각되고요. 앞으로 이 부분에 대한 연구 성과들이 축적되면, 삼국 사이에 이런 지방성들의 입지나 또 입지에 따른 기능에 공통점과 더불어서 각국의 차이점, 특징도 명료하게 도출할 수 있지 않을까 그런 생각을 해봅니다. 그리고 규모들도 대체로 어느 정도는 일정한 유사성이 있다는 것도 주목되는 점이고요. 벌써 5시 20분입니다. 예정된 시간이 5시 30분인데요. 5시 40분까지 쓰겠습니다.

4. 도성과 지방성의 분포 양상과 관방 체계

마지막 9번, 10번 문제가 남아있는데요. 결국은 도성이나 지방성을 포함해서 전체 관계의 문제입니다. 이것들을 종합하고 아까 윤성호 선생님께서 발표해 주신 전체적인 분포 양상, 방어 체계 결국 이것을 통해서 영역을 지배했겠죠. 지방 지배 양상 이게 같이 묶이게 됩니다.

먼저 윤성호 선생님께서 말씀하신 것에서 핵심적으로 1분 내지 2분 요지를 말씀해주시고요. 다른 선생님들은 고구려나 신라 전체를 얘기하시지 말고 본인이 생각하기에 한성시기와 가장 유사하다고 생각되는 시기를 중심으로 얘기해주시면 한성시기의 관방 체계나 지방 지배 양상을 앞으로 논의하는데 도움이 되지 않을까 그런 생각이 듭니다.

먼저 윤성호 선생님 부탁드립니다.

윤성호 : 예, 도성과 지방성의 분포 양상 관계망, 방어 체계 같은 경우 백제는 간단하게 정리하면 4세기 전반 이전에는 북쪽에 교통로를 따라

서 말갈이나 낙랑 세력을 방어하기 위한 방어 시설로 구축되었습니다. 4세기 후반이 되면 남쪽에 마한 지역을 통제하기 위한 관방 시설도 구축되고요. 최종적으로 5세기 중반이 되면 특히 금강 상류나 해상교통로 방어를 위해서 아산만 안성천 일대에 집중적으로 관방 시설들이 구축되고 있습니다. 이 시기에 굉장히 큰 거점이 되는 성곽들이 나오게 되고, 방어 자체의 목적에서 지방 통제라든지 행정 치소의 기능도 하는 성도 만들어졌을 것이라고 생각됩니다. 그래서 지방성을 통해서 삼국의 지방 지배 양상 특히 백제 같은 경우는 지방성이 구축되었다고 하면 당연히 역역 동원이나 수취 체계를 받아들일 수 있는 중앙의 통제력이 확보되었을 것이고요. 그에 따라서 그 지역의 지방들은 직접적인 지배 단계로 넘어가지 않았을까 합니다. 이상입니다.

좌장 여호규 : 감사합니다.

이번에는 이재명 선생님부터 하겠습니다.

이재명 : 선생님께서 설명해주신 것처럼 신라와 가야가 낙동강을 사이에 두고 대치를 한다. 그리고 전체적인 교통로나 수계를 통해서 확인하는 라인으로 연결되는 교통망과 방어망을 설정하셨습니다. 그간에는 낙동강의 동안은 신라, 서안은 그와 대치되는 가야라는 도식적인 부분이 있었습니다. 백제 같은 경우, 개별 유적 석축 산성에 대한 축성 주체에 대한 문제가 있지만 반대로 가야 산성은 조사가 많이 이루어지지 않은 부분이 문제가 되고 있습니다. 그런데 최근 조사된 사례를 보면 낙동강 동안과 서안에 서로 대치되는 지점에 보이는 성들이 모두 가야성인 사례가 확인되었습니다.

그런 성들이 낙동강 중상류 유역, 낙동강을 통해 물자가 올라오는 곳에 집중되어 있습니다. 그리고 가야의 물질 문화인 토기의 양상은 서안과 동안을 기준으로 약간 다르지만, 일정한 축성 기법을 공유하고 있다는 사실을 확인하였습니다. 그런 부분을 보게 되면 단순하게 성곽의 축조 라인이나 위치만 가지고 파악하기 어렵다. 그리고 적대적인 대치가 아니라 가야의 경우에는 수계의 관할이나 그런 부분을 위해서 배치되었을 가능성이 있다. 추가로 설명드리면 지금 우리가 봉황토성이 광개토대왕 남정 시기에 이미 축성된 것으로 막연히 보기도 하지만, 기본적으로 축성되는 시기는 5세기 중엽 때가 안정적인 시기로 보고 있습니다. 그리고 김해 나전리 보루, 아마 소형 보루, 고구려의 보루를 말씀하셨는데, 소형 보루 형태의 유적들이 금관가야의 도성을 기준으로 봉황토성을 일대로 해서 집중적으로 배치되는 양상은 비교 검토를 할 수 있겠다. 다만, 이것은 현재까지 지표 조사를 통한 것이기 때문에 향후 학술 조사를 기대해야 하는 그런 상황이라 말씀드리겠습니다.

좌장 여호규 : 예, 감사합니다.
장기명 선생님.

장기명 : 관방 체계 같은 경우에는 제가 최관호 선생님한테 넘기면서 가장 백제랑 비슷한 것을 꼽자면 아까 제가 1부 토론에서 길성리 토성을 왜 그렇게 집요하게 물어봤냐면, 이게 신라 지방 지배와 굉장히 비슷한 면을 보였기 때문입니다. 간접 지배의 특징이란 게 사실 크게 봤을 때 지방 입장에서는 분명히 이전 소국 단계보다 계속 나아져, 사회 발전상으로는 부가 축적되고 권력도 더 집중되고 이런 단

계입니다. 다만, 그게 자체 발전이 아니고 신라 중앙의 권위를 빌려서 이렇다 뿐이지 재편되기 전까지는 그렇게 성장을 계속 같이 하는 단계로 생각합니다. 그랬을 때 길성리 토성이 보여주는 것이 임당토성이나 달성토성처럼 뭔가 새로운 큰 정치·행정 거점이 만들어지고 옆에는 무덤이 세트로 되고, 그러면서 나중에 재편될 때쯤 다른 행정으로 치소로 재편해버리는 그런 양상을 보인다고 생각해서 되게 비슷한 면모라고 생각했고, 이것이야 말로 문헌에서는 도사 파견 이런 기록도 찾을 수 있지만 고고학적으로는 이런 간접지배 형태가 더 찾아지기 때문에 신라지배 통치방식의 변화랄까 이런 것을 일러주지 않을까 그렇게 생각했습니다. 이상입니다.

좌장 여호규 : 감사합니다. 최관호 선생님.

최관호 : 우리가 흔히 삼국 또는 한 국가의 영역 성장을 점, 선, 면의 개념으로 설명합니다. 예를 들어서 신라의 입장에서 말씀드리자면 경주를 중심으로 경산, 대구에 먼저 진출해서 점을 찍죠. 그곳에 축성이 이루어질 것입니다. 그리고 중심지 경주와 경산이 이루어지는 선, 대구와 경주가 이어지는 선, 대구와 경산이 이어지는 선, 이 선이 연결된 이후 점을 중심으로 하는 인근 지역까지 면들을 그려서 경주를 중심으로 단계별로 시간적으로 쭉 성장해 나가는 신라의 모습을 멋지게 그려보고 싶은 마음들이 신라사를 하는 사람에게는 다 있을 겁니다.

특히 방어 체계에 대해서 욕심을 부리기가 굉장히 쉽죠. 그리고 우리나라는 산성의 나라 또는 성의 나라라고 얘기할 정도로 삼국 이래로 조선시대 때까지 각 지역에 어마어마한 성들이 위치합니다.

그래서 신라 권역에 현재 우리가 알고 있는 성들을 쭉 점을 찍어보면 정말 수계에 따라, 교통로에 따라 해당 중심 지역에 따라 성들로 이루어진 점, 선, 면의 그림을 멋지게, 그리고 "이것이 신라의 방어 체계입니다." 라고 설명하고 싶은 유혹에 굉장히 쉽게 빠질 수밖에 없어요. 그런데 여기서 중요한 것은 그 성들이 해당 시기에, 동시기에 동일 주체에 의해서 동일한 의도로 쌓이고 경영되었느냐 라는 것입니다. 정말 많은 성들이 있지만 그 중에서 우리가 적어도 일정 정도의 조사를 통해서 자료의 객관성을 확보한 성은 굉장히 적습니다. 앞으로 우리 고고학을 하는 사람들이 더욱 분발하고 향후 만들어가야 할 부분인데, 따라서 신라의 도성과 지방성의 분포 양상, 그에 기반하는 방어 체계를 선명하게 그려내기는 어려운 단계에요. 분명한 것은 우리가 예상하는 것처럼 경주를 중심으로 영남권역, 한강 유역까지 진출했을 때 굉장히 촘촘한 방어망이 만들어지는 것은 아닌 것 같습니다.

중요한 진출입 루트. 즉, 교통로, 중요 거점 때에 따라서는 해당 거점 분지라고 한다면, 분지를 중심으로 에워싸고 있는 단일 지역에 대한 방어 체계들이 구성되는데, 이것이 적어도 한성백제 시기 즉, 5세기 후반 정도의 시기에 신라에서 전국적으로 구현되느냐는 회의적으로 바라볼 수밖에 없는 것 같습니다.

그리고 성을 통해서 해당 지역의 축성 사업을 읽어내고, 그에 따른 지방 세력의 재편 모습을 추적해보고자 하죠. 이것에 접근할 수 있는 고고학 자료가 성과 인근한 고분군으로 볼 수 있을 것 같습니다. 특히, 신라의 축성에서 신라성의 특징으로서 일찍부터 지적되어온 것이 성 인근에, 또 굉장히 가까운 인근에 대단위의 신라 고분군이 존재한다는 점입니다. 이것도 앞서 말씀드린 것처럼 성과 고분군이 가깝게 있다고 하는데 그것이 그러면 얼마나 가까우냐. A케이스는 100m가 떨어져 있고, B케이스는 1㎞가 떨어져 있고, C케이스는 3㎞가 떨어져 있어요. 그러면 이것은 각자 다르죠. 그리고 성과 고분군이 동시기에 만들어진 것인가. 아니면 문제에서 우리가 막연히 이 성 옆에 이런 고분군이 있네, 가깝네? 관계가 있지 않을까? 라고 생각을 할 수 있습니다만, 명확하게 축성 시기, 주 경영 시기의 고분군이 인근에 조성된 예는 사실 그렇게 많지 않습니다.

거론하자면 보은의 삼년산성과 대야리 고분군, 문경의 고모산성과 신현리 고분군, 대구의 팔거산성과 구암동 고분군 정도가 적어도 성과 고분군 양자에 대한 조사를 토대로 축성과 고분군의 조형이 동시기에 이루어졌다고 얘기할 수 있을 것 같습니다. 재미난 것은 고분군의 조형이 활발히 이루어지고, 특히 상대적으로 우월한 봉토를 갖는 소위 고총들이 만들어지고 화려한 후장이 되고 하는 해당 지역 고분에서의 고분 문화의 전성기가 그 지역의 성이 축성되고 이것이 적극적으로 경영될 때라는 거죠.

즉, 신라가 지방에 축성하면서 중앙 세력이 지방으로 가서 축성을 추동한 것은 맞습니다만, 중앙의 의지로 그 지역에 축성된 것은 분명하게 인정해야 됩니다. 축성을 하는 과정, 그리고 경영하는 과정에 해당 재지 세력이 굉장히 친신라적으로 협조했고, 그런 바탕을 신라 중앙이 만들어냈기 때문에 그러한 축성과 경영이 가능했다고 이해됩니다. 그래서 흥미로운 점은 6세기 중엽 경이 넘어가면, 성과 고분군의 관계에서 굉장히 밀도가 떨어집니다. 한강 유역에 쌓인 많은 신라 성들 중에서 흔히 가까이 신라 고분군이 위치한다고 거론되는 성들도 엄밀하게 거리나 입지적 부분, 공간적 구성을 따져보면 전단계, 제가 말씀드린 사례들과 비교했을 때 분명히 일정

괴리가 있고요. 그리고 보은, 문경, 대구 이 지역에 성과 연결된 고분군들의 조형이 6세기 중엽 경이 되면 끝난다는 겁니다.

물론 고분군에 대한 전수 조사가 되지 않았기 때문에 조심스러운 부분이 있습니다만, 해당 고분군에서 수집되는 유물들을 보면 6세기 중·후엽 이후에 단각 고배나 이런 것들이 보이지 않아요. 그것은 즉 해당 고분의 조형이 6세기 전엽 정도까지만 이루어지고 6세기 중엽이 넘어가면 종언된다. 다만 옆에 있는 성은 그 이후에도 활발히 운영되죠. 그런 것들이 신라 중앙이 해당 지역에 대한 재지 세력을 개편하고, 중앙의 의지를 어느 정도 강도로 관철시켰는지, 신라의 지방 지배 체계가 어떻게 변화되는지 보여주는 고고학적 근거나 자료라고 생각합니다.

좌장 여호규 : 감사합니다.

마지막으로 양시은 선생님 부탁드리겠습니다.

양시은 : 간단하게 말씀드리겠습니다. 사실 분포 양상에 있어서 중요한 부분은 결국에는 수도로 향하는 교통로 그리고 아까 이야기가 나왔습니다만, 영역 경계 부분이라고 생각합니다. 고구려와 백제를 잠깐 말씀드리면 사실 고구려에서도 남한 지역의 고구려성 분포는 한정되어 있습니다. 임진강, 양주 분지, 한강 그리고 경부고속도로 따라와서 안성, 금강 북쪽에 남성골 산성이나 월평동 유적 정도가 있습니다.

사실 이런 성들의 특징을 보면 특히 한강 유역의 성이나 도기동 산성 같은 경우에는 기본적으로 수로와 육로의 중요한 지점이라고 할 수 있겠는데요. 특히 한강은 말할 것도 없습니다만, 도기동 산성에 있는 안성 지역은 아까도 여러 번 얘기가 나왔습니다. 주변에 여러 백제성이 있을 가능성도 있고 실제로 도기동 산성에서 백제 토성이 축조되어 있고요. 그 주변으로 도기동 고분군이 대규모로 분포하고 있는 지역이기도 합니다.

그러한 점에서 보면 그러한 교통로를 장악하고 일대를 다스린다고 하는 점, 이런 것들은 삼국의 공통이 아닐까 라는 생각을 할 수 있겠습니다. 차이점은 사실 상대하고 있는 국가에 따라 차이가 있을 수밖에 없다고 생각합니다. 왜냐하면 임진강 유역의 경우에는 강을 따라서 덕진산성, 당포성, 호로고루, 무등리보루 등이 분포하고 있습니다. 이러한 분포 양상으로 볼 때 당시 국경을 방어하는 성들로 이해가 됩니다. 반면에 강 남쪽에는 이미 폐기됐습니다만, 백제가 축조한 육계토성 하나만 확인되고, 이후의 신라 성 역시 강 남쪽에서 일정한 간격을 두고 비교적 높은 산 위에 조성되어 있습니다.

그런 점에서 보면 고구려, 백제 또는 고구려, 신라가 임진강 유역이 서로의 접경지역이었음에도 불구하고 대치 양상이 성의 축성 방식이나 입지 등을 비롯한 관방 체계에 차이를 보여주고 있음이 확인됩니다. 이는 아무래도 자연적인 지형으로 인한 것이었을 가능성도 고려해볼 수 있습니다. 임진강, 한탄강 북쪽은 자연 방어성이 가능한 절벽으로 되어 있고요. 남쪽은 그렇지 못하다 보니까 그런 양상들이 그렇게 되었을 텐데, 아마 그런 세부적인 부분들까지 감안해야 전체적인 관방 체계의 모습을 확인할 수 있지 않을까 그렇게 생각해봅니다. 이상입니다.

좌장 여호규 : 감사합니다. 아까 장기명 선생님 하신 말씀 중의 임당토성하고 대구 달성토성 같은 경우 신라 중앙에서 기술적 지원을 해주는데 그러면 축성 주체는 어떻게 보시는 거예요? 중요한 문제일 것 같아

서 여쭤봅니다.

장기명 : 축성 주체는 비율로 치면 사실 지방 60~65%, 그다음에 신라 중앙 35% 이 정도 생각하면 됩니다. 왜냐하면 이게 만약에 그게 축조되고 그다음이 재편되는 양상을 바로 겪는다면 이게 비율이 거꾸로 돼야 한다고 생각합니다. 그런데 그게 축조되고 나서도 한 50년 가량, 얘기하다 보니까 최관호 선생님이랑 저랑 토기 편년 차이가 있어서 계속 안 맞는데, 어쨌거나 제가 봤을 때는 한 50년 가량, 5세기 조금 넘어 중엽까지도 수장묘도 나오고, 뭐도 나오고 구가를 하고 있기 때문에 그렇게 보는 게 맞지 않을까 생각합니다.

좌장 여호규 : 알겠습니다. 굉장히 중요한 문제인 것 같아서요. 무엇인가 하면 지방 제도가 제대로 시행되지 않은 상황에서도 복속 지역에 어떻게 성곽 축조가 가능했을까를 이해할 때 앞으로 축조 주체, 인력 동원의 방식 이런 것들을 저희들이 꼼꼼하게 따져봐야 하지 않을까 그래서 장기명 선생님이 재미있는 의견을 얘기하셔서 여쭤봤고요. 그다음에 이재명 선생님이나 최관호 선생님, 양시은 선생님 말씀 중에 아주 중요한 말씀이 많았는데요. 역시 성곽을 활용해서 관방 체계를 연구하는데 있어서는 역시 축조의 동시성 검토가 제일 중요하지 않을까. 아무리 점이 많이 있어도 실제 그게 동시에 존재했다는 게 쉽지는 않습니다만 최대한 검토되고, 그것을 토대로 해서 방어 체계에 대한 검토가 이루어져야 하지 않을까 그런 생각이고요. 또 하나의 문제는 방금 양시은 선생님 말씀하신 것처럼 각 국가의 전략들을 저희들이 꼼꼼히 검토해봐야 하지 않을까 그런 생각을 해봅니다. 가령 제 전공입니다만, 한반도 중부 지역에서 대형 고구려

성곽들이 확인이 안 됩니다.

굉장히 많은 고고학자들께서 고구려가 한반도 중부 지역을 거점적으로만 지배했을 것이다. 그런 얘기를 많이 하시는데요. 사실 고구려라는 국가의 전체적인 국가 전략만 놓고 보면, 한반도 중부 지역이 어떤 의미가 있었을까. 그것을 그동안 저희들이 따져보는 작업을 상대적으로 덜 했던 것이 아닌가. 당시 고구려로서는 중원 왕조나, 유목제국하고 접경하고 있는 서북방을 방어하는 게 제일 중요하고요. 거기에 아마 국가 재원의 상당 부분을 6대 4인지, 7대 3인지 그쪽에 투입하지 않았을까 생각되고요.

상대적으로 약체인 백제나 신라, 특히 신라하고는 소백산맥을 경계로 접경하고 있었기 때문에, 그런 자연 지형을 최대한 활용하고 재원 투자를 최소화하면서 지방 지배를 도모하려고 했지 않았을까.

그래서 각 지역에 나타나는 성곽의 분포양상이나 그를 통한 관방체계나 지방 지배 양상들은 각 국가들이 접경하고 있는 국가들에 대한 전략 문제를 고려하면서 앞으로 검토해봐야 하지 않을까 그런 생각을 해봤습니다.

혹시 윤성호 선생님 추가적으로 하실 말씀 있으십니까?

5. 방청석 질문

약속했던 40분의 1분을 남겨두고 있습니다. 방청석에 계신 선생님들 중에서 무려 아침 오전 10시부터 8시간 가까이 앉아 계셨는데요. 꼭 질문을 하고 싶은 분은 손을 번쩍 들어주십시오.

마이크가 준비되어 있을까요?

본인 성함 소개해 주시고요.

윤정현(한성백제박물관) : 안녕하세요. 한성백제박물관 백제학연구소의 윤정현입니다.

다른 게 아니고 사실 관계에 대해서 말씀드리고 싶은 게 있어서요. 아까 이보람 선생님 발표문을 보면 제가 석촌동 고분군에서 발굴조사를 진행하고 있는데요. 석촌동 고분군의 목관묘 편년에 대해서 말씀해 주실 때 원삼국 단계 주구 토광묘 단계를 말씀해주셨는데, 목관묘는 이렇게 보시는 분들 3세기부터 나온다고 단독 토광묘도 그렇게 말씀하시는데, 석촌동 고분군에서는 현재 저희가 발굴하고 있는 연접 적석총 단계에서도 목관묘가 나오고 있어서 적어도 4세기 중후반 그리고 5세기 초반 정도에 위치해 있는 단계에 목관묘가 존재한다는 말씀을 드리고 싶고요.

아까 이혁희 선생님이 말씀하신 것 중에 고모리 산성과 백제의 석축 축조, 축성 기법이 들어간 산성 두 건에 대해서 말씀해주셨는데요. 의왕 모락산성하고 드는 생각은 석재가 어떤 종류의 석재인지도 중요한 것 같고요. 그것을 어디에서 채석해서 사용했느냐. 이것도 중요한 것 같은데 석촌동 고분군이 도성에 있는 유일하게 남은 왕릉급 무덤이니까, 예로 들면 석촌동 고분군에는 깔끔하게 가공된 석재는 없고 깬 돌 위주라고 생각하시면 될 것 같습니다.

그래서 그런 석재들을 봤을 때 유물로 봤을 때는 석촌동 고분군에서 출토되는 유물들, 4세기 중후반에 해당되는 그런 유물들이 연접 적석총 단계에서 이런 유물로 볼 수 있다고 한다면, 감일동 고분군에서 본문에 쓰신 것을 보면 4세기 후반 정도에 축조되고 5세기 때까지 이어진다고 말씀하신 부분이 이보람 선생님 본문에 있긴 했습니다. 2건이 맞물려 있기는 한데요. 그런 측면으로 볼 때는 감일동 고분군에서 사용된 석재는 점판암 계열의 그야말로 벽돌식으로 가공된 석재를 사용했잖아요. 그래서 석재 가공 기술에 대한 기술은 가지고 있었다. 적어도 4세기 후반 경에. 그래서 지금 말씀하신 두 건의 산성들이 연대도 수정해야 하는 부분이 있다고 말씀해주셨는데, 그런 부분을 저도 동의하는 바가 있고요. 어떤 석재를 사용했고, 그 부분에 대해서 조금 고민을 해야 될 것 같다는 생각이 들었습니다.

좌장 여호규 : 감사합니다.

이보람 선생님과 이혁희 선생님 간단히 답변…

답변이 필요한가요?

이보람 선생님은 답변이 필요할 것 같고요.

이혁희 선생님은 필요하시다고 생각되시면 답변해주시고요.

이보람 : 3호분 동쪽에 위치하는 86-A 지구와 86-B 지구 같은 경우 제 생각에는 토광묘가 조금 이른 시기로 판단됩니다.

윤정현 : 예. 맞습니다.

이보람 : 제가 발표문에 서술한 3호분 동쪽 토광묘와 선생님이 언급해주신 목관묘는 좀 다른 양상이죠. 제가 이 책 30쪽에 서술한 바와 같이 이른 시기 즉, 3세기 늦은 단계로 판단한 것은 석촌동 3호분 동쪽과 1호분 북쪽 연접 적석총 하부에 위치한 토광묘입니다.

좌장 여호규 : 예, 감사합니다.

이혁희 선생님 됐습니까? 예, 감사합니다.

방금 선생님 말씀하신 것과 관련해서 아마 그 전에 어떤 선생님이 그런 지적을 하신 것 같은데요. 신라 같은 경우도 초기에는 대체로 퇴적암이나 변성암 계통으로 쪼개기 쉬운 돌들을 사용해서 석축 성벽을 축조하다가 본격적으로 통일신라에 들어가서 화성암 계열들, 화강암이죠. 화강암을 치석해서 성벽을 축조했다고 했는데 이것은 검토가 필요할 것 같습니다. 점판암을 갖고 성돌을 가공한 문제랑 화강암을 갖고 가공해서 성돌로 사용하는 문제는 석재 가공 기술에서 굉장히 중요한 차이가 있는 문제이기 때문에 이것은 앞으로 지질학인가요. 그쪽 분야에서 공부하시는 분들과도 논의하셔서 검토가 필요한 그런 분야가 아닌가. 개인적으로 그런 생각이 듭니다.

오늘 10시부터 아주 장시간 동안 세 분의 발표가 있었고요. 오후에는 식사하고 1시부터 주제발표에 대한 토론도 3시 30분부터는 10개 정도의 세부 주제를 선정해서 한성백제기의 도성과 지방성을 중심으로 해서 고구려, 신라, 가야와의 비교 검토를 했습니다. 제가 전체적으로 세부 주제 토론의 주제를 너무 광범위하게 잡는 바람에 주어진 시간에 충분하게 논의가 못된 점도 있습니다. 그것은 전적으로 종합토론을 진행한 저의 불찰이고요.

다만, 오늘 네 분의 선생님께서 아주 중요한 말씀을 많이 해주셨고요. 이런 말씀들이 앞으로 한성백제 시기에 도성이나 지방성의 고고발굴이나 연구에 굉장히 중요하게 기여하지 않을까 생각이 들고요.

오늘 이 학술회의를 계기로 해서 그동안 산발적으로 고구려, 백제, 신라 가야의 성곽에 대한 비교가 있었습니다만 종합적인 논의들은 그렇게 많지 않았습니다. 그런데 이번에 각 분야의 최고 전문가들이 오셔서 많은 논의를 해주셔서 앞으로 한국 고대의 도성과 성곽에 대한 비교 연구의 출발점이 되지 않을까 그런 생각을 합니다. 발표해주신 세 분 선생님 그리고 토론해 주신 네 분 선생님, 오전에 사회를 봐주신 박중균 소장님. 또 10시부터 장시간 지켜주신 방청객 선생님 모두 감사합니다.

이것으로 쟁점백제사 학술회의 한성백제의 도성과 지방성 학술회의를 모두 마무리 하겠습니다.

폐회사는 소장님께 부탁드리겠습니다.

박중균 : 이상으로 제21회 쟁점백제사 학술회의를 마치겠습니다.

토론좌장을 맡아주신 여호규 선생님 그리고 장시간 동안 발표와 토론을 맡아주신 발표자, 토론자 선생님 그리고 방청객 여러분께 다시 한 번 감사를 드립니다. 감사합니다.

(폐회 - 오후 17시 47분)

휘보(총 목차)

백제학연구총서 쟁점백제사 1
백제, 누가 언제 세웠나(Foundation of Baekje)
- 백제의 건국시기와 주체세력

총론
백제학 연구 현황과 과제(노중국)

주제제안
백제의 건국 연구 현황과 과제_백제사 이해의 새로운 방향(신형식)

주제발표
백제, 언제 세웠나_문헌학적 측면(양기석)
백제, 언제 세웠나_고고학적 측면(박순발)
백제, 누가 세웠나_문헌학적 측면(김영심)
백제, 누가 세웠나_고고학적 측면(임영진)

종합토론
좌장 노중국 **토론** 양기석 · 박순발 · 김영심 · 임영진 · 최병현 · 주보돈 · 권오영

Ⅰ. 백제, 누가 세웠나
- 건국자와 시조
- 시조묘와 종묘제
- 구태와 고이왕
- 온조와 구태
- 건국설화의 형성 배경
- 낙랑계 유물의 분포
- 마한의 무덤
- 예계 문화의 고고학적 특징
- 부여계와 고구려계
- 구태묘와 동명묘
- 지배세력의 계보의식
- 비류의 역할
- 혈연과 출자
- 석촌동의 분구묘들
- 중도유형 문화와 분구묘

Ⅱ. 백제, 언제 세웠나
- 우태와 비류
- 국가의 기준 - 성
- 국가의 발전단계
- 몽촌토성을 쌓은 시기
- 즙석분구묘와 적석총
- 석촌동고분군의 노
- 삼한의 소국들
- 『삼국지』 동이전의 백제국
- 백제국의 형성
- 아직도 다양한 해석

백제학연구총서 쟁점백제사 2

근초고왕 때 백제 영토는 어디까지였나(Territorial Expansion of Baekje)
- 백제의 영토확장

주제제안

백제의 영토확장에 대한 몇 가지 검토(노중국)

주제발표

백제의 동북방면 진출_문헌적 측면(임기환)
백제의 동북방면 진출_고고학적 측면(심재연)
백제의 서남방면 진출_문헌적 측면(강종원)
백제의 서남방면 진출_고고학적 측면(서현주)

종합토론

좌장 이현혜 · 임영진 **토론** 이성주 · 백승옥 · 노중국 · 임기환 · 심재연 · 강종원 · 서현주

Ⅰ. 영역의 기준과 지배방식
1. 영역의 개념과 기준
- 영역의 개념 - 영역의 기준·명찰론
2. 지배방식
- 지배방식의 유형 - 직접지배·간접지배
- 영향권·세력권
3. 영역과 지배방식의 고고학적 지표
- 5가지 고고학적 지표 - 성곽
- 무덤 - 취락
- 위세품 - 토기

Ⅱ. 백제의 영역 확장
1. 『삼국사기』 백제본기 초기 기록의 영역 확장 기사
- 영역 확장 기사의 연대
- 패하·주양·웅천의 위치
2. 백제의 북부지역 진출
- 패수·열수·대수의 위치
3. 백제의 동부지역 진출
- 말갈 기사의 해석
- 화천 원천리 유적
4. 백제의 남부지역 진출
- 벽골제 축조 - 고사부리성 축조
- 풍납토성 초축 연대 - 완주 상운리 유적
- 영산강 유역 -『일본서기』 신공기 49년조 기사
5. 근초고왕 때 백제의 영토는 어디까지였나

백제학연구총서 쟁점백제사 3

한성백제의 왕궁은 어디에 있었나(Structure of Hanseong, the Capital of Baekje)
- 한성의 도시구조

주제제안

한성백제 왕도 연구의 현황과 과제(이형구)

주제발표

백제 왕궁과 풍납동토성(이도학)
한성백제 왕궁의 구조와 풍납토성(신희권)
백제 한성의 실체와 몽촌토성(여호규)
몽촌토성을 통해 본 백제 왕궁의 실체(권오영)

종합토론

좌장 양기석 · 임영진 **토론** 차용걸 · 박순발 · 심광주 · 김기섭 · 이도학 · 신희권 · 여호규 · 권오영

Ⅰ. 문헌 자료로 본 백제의 초기 도성
1. 백제 초기 도성의 위치
- 하북위례성과 하남위례성의 위치
2. 백제 초기 도성의 명칭과 위치
- 위례성·한성·한산·한산성·북한성
- '이도한산'의 성격

Ⅱ. 고고학 자료로 본 백제의 초기 도성
1. 용어 검토
- 도·도성·왕성 - 성·곽·성원·성장
- 원·궁원
2. 백제 한성시기 주요 성곽의 분포
- 이성산성 - 아단성
- 광주고읍 춘궁리·하남 교산동
3. 백제 한성시기의 도성
- 하북 위례성 - 고대 도성의 구성요소
4. 풍납토성의 도성 구성
- 궁전 - 제의시설 - 도로시설
5. 몽촌토성의 도성 구성
- 지상 건물지·성토대지 - 목책
- 외성 - 적석시설 - 무덤
6. 풍납토성과 몽촌토성의 축조 시기
7. 백제 한성시기 왕궁의 위치

Ⅲ. 백제의 초기 도성 관련 남은 문제

백제학연구총서 쟁점백제사 4

백제의 왕권은 어떻게 강화되었나(Establishment of State Power in Baekje)
- 한성백제의 중앙과 지방

주제발표

백제 국가의 형성과 발달 과정을 둘러싼 중요 쟁점(이현혜)
한성 백제의 중앙집권화 정도에 대한 연구의 평가(박현숙)
고고자료에 투영된 한성백제의 중앙과 지방(이한상)
백제 한성도읍기 중앙과 지방의 성립과 지방통치(노중국)
백제 한성기의 지방도시(박순발)

종합토론

좌장 임기환 **토론** 강현숙 · 권오영 · 노중국 · 박순발 · 박현숙 · 이한상 · 이현혜 · 이희준 · 전덕재

종합토론 1부

Ⅰ. 문헌 자료 연구성과 정리
1. 연맹왕국과 귀족국가의 개념
- 3~4세기대 각 국의 지배 복속 관계
- 부와 부체제
2. 한성백제 중앙과 지방에서의 부
- 고고자료를 통해서 본 부
- 3~4세기 정치발전단계와 부체제

Ⅱ. 문헌과 고고자료의 조화 모색
1. 위세품 사여를 통한 중앙과 지방과의 관계
2. 한성백제의 중앙과 지방관계를 보여주는 고고자료

종합토론 2부

Ⅲ. 주요 쟁점사항
1. 한성백제의 영역
- 삼국사기 초기 기록의 해석과 영역
- 고고자료의 분포 범위와 정치체의 영역
2. 한성백제의 영역지배
3. 중앙에서 지방으로의 위신재·위세품 사여
- 문헌기록상 중앙집권화의 지표
- 피장자의 성격과 위세품 및 위신재
- 금동제 위세품의 사여 연대
- 위신재의 출토 상태와 성격
4. 고구려의 왕권 강화 사례

Ⅳ. 객석 질문

백제학연구총서 쟁점백제사 5

백제의 성장과 중국(The Growth of Baekje and China)

주제발표

3세기 이전 마한백제의 성장과 중국(윤용구)
고고자료로 본 낙랑·대방군과 마한제국(정인성)
4세기~5세기 초엽 백제의 대중교섭 양상(여호규)
고고자료로 본 한성백제와 양진, 십육국의 대외교섭(조윤재)

종합토론

좌장 김기섭 **토론** 강종훈 · 김무중 · 김병준 · 성정용 · 여호규 · 윤용구 · 정인성 · 조윤재

종합토론 1부

Ⅰ. 백제의 성장과 중국과의 관계
1. 발표 내용 논평과 비판
- 3세기 이전 마한백제의 성장과 중국
- 백제 지역 출토 중국계 외래유물의 기원과 편년
- 백제 관련 중국 문헌자료의 해석과 적용
- 백제와 고대 중국과의 관계를 보여주는 고고자료
2. 중국 사료에 나타난 백제의 성장 과정
3. 백제 지역 중국계 외래유물의 출토 양상과 해석
4. 고대 중국의 교역과 주변민족 통제 방식

종합토론 2부

Ⅱ. 백제의 고대 중국 사행로와 교역품
1. 백제의 대중국 사행로
2. 백제 마구의 변천과 중국과의 관계
3. 백제의 중국자기 이용 방식과 의미
4. 백제 지역 마구의 기원과 변천 양상

Ⅲ. 객석 질문과 총평

백제학연구총서 쟁점백제사 6

한국사 속의 백제와 왜(Baekje and Wa in Ancient Korea)

주제발표

4세기말~5세기초 백제와 왜의 관계(홍성화)

5세기 백제계 도왜인-곤지계를 중심으로(정재윤)

왜에 남겨진 백제 문물(서현주)

백제에 남겨진 왜의 문물(김낙중)

종합토론

좌장 주보돈 **토론** 박현숙 · 이근우 · 우재병 · 홍보식 · 홍성화 · 정재윤 · 서현주 · 김낙중

종합토론 1부

Ⅰ. 발표내용 논평과 비판

1. 4세기 말~5세기 초 백제와 왜의 관계
- 『일본서기』 사료의 비판
- 칠지도 제작 연대와 배경
- 광개토왕릉비의 백제와 왜
- 목만치를 통해 본 백제와 왜의 관계

2. 백제와 왜의 문물 교류 양상
- 백제와 왜의 교역 물품
- 고분의 피장자 문제와 문물의 선별 수용 양상

종합토론 2부

3. 왜 5왕을 중심으로 본 백제와 왜의 관계

Ⅱ. 문헌자료를 통해 본 백제와 왜의 관계

1. 인명과 장군호를 통해 본 백제와 왜의 관계
2. 곤지와 동성왕 무령왕을 중심으로 한 백제와 왜의 관계

Ⅲ. 고고자료를 통해 본 백제와 왜의 관계

1. 한반도와 일본열도 고고학 자료의 용어 문제
2. 부안 죽막동 제사유적 출토 자료의 계통
3. 고고자료에 근거한 백제와 마한의 구분
4. 영산강 유역 고분의 계통

Ⅳ. 객석 질문과 총평

백제학연구총서 쟁점백제사 7
백제와 요서지역(Baekje and Liaoxi)

백제학연구총서 쟁점백제사 8

개로왕의 꿈, 대국 백제(King Gaero's Dream toward the Great Baekje)

기조발제

백제 개로왕에 대한 역사적 평가(양기석)

주제발표

백제 개로왕대의 대외관계(김수태)

개로왕대의 정국의 동향과 체제정비(김영심)

한성도읍 후기 백제 묘제의 전개양상(이남석)

개로왕대 한성의 도성 경관과 토목공사(신희권)

종합토론

좌장 노태돈 **토론** 노중국 · 여호규 · 문안식 · 김무중 · 양정석 · 양기석 · 김수태 · 김영심 · 이남석 · 신희권

종합토론 1부

I. 발표 내용과 비판

1. 백제 개로왕대의 대외관계
- 백제와 고구려, 신라의 관계
- 백제와 왜, 송, 북위의 관계
2. 백제 개로왕대의 지방통치 방식
3. 한성도읍 후기 백제 묘제의 전개양상
4. 한성의 도시 경관과 토목공사

종합토론 2부

Ⅱ. 백제 개로왕대를 바라보는 시각

1. 개로왕에 대한 평가
2. 왕 · 후제에 대한 이해
3. 백제의 대외관계
4. 백제 한성기의 고분 양식
5. 백제 한성기 도성, 궁성, 왕성 문제

백제학연구총서 쟁점백제사 9

백제의 성장과 낙랑 · 대방(The Growth of Baekje and Lelang · Daifang)

기조발제

백제의 성장과 낙랑, 대방의 관련성(권오영)

주제발표

낙랑 역사의 전개와 백제(권오중)

中國系 인물의 百濟 유입과 활동 양상(김창석)

백제 한성기 횡혈식고분의 발생과 낙랑 · 대방의 묘제(조윤재)

백제 토기 · 와전문화의 발달과 낙랑 · 대방(정인성)

종합토론

자문 노중국 **좌장** 박순발 **토론** 윤용구 · 김기섭 · 김무중 · 성정용

종합토론 1부

Ⅰ. 발표 내용과 비판

1. 백제의 건국세력과 낙랑군 남부도위
2. 백제의 건국과 대방군의 위치
3. 백제 토기의 발달과 군현계 문물
4. 낙랑 · 대방과 말갈
5. 고흥(高興)의 역사 기록, 서기(書記)의 문제
6. 환령지말(桓靈之末)과 조묘기술집단
7. 낙랑 고분의 동장 기법과 산초법(散草法)
8. 낙랑 인물의 백제 이동 문제

종합토론 2부

Ⅱ. 백제와 낙랑 · 대방

1. 백제 한성기 기와 제작기법과 낙랑
2. 백제 한성기 기와의 문양
3. 총평
4. 객석 질문

백제학연구총서 쟁점백제사 10

한성백제사 다시보기(Reviewing the Issues on Hanseong-Baekje History)

주제발표

다시 보는 한성백제사(노중국)
'한성백제사' 연구의 진전을 위한 몇 가지 提言(주보돈)
백제 한성기 도성과 묘역의 문제(박순발)

컨퍼런스

백제, 누가 언제 세웠나(임영진)
한성백제의 왕궁은 어디에 있었나 -한성의 도시 구조-(신희권)
근초고왕 대 백제영토는 어디까지였나(강종원)
백제의 성장과 낙랑 · 대방(조윤재)
백제의 성장과 중국(윤용구)
한국사 속의 백제와 왜(정재윤)
백제의 왕권은 어떻게 강화되었나(박현숙)
백제와 요서지역(임기환)
개로왕의 꿈, 대국백제(양기석)

종합토론

좌장 노중국 **토론** 임영진 · 신희권 · 강종원 · 조윤재 · 윤용구 · 정재윤 · 박현숙 ·임기환 · 양기석

컨퍼런스 1부

Ⅰ. 논평과 전망
1. 백제, 누가 언제 세웠나
2. 한성백제의 왕궁은 어디에 있었나
3. 근초고왕 때 백제의 영토는 어디까지였나

컨퍼런스 2부

Ⅱ. 논평과 전망
4. 백제의 성장과 낙랑 대방
5. 백제의 성장과 중국
6. 한국사 속의 백제와 왜

컨퍼런스 3부

Ⅲ. 논평과 전망
7. 백제의 왕권은 어떻게 강화되었나
8. 백제와 요서지역
9. 개로왕의 꿈, 대국 백제

백제학연구총서 쟁점백제사 11

백제, 한성에서 웅진으로(Baekje, From Hanseong to Woongjin)

기조발제

백제의 정도(定都)와 천도(遷都)(박순발)

주제발표 Ⅰ

1. 백제 웅진 천도의 역사적 배경(김영관)
2. 웅진 천도 전후 정황과 공주의 위상(이훈)
3. 백제 웅진 도성의 구조와 성격(여호규)
4. 공주 공산성(公山城)을 둘러싼 몇 문제(서정석)

종합토론

좌장 노중국 **토론** 박순발 · 김영관 · 이훈 · 여호규 · 서정석 · 정재윤 · 김영심 · 서영일 · 이현숙

종합토론 1부

Ⅰ. 발표 내용과 비판

1. 백제 웅진 천도의 역사적 배경
2. 웅진 천도 전후 정황과 공주의 위상
3. 백제 웅진 도성의 구조와 성격
4. 공주 공산성(公山城)을 둘러싼 몇 문제

종합토론 2부

Ⅱ. 백제 웅진 천도의 배경

1. 왜 공주를 선택하였나
2. 공주로 내려올 때의 교통로
3. 천도 전 공주의 상황

Ⅲ. 웅진 도성의 구조

1. '왕성', '왕도', '도성' 용어의 개념
2. 천도 후 웅진 왕궁의 위치
3. 공주 대통사와 시가 구조
4. 마무리

백제학연구총서 쟁점백제사 12

백제 웅진기 왕계와 지배세력

(King's lineage and ruling forces during the Baekje Woongjin period)

기조발제

백제 웅진도읍기 왕계와 지배세력(노중국)

주제발표 Ⅰ

1. 일본 사료로 본 백제 웅진시기 왕계(박재용)
2. 중국 사료에 나타난 백제 웅진기 왕계 문제(임기환)
3. 문헌으로 본 백제 웅진기 지배세력(강종원)
4. 고고자료로 본 백제 웅진기 지배세력(이현숙)

종합토론

좌장 양기석 **토론** 노중국 · 박재용 · 임기환 · 강종원 · 이현숙 · 홍성화 · 윤용구 · 정재윤 · 권오영

종합토론 1부

Ⅰ. 발표 내용과 비판

1. 일본 사료로 본 백제 웅진기 왕계 문제
2. 백제 웅진기 왕계 자료의 검토
3. 문헌으로 본 백제 웅진기 지배세력
4. 고분자료로 본 백제 웅진기 지배세력

종합토론 2부

Ⅱ. 백제 웅진기 왕계 문제

1. 곤지에 대한 문제
2. 모도 · 여도 · 문주와 여대 · 모대 · 말다 · 동성 문제
3. 중국 사서에서 모대 시기에 웅진으로 천도한 기록에 대한 문제
4. 곤지, 동성왕, 무령왕의 관계

Ⅲ. 한성 함락 후 웅진으로 남래한 귀족 문제

Ⅳ. 객석 질문

백제학연구총서 쟁점백제사 13

백제 웅진기 영역과 지방통치

(Territory and Local domination during the Baekje Woongjin period)

기조발제

백제 웅진기 지방통치 연구 현황과 과제(정재윤)

주제발표

1. 백제 웅진시기 지방통치의 구상과 운영의 실제(김영심)
2. 백제 웅진기 북동쪽 영토와 지방지배(양시은)
3. 백제 웅진기 영토 개척과 지방지배 - 동쪽을 중심으로- (곽장근)
4. 백제 웅진기 금강·만경강 유역 지배방식(서현주)

종합토론

좌장 박순발 **토론** 정재윤 · 김영심 · 양시은 · 곽장근 · 서현주 · 노중국 · 김병남 · 김낙중 · 강종원

종합토론 1부

Ⅰ. 백제의 정치형태와 지방지배

1. 한국 고대의 영역 지배 관련 용어 정리 : 연맹왕국과 부체제
2. 지방통치의 정의와 백제의 지방관 파견 시기 문제
3. 왕 · 후제와 담로제 문제
4. 성주, 도사 문제

종합토론 2부

Ⅱ. 담로제의 고고학적 증거

1. 담로의 중앙 파견 문제와 석실분 유입, 토기, 성곽, 제의시설
2. 금동관 등 위세품과 지방통치 문제

종합토론 3부

Ⅲ. 담로제의 여러 모습

1. 담로 규모의 대 · 중 · 소 차이
2. 통합된 모습에 대한 고고학적 증거 문제
3. 백제의 장군호, 왕 · 후, 막부제와 담로의 관계 문제
4. 백제 웅진기 영토에 대한 고고자료

종합토론 4부

Ⅳ. 총정리

백제학연구총서 쟁점백제사 14

백제 웅진기 외교관계와 인식

(Foreign Relations of Baekje Woongjin period and their Perception by Neighboring Countries)

기조발제

웅진도읍기 백제의 이웃 나라에 대한 인식과 대외정책(노중국)

주제발표

1. 5세기~6세기 전반 신라의 대외정책과 백제(전덕재)
2. 고구려는 웅진 도읍기의 백제를 어떻게 보았을까(이정빈)
3. 대가야와 웅진기 백제의 외교 관계와 상호 인식(김낙중)
4. 왜에서 바라본 백제 웅진기 외교관계와 인식(이재석)

종합토론

좌장 노중국 **토론** 전덕재 · 이정빈 · 김낙중 · 이재석 · 박현숙 · 위가야 · 이동희 · 홍성화

종합토론 1부

Ⅰ. 발표 내용에 대한 지정 토론

1. 5세기~6세기 전반 신라의 대외정책과 백제
2. 고구려는 웅진 도읍기의 백제를 어떻게 보았을까?
3. 대가야와 웅진기 백제의 외교관계와 상호인식
4. 왜에서 바라본 백제 웅진기 외교관계와 인식

종합토론 2부

Ⅱ. 백제가 이웃 나라들을, 이웃 나라들이 백제를 어떻게 인식하였나?

1. 『삼국사기』 본기 각각의 전거자료 문제
2. 고구려가 백제를 속민으로 보는 인식에 대한 백제의 대응 논리
3. 백제가 신라를 보는 시각에 대한 신라의 대응 논리
4. 백제가 가야를 보는 시각에 대한 가야의 대응 논리
5. 백제가 왜를 보는 시각에 대한 왜의 대응 논리

Ⅲ. 500년대 무령왕 시기 가야를 둘러싼 백제와 신라·왜 관계

Ⅳ. 가야는 왜 중국 남조와의 교류를 한 번으로 끝냈는가?

Ⅴ. 객석 질문

백제학연구총서 쟁점백제사 15
무령왕릉 다시보기
(Reviewing the Tomb of King Muryeong)

주제발표

1. 백제 왕실 칭호의 검토(박윤선)
2. 백제 무령왕과 왕비의 상장례(이장웅)
3. 무령왕릉은 왜 벽돌로 만들었나?(조윤재)
4. 무령왕릉의 유물은 무엇을 말하는가?(권오영)
5. 무령왕릉 출토 중국 자기의 용도와 산지 고찰(신 준)

종합토론

좌장 노중국 **토론** 박윤선 · 이장웅 · 조윤재 · 권오영 · 신 준 · 임기환 · 강원표

종합토론 1부

Ⅰ. 송산리 고분군에 대한 개략적인 이해

1. 공주 송산리 고분군 7기와 서울에 있던 고분군과의 연계성
2. 무령왕릉은 왜 전축분으로 만들었는가
3. 송산리 5호분, 6호분, 29호분과 무령왕릉의 선후 관계
4. 고분의 위치와 도성과의 관계

Ⅱ. 백제 무령왕릉 관련 금석문에 나타난 왕실의 칭호

1. 무령왕릉 묘지석에 나오는 제후적 '왕'과 천자적 '붕' 용어의 문제
2. 무령왕비의 칭호에 대한 문제
3. 무령왕에 대한 칭호의 문제
4. 태자와 세자의 칭호 문제

Ⅲ. 무령왕릉을 통해 본 백제의 상장례

1. 중국의 3년상과 백제의 3년상의 차이
2. 무령왕과 왕비의 빈 장소
3. 무령왕릉 봉토 자락에서만 한 점 발견된 토기 문제
4. 고구려 등의 상장례 모습을 통해 본 백제 상장례의 모습

Ⅳ. 전축분 축조 문제

1. 무령왕 이전과 이후의 왕 무덤도 중국적 예제적 질서에 의해 만들어졌나
2. 무령왕릉을 설계한 것은 양나라의 기술자인가 백제의 와박사인가
3. 512년에 만들어진 벽돌은 어디에 어떻게 쓰였나
4. 남조 전축분의 벽화와 송산리 6호분의 사신도 및 무령왕릉
5. 무령왕릉 명문전의 의미

종합토론 2부

Ⅴ. 무령왕릉 부장품

1. 무령왕릉 출토품 중 신라산, 가야산, 금송 이외의 왜국산이 있는지
2. 동남아시아산 부장품은 어떻게 들어왔는가
3. '부장품'과 '착장품' 용어 문제
4. 부장품 중 영동대장군, 백제 사마왕을 상징적으로 보여주는 물품이 있는가
5. 백제 왕실 무덤의 목관에 일본산 금송이 사용된 이유
6. 묘지석과 진묘수
7. 중국제 자기와 철제 오수전은 부의품인가 교역품인가
8. 중국제 자기 안에 담았을 물건은 무엇인가

Ⅵ. 청중석 질문

1. 무령왕과 왕비의 3년상은 27개월인가 28개월인가
2. '등관대묘(登冠大墓)'의 해석 문제
3. 무령왕릉 금제관식 문양과 남북조

Ⅶ. 무령왕릉에 보이는 장제의 모습이 이후에 이어진 것은 무엇인가

Ⅷ. 2021년 무령왕릉 발굴 50주년 기념을 위한 제언

백제학연구총서 쟁점백제사 16
삼국사기 초기 기록, 어디까지 믿을 수 있나
(The early records of the samguksagi, How much can you be trusted?)

기조발제

『삼국사기』 초기 기록 연구의 흐름과 문제점(노중국)

발표문

1. 『삼국사기』 초기 기록의 이해 방식(이강래)
2. 『삼국사기』 초기 기록의 주요 쟁점에 대한 의견(연민수)
3. 『삼국사기』 초기 기록의 해석 문제(정재윤)
4. 『삼국사기』 초기 기록에 접근할 때 고려해야 할 몇 가지 문제(강종훈)
5. 『삼국사기』 초기 기록의 해석에 대한 의견(여호규)
6. 『삼국사기』 초기 기록에 대한 관점(박현숙)

종합토론

사회 김기섭 **토론** 노중국 · 이강래 · 연민수 · 정재윤 · 강종훈 · 여호규 · 박현숙

종합토론 1부

1. 『삼국사기』의 특징
2. 『삼국사기』 백제본기의 초기 기록
3. 『삼국사기』 고구려본기의 초기 기록
4. 『삼국사기』 초기 기록의 신라와 백제 건국 연대
5. 『삼국지』 동이전과 『삼국사기』 초기 기록, 『삼국유사』 왕력 비교

종합토론 2부

1. 백제의 마한 병합 시점 문제
2. 2~3세기대 백제와 신라의 전쟁기사 문제
3. 백제의 영역 변천과 마한 병합 문제
4. 『삼국사기』의 왕실 계보 문제
5. 『삼국사기』 고이왕조의 6좌평 · 16관등 설치 기사 문제

종합토론 3부

1. 『삼국사기』에 가야사가 빠진 이유
2. 『삼국사기』 초기 기록의 사료적 가치
3. 고고학 자료로 본 3세기 『삼국사기』와 『삼국지』
4. 고고학계에 대한 제언
5. 청중 질문

백제학연구총서 쟁점백제사 17

백제는 부여를 계승하였나
(Is There Any Inheritance between uyeo and Baekje?)

주제발표

부여 문헌사 연구의 쟁점과 백제의 부여 계승의식(이승호)
부여 고고학의 쟁점(유은식)

발표문

1. 부여와 백제의 계승성 연구에 대한 제안(권오영)
2. 백제의 부여 계승론에 대한 제언(송호정)
3. 백제는 부여를 계승하였나(이종수)
4. 부여와 백제 : 신화에서 실체적 고고학 연구를 위한 몇 가지 제언(강인욱)

종합토론

좌장 윤용구 **토론** 이승호 · 유은식 · 송호정 · 권오영 · 이종수 · 강인욱

종합토론 1부

1. 토론자 소개
2. 부여와 주변의 지형
3. 부여 관련 단행본 소개
4. 기록에 나오는 부여의 존재 및 고조선과 부여의 관계
5. 유라시아 대륙 전체 문화에서 부여의 문화사적 의미
6. 부여의 기원과 서단산 문화의 성격
7. 부여의 영역과 국가 형태
8. 부여 동명신화와 고고학 자료
9. 북부여, 동부여 문제
10. 부여와 옥저의 물질 문화
11. 부여의 왕권과 국가 형태

종합토론 2부

1. 부여의 물질 문화
2. 부여 계통 유물(동병철검, 동복) 문제와 라마동 고분군의 금동 가면
3. 부여의 쇠퇴와 후기 왕성 위치 문제
4. 백제는 부여를 계승하였나(부여의 동병철검과 토광묘 계승 문제)
5. 마무리

백제학연구총서 쟁점백제사 20

백제의 불교 수용과 전파
(Acceptance and Propagation of Buddhism in Baekje)

주제발표

백제와 중국의 불교 교류(소현숙)
불교가 백제 사회에 끼친 영향(길기태)
백제 불교 사원의 전개와 주변 국가의 교류(이병호)

종합토론

좌장 최연식 **토론** 소현숙 · 길기태 · 이병호 · 조경철 · 주경미 · 강희정

종합토론 1부

1. 강희정 선생님의 지정토론
2. 조경철 선생님의 지정토론
3. 주경미 선생님의 지정토론
4. 조경철 선생님의 대통사 관련 부연 토론

종합토론 2부

1. 백제 한성기 불교 수용의 배경
2. 백제 한성기 불교 사찰의 문제
3. 탑과 불교 사찰의 관계
4. 백제 한성기 고층 목조 건축물 건립과 기와 사용 문제
5. 백제 한성기 도림의 성격
6. 백제 웅진기 대통사 창건 배경과 그 위치
7. 백제의 소조상과 그릇에서 유약 사용 문제
8. 백제 웅진기 왕궁의 위치와 대통사
9. 대통사의 명칭과 『삼국유사』 원종흥법의 기록 문제
10. 백제 불교에서 고구려적 요소
11. 백제 웅진기 겸익에 대한 기록 문제
12. 부여 정림사지 석탑과 익산 미륵사지 석탑의 건립 시기 문제
13. 백제 불교의 남조적 성격과 북조적 성격
14. 백제 불교와 동남아시아